養子縁組の
再会と交流のハンドブック
The Adoption Reunion Handbook

イギリスの実践から

著 ● リズ・トリンダー
　　ジュリア・フィースト
　　デイビッド・ハウ

監訳 ● 白井千晶

訳 ● 白井千晶
　　吉田一史美
　　由井秀樹

生活書院

THE ADOPTION REUNION HANDBOOK
by Liz Trinder, Julia Feast and David Howe
Copyright©2004 by John Wiley & Sons Ltd

All Rights Reserved.
Authorised translation from the English language edition published by John Wiley & Sons Limited.
Responsibility for the accuracy of the translation rests solely with Seikatsushoin Co., Ltd.
and is not the responsibility of John Wiley & Sons Limited.
No part of this book may be reproduced in any form without the written permission of
the original copyright holder, John Wiley & Sons Limited.

Japanese translation published by arrangement with John Wiley & Sons Ltd
througe The English Agency (Japan) Ltd.

養子縁組の再会と交流のハンドブック
イギリスの実践から

目　次

著者について　4

まえがき　6

序文　9

謝辞　11

1　序論　13

2　はじめの一歩を踏み出す：出生記録情報　18

3　捜索の手がかり　37

4　生母との再会　59

5　生父との再会　96

6　生親が同じきょうだいとの再会　114

7　養子縁組先の家族との再会　130

8　拒絶及び失敗に終わる再会　157

9　捜索と再会の道のり　179

付録：イギリス、アイルランド、オーストラリア、ニュージーランド、
　　　カナダ、アメリカ合衆国において捜索と再会を行うための情報　211

参考文献　235

監訳者あとがき　238

索引　248

著者について（原書刊行時点）[1]

　リズ・トリンダー博士（Dr. Liz Trinder）は家族関係に関する研究者で、離婚後の関わりに関する業績が多い。例えば、ジョセフ・ラウントリー財団への最近のレポート『連絡をとる（Making Contact)』などがある。本書が養子縁組に関する彼女の最初の著作になる。彼女自身も養子である。

　ジュリア・フィースト（Julia Feast）は現在、政策、研究および発達コンサルタント（Policy, Research and Development Consultant）としてロンドンの英国養子縁組および里親委託協会（The British Association of Adoption and Fostering, BAAF）に勤めている。過去には養子縁組後の追跡研究およびケアカウンセリングリサーチプロジェクト、児童協会（The Children's Society）を統括し、親を探し出し再会するプロセスを通して、養子として託された人びとや社会的養護で育った多くの人びとにカウンセリングを提供してきた。彼女は養子縁組に関わる捜索および再会を主題とした論文や、第三者が関わる生殖技術で生まれた子どもの情報の必要性に関する論文を多く刊行してきた。彼女は、『再会の準備：養子縁組会の経験』（児童協会、1994 年；新版1998 年）（*Preparing for Reunion: Experiences from the Adoption Circle*, The Children's Society, 1994; new edition 1998、邦題『実親に会ってみたい』明石書店、2007 年）、『養子縁組、捜索および再会：大人になった養子の長期的な経験』（児童協会、2000 年：現在の版元は BAAF）（*Adoption, Search and Reunion: The Long-Term Experience of Adopted Adults*, The Children's Society, 2000; now published by BAAF）および『疑問の探求：出自、アイデンティティおよび養子縁組』（BAAF）（*Searching Questions: Origins, Identity and Adoption*, BAAF, 2003）の共同著者である。

　デイビッド・ハウ博士（Dr. David Howe）は長きにわたって養子縁組全体に関心をもってきた。彼の著作としては、『50 万人の女性：養子縁組により

自らの子どもを失う母たち』（ペンギン社）（*Half a Million Women: Mothers who Lose their Children by Adoption,* Penguin）、『養子縁組における養親』（BAAF）（*Adopters on Adoption* , BAAF）、『養子縁組のパターン：その特質、養育および心理社会的発達』（ブラックウェル・サイエンス社）（*Patterns of Adoption: Nature, Nurture and Psychosocial Development,* Blackwell Science）があり、先の『養子縁組、捜索および再会：大人になった養子の長期的な経験』（児童協会、2000年；現在の版元はBAAF）（*Adoption, Search and Reunion: The Long-Term Experience of Adopted Adults,* The Children's Society, 2000; now published by BAAF）をジュリア・フィーストと共に執筆している。

1　監訳注
　邦訳刊行時の所属は前述の通り、
　Liz Trinder 氏は University of Exeter（エクセター大学、英国）法科大学院教授（社会法学）
　Julia Feast 氏は独立した研究コンサルタント、カウンセラー、研究者、研修講師
　David Howe 氏は University of East Anglia（東アングリア大学、英国）名誉教授

　原書刊行後の三人の著作は数多くあるが、養子縁組に関する書籍としては、以下があげられる。
Feast J, Grant, M, Rushton, A & Simmonds, J（2013）*Adversity, Adoption and Afterwards - A mid-life follow-up study of women adopted from Hong Kong.* London: CoramBAAF
Goddard J, Feast J & Kirton D（2005）*A Childhood on Paper: Accessing the Child-care Files of Former Looked After Children in the UK.* University of Bradford.
Triseliotis J, Feast J & Kyle F（2005）*The Adoption Triangle Revisited: A Study of Adoption, Search and Reunion Experiences.* London: BAAF
Feast J & Hundleby M（2005）*Directory of Intermediary Support Services in England and Wales for Birth Relatives.* London: BAAF.

まえがき

　この本の筆頭著者になることを承諾したさいには、執筆にこれほど時間がかかることも、また私にどんな個人的な影響をもたらすことになるのかということも予想できなかった。この本の執筆は私にとって天啓であり、個人的な冒険でもあった。私は養子だが、特に自分の生みの親側の家族（birth family）に興味はなく、養子縁組先の家族（adoptive family）の一員だという確固たるアイデンティティを常にもってきた。私は、東アングリア大学の社会福祉科に入学し、離婚や別離に関する研究を行った。後日知ったのだが、児童協会（the Children's Society）と共同で養子縁組に関する調査や再会の研究が行われていたのはこの学科だった。私が真剣に養子縁組について考えるようになって初めて、その研究の知見を知った。私が驚いたことの一つは、生みの親側の親族（birth relatives）が養子になった人びと（adopted people）と連絡がとれるよう仲介するサービスを利用していることだった。こうしたことが可能とは知らずに、実践を批判して養子縁組連絡先登録簿（the Adoption Contact Register, 生みの親族と養子がそれぞれ別々に登録し、各々を照合する）に好意的な論文を書いていた。これが養子縁組に関する私の最初の仕事であった。

　この時点で、自分自身の過去に興味はなかった（もしくはそう思い込んでいた）が、何か引き寄せられるものがあった。「養子縁組の捜索と再会の研究」（the Adoption Search and Reunion）の主要部分は既に完成していたが、74人もの成人した養子のインタビューがあり、まだ十分には分析されていなかったのだ。私は進んでその分析を申し出た。これが、私自身がジェットコースターに乗った瞬間だった。インタビューは4回に分けて私のもとに送られてきた。昼夜を問わず一日中それを読み耽ったことを覚えている。その中には喜ばしい再会や拒絶に関する話、連絡されたことに対して怒りを感じた養子や嵐のような再会の話、そしてお互いを探し続け、再会を考えている人びとの話があった。私はその内容に圧倒され、ときには驚き、ときには魅了され、

ときにはそこに書かれた人物を励ましたりもした。そして、「自分も再会しなければならない」と思うもすぐに「いや、そんな大きなリスクは冒せない」と思った。

　しかし、本当に心に響いたのは、生みの親や親族の代理として児童協会の仲介サービスから連絡が来たことに対して怒りを感じた人びとのインタビューを読んだことだった。そこに書かれていたことの多くは私が思っていたことを裏付けた。多くの養子は自分の生みの家族に無関心で、しかも養子縁組先の家族が他のどの家族とも違わないと思っていることだ。もう一つ印象的だったのが、無関心を保つために注がれるエネルギーの量で、それはやや抵抗しすぎているとも思えるものだった。この出来事がきっかけでこの件に関する自分の立ち位置を考えさせられた。

　ここに、分析と本書の執筆という長旅が始まった。執筆には予定よりもはるかに時間がかかってしまった。時には湧き出る熱意で怒涛のように執筆が進んだり、困難に出くわして、もっと重要だと思われる（または少なくともより簡単だと思われる）他の事を見つけたりしたものだった。浮き沈み、転機や間違ったスタート、表面下に潜むたくさんの未知の感情——インタビューを分析し、本を執筆することと養子縁組の捜索と再会のプロセスにはこのような多くの共通点があるということに気が付くのに長い時間はかからなかった。時には、本書の執筆作業が助けになって、自分が置かれた状況に関して私がどう考え、感じているか理解できた。時にはこの資料に押し潰されそうになった。また、他人の経験からかなりのことを学ぶことができる一方で、自分自身の客観性を失ったり、自分の考えや感情を他人の物語に投影したりする危険性があることを意識するようになった。この本はチームで書いてきたし、すべてチェックを受けているが、主な執筆者は私だ。そのとき私はカウンセラーに相談することにし、自分が本当にしたいことは何なのか、その見通しを得た。私の求めるものは何なのか、私の期待することは何なのか理解するのにカウンセリングはかなり役立った。意図したものではなかったが、カウンセリングによって本の執筆というプロセスから解放され、新しい観点でインタビューを見ることができるようになった。

　本書の執筆を通して、養子縁組と再会についてのみならず、私自身に関し

てもたくさんのことを学んだ。親を探し出し再会する道のりについて他の人の文章を読んだり、自分自身のプロセスや動機に目を向けたことで、自分自身の養子縁組の記録を求められるようになった。そして、その時機が来たと感じたら私も生みの親に連絡を取ることになるだろう。私から読者の皆さんへのメッセージは、「あなたはこれを自分でする必要はない」というものだ。本書があなたのやり方の助けになってくれたらと思う。しかし、可能ならばメンター（訳注：よき助言者）に助けを求めてみることを勧める。

　調査・研究は、自分の経験を快く共有してくれる人びとがいないことには成り立たないので、インタビューを受けてくれた方々に感謝するのが昔からの慣習だ。本研究に非常に誠実に貢献していただいただけでなく、私が研究者として、人として学べたことに対して、心からすべてのインタビューを受けた方々に感謝申し上げたいと思う。私も何か恩返しとして役に立てていることを望んでいる。また、私のおそろしく遅い仕事を辛抱強く我慢してくれたジュリアとデイビッドの二人の同僚にも感謝したい。私のカウンセラーであるヘレン・マクリーン氏にも感謝する。彼女がいなければこの本はまったく違うものになっていただろう。最後にこの道のりを通して支え続けてくれた両親に感謝したい。

リズ・トリンダー

序文

　本書に登場する養子になった人の一人が指摘するように、「自分がどこから来たか歴史が分かっている場合、おそらくそれが当たり前のことと思っているだろう」。しかし、養子になったわたしたちは家族をまるごと失ってしまったのだ。多かれ少なかれ、私たちのルーツは人格形成期において、もしくはしばしばそれ以上の期間において、謎のままなのだ。

　この過去を遡るには出生記録（私の場合は生みの親側の親族）を探し出す行程をする他ないと知ったのは子ども時代のことだった。何年も後に更なる発見をした、再会がこの行程の終わりではないと。アメリカの大学教員のデイビッド・ブロドジンスキー（David Brodzinsky）氏が指摘するように、養子縁組とは究極的には自己の捜索だから、捜索は一生終わることはない。彼は「人はいったん成熟したら、残りの人生において変わらずにいるというわけではない。同様に、ある日目覚めたら養子縁組のことが頭から離れていたということはないのだ」という。

　このように養子になった人にとっては親を探し出すことが重要だが、私の経験上その道のりは孤独で、道標もなく怖いものである（私がジャーナリストとしてインタビューしてきた多くの養子になった方々も同様の経験を持っているようだ）。支援も昔からあるが、それはよくても本質的にはずれていて、悪ければ利用しにくい、あるいは人間味のないもののように思われる。

　一方で、世界の至る所にいる生みの親側の親族は、養子縁組で別れた人を探せるようになってきてはいるが、さらに孤立し、支援を受けられないと感じているだろう。社会はしばしば彼らを見て見ぬふりをし、生みの親側の人びとが親族を探す現実的な「権利」を何も与えてこなかった。

　このような理由から、私は本書の刊行を歓迎する。本書は、捜索のプロセスのどの段階にいる人にとっても有用で体系的かつ非常に詳細なガイドである。また本書は、感情的でしばしば実際に込み入りがちな道程に関する情報と指南を集めたものとして重要だ。さらに、自分で実際に捜索した一般の

方々の忌憚のない話を集めている点でも重要だ。

　このような理由から、本書は養子縁組に関心がある、または養子縁組の関係者すべての人に非常に役立つ。実際、捜索し再会する際の感情の波は、養子縁組先の家族や生みの親側の親族から友人や配偶者に至るまで、それに関わった人びとに大きく広がるものだ。

　養子縁組は得るものと失うものが入り混じった独特のものである。しかし、損失の面はあまり知られていない。本書は、親を探し出し再会することによって、人がこの損失の面と折り合いをつけられるようになることを示している点で優れた価値がある。私が自分の親を探していた時にこの本が手元にあったらよかったのにと思う。養子縁組における再会に関わるすべての人にとって、欠くことのできない啓発的な本である。

ケイト・ヒルパン（Kate Hilpern）
養子縁組専門のジャーナリスト

謝　辞

　本書執筆の発端は、自身の来歴を探し出すことに関心がある養子になった人びとと長い間活動してきた、ロンドンのペッカムを拠点とする児童協会の養子縁組後とケアのプロジェクト（The Children's Society's Post Adoption and Care Project）である。その人びとの多くは一人以上の生みの親側の親族に再会を果たしていた。このプロジェクトチームは自身の活動をもっと掘り下げようと考えていた。とりわけ、このプロジェクトの支援を受けた養子になった多くの人びとの考えはどんなものかもっと詳しく調べたいという熱意を持っていた。ナフィールド財団（The Nuffield Foundation）は養子になった人びとが親を探し出して再会する経験に関する大規模研究の計画を持ち込まれ、資金提供を承諾した。その知見は様々な本や論文に報告されている。しかし、親を探し出すことを考えているすべての養子になった人びとのためのガイドやハンドブック、手順書の必要性がますます明確になってきたのに、依然としてそれをどう始めたらよいかはっきりしていなかった。

　本書はそのような認識のもとで生まれた。本書の執筆は多くの重要な人びとの助けや支援がないことには成り立たなかった。デニス・コスター（Denise Coster）氏、エリカ・ペルティエ（Erica Peltier）氏、ジェニー・セタリントン（Jenny Setterington）氏、ジャネット・スミス（Janet Smith）氏、ローズ・ウォレス（Rose Wallace）氏、エリザベス・ウェブ（Elizabeth Webb）氏、そしてペニー・ウィッティンガム（Penny Whittingham）氏のペッカムチームは本プロジェクトのすべての段階で非常に多くの労力を費やしていただいた。彼らにはとてもとても感謝している。また、児童協会およびナフィールド財団の支援、後ろ盾には大変感謝している。ナフィールド財団のシャロン・ウィザースプーン（Sharon Witherspoon）氏にはいつも励ましをいただき特にお礼申し上げる。最後に、親を探し出し再会する話を私たちと共有してくれた何百人もの養子になった人びとに深謝したい。彼らの忍耐強さとユーモア、思いやりと感受性が励みとなって、夢中で仕事ができた。彼らの洞察力や率

直さがなければ本書は日の目を見ることはなかっただろう。

リズ・トリンダー
ジュリア・フィースト
デイビッド・ハウ

1　序　論

> 親を探し出し再会するプロセスは当事者にとって未知の領域へ飛び込む
> ようなもので、急上昇、急降下するジェットコースターのようだ。

　1970 年代中頃から多くの西洋諸国では、子どものころ養子になった経験
をもつ大人が生みの親や親族の所在を探し出し、会うことが可能になる新
しい法律が導入されてきた。言い換えると、「養子縁組に関わる親子の再会
（adoption reunion）」が可能となったのだ。また、近年では、オーストラリ
アのように生みの親側の親族に対して、養子になった人に連絡を取る権利
が与えられた国もある。イングランドとウェールズにおいては、新養子縁
組および子ども法（2002 年、new Adoption and Children Act 2000, England and
Wales）により 2005 年から生みの親や親族は養子縁組支援機関に依頼して代
理人を使って養子になった人に接触することができるようになった。

　養子縁組に関わる再会が可能になってから、再会は数多くの人びとの関心
を引くようになり、世界中で多くのメディアに取り上げられた。英国におい
ては、前政権の元大臣クレア・ショート（Clare Short）氏と彼女の息子の再
会が新聞の見出しを飾った。親子の捜索と再会は雑誌の記事や映画、メロド
ラマのあらすじや、「キルロイ（Kilroy）」や「オペラ・ウィンフリー（Oprah
Winfrey）」などのテレビ番組の題材として多く扱われるようになった。

　養子縁組に関わる再会がメディアに好まれる題材である理由の一つは、そ
れがとてもドラマチックで情緒的だからだ。親を探し出し再会するプロセス
は当事者にとって未知の領域へ飛び込むようなものだ。結果はどうであれ、
このプロセスは上下動するジェットコースターに乗っているようなものであ
る。何十年ぶりに会う生みの親とその子ども、または生まれて初めて会うき
ょうだいにとって、再会のプロセスは高い（ときには非現実的な）期待があ

1　序論　*13*

いまって、かなり感極まるものだ。しかし、メディアの養子縁組に関わる再会の取材は、必ずしも現実世界の実際の再会において起こる事柄をそのまま描いているわけではない。本書の大きな特徴は、親を探し出し再会するというプロセスを実際に経験した多くの人びととの実体験に基づいているという点である。著者らはイギリスにおける養子縁組に関わる捜索と再会の最大規模の研究に関わっていた[1]。その研究は生みの親側の親族に関する情報を探し出した 394 人の成人養子（「捜索者」）および生みの親側の親族から連絡を受けた 78 人の成人養子（「非捜索者」）のアンケートに基づいている。わたしたちはアンケートのうち 74 ケースに追跡調査として一対一の面接調査（in-depth interview）を実施した。

　本書は、捜索と再会を検討している人、あるいは既にこのプロセスにいるすべての人に向けたガイドとして書かれている。わたしたちの研究の知見を使って、再会において一般的に起こることや予想される浮き沈みを描くことができた。もちろん、個々の再会で起こることは予期できない。本書を読み進めるにつれて、再会の物語はそれぞれ異なる環境にいる異なった期待を持つ異なる人びとによる唯一無二のものだということが明らかになってくるだろう。そうはいっても、人びとが共有し、それから学ぶことができる共通の経験というものは確かに存在する。あなたのケースが本書に含まれるものとまったく同じだという保証はない。しかし、わたしたちの目的は一般的な出来事や多様な再会を著すことで、この先待ち受ける道程にあなたができる限り準備し、自身の捜索と再会を始めるかどうかあなたが決断を下す際に役立つことである。既に旅に出た人たちは、ここで話される物語を通して、この先遭遇するかもしれない困難を切り抜け、自分の道を見つけるためのヒントや必要な支援を見つけてくれたら嬉しい。わたしたちの研究はイギリスでの再会を元にしているが、情報提供者により報告された体験や問題、感情の多くは全世界の人びとにも関連すると確信している。

1　デイビッド・ハウ、ジュリア・フィースト（2000）『養子縁組、捜索および再会：大人になった養子の長期的な経験』（前版元：児童協会、現版元：BAAF、ロンドン（2004）(*Adoption, Search and Reunion: The Long-Term Experience of Adopted Adults* (The Children's Society, 2000; now published by BAAF))

また、本書のねらいは可能な限り実践的なアドバイスを提供することだ。例えば、本書には法的権利や生みの親側の親族の名前と住所を特定する方法などが書かれている。第2章と第3章ではイングランドおよびウェールズにおける捜索プロセスについて述べ、付録でイギリス国内の地域、アイルランド、オーストラリアおよびニュージーランド、カナダおよびアメリカ合衆国における捜索に関する情報を示す。

　たいていの章には「アドバイス・ボックス」がある。これは、捜索と再会のプロセスをできるだけよくするために記憶にとどめるべきキーポイントを要約したものである。例えば、最初の連絡をどのようにとったらよいか、最初の面会をいつどこで行うように調整すればよいか、というアドバイスが記されている。このうちのいくつかのアドバイスは養子になった人びとから直接聞いて得たもので、その他はわたしたちが蓄積した経験により得られたものである。付録には追加の助言や情報の注釈付きリストが載っている。いくつかの章にはワークシートがあり、捜索と再会のプロセスに関する決断をするときに取り組んでみると役立つだろう。

　わたしたちは以上のステップを進むことを推奨あるいは反対しようとしているわけではないことをここで明確に伝えておきたい。わたしたちの研究が伝えたいメッセージは、捜索と再会は通常長年にわたる熟考が必要な、精神的に困難が多いプロセスだが、ほとんどの人にとって始めて良かったと思えるものだということだ。これらのステップを進む準備ができているかどうか決めるのはあなただ。本書がこれらの決定を下す一助になれば幸いだ。そして、もしあなたが前へ進もうと決心したならば、本書ができる限りあなたの準備の助けになればよいと思う。

語句に関して一言

　本書の執筆にあたり、どのような用語を用いるか決定することが困難な点の一つだった。養子縁組における再会（adoption reunion）は万人に受け入れられる用語を探し出すのが困難な分野の一つだ。「再会」という言葉自体に取り戻すことのできる既存の関係があるという含意があるために不快に感

1　序論　*15*

じ、受け入れがたい人もいるだろう。わたしたちは、単に再会が今のところその経験を述べるのに最も広く使われかつ認識されているため使っているにすぎない。「生みの母（birth mother）」や「生みの父（birth father）」に関しても同様の問題がある。繰り返すが、わたしたちはこれらを最も一般的な用語として選択したが、「実の（natural）」「血のつながった（blood）」あるいは「生物学的（biological）」母／父の方を好む人もいるだろうということは承知している。また、「養子（adoptee）」ではなく「養子になった人びと（adopted people）」という表現を使用した。これは個人の好みの問題だと分かってはいるが、わたしたちは養子とは人ではなくカテゴリーを意味すると考えている。

　最後に、本書においては親を探し出し再会するプロセスを経た養子になった人びとのインタビューから多くを引用していることを指摘すべきだろう。その人たちの匿名性を守るため、本書を通してファーストネームと地名について仮名を使用した。

【監訳注】

　訳語においては、reunion を再会ないし交流と訳すことにした。本書で言う reunion は幅広い概念で、初めての「再会」も、その後の「交流」ないし「つきあい」も含む。一般的に、reunion は同窓会のように対面的な再会を意味することが多いが、養子縁組における reunion は、対面しないで接触、やりとりすることもある。初めての対面や接触以降も継続するプロセス性が含まれる場合は、交流という用語も使用した。離婚後の非同居親と子の接触が交流という用語で普及していることも一つの理由である。

　reunion という語には、原著者が述べているように、取り戻すことができる既存の関係があるという含意がある。その点からは、児童相談所によって措置された子どもが家庭に「復帰」する場合にも使用される、再び統合する（re-union）という意味での「再統合」という用語も適当で、再統合という用語は reunion という言葉が持つ、もとある関係を再び結び合わせるという規範的な含意も表せるだろう。しかしあまりに規範的

な用語を用いて再生産する負の影響を考え、本書では再統合という用語は積極的には使用しなかった。

　また、birth parent(s)、birth mother、birth father、birth sibling、birth relative もまた、訳語の選定が難しい。日本の民法においては、birth parent(s)、birth mother、birth father、birth sibling、birth relative は「実方」と表記されているが、養子縁組が確定したら、これは妥当ではない（元実方が妥当だろう）。「実の」と訳すことは、何をもって「実」とするかがあいまいだ。生みの親が離婚再婚を繰り返したり、婚姻外の子どもだったり、第三者が関わる生殖医療を使用する場合もあるから、「birth」が婚姻等の法的関係、分娩、遺伝的・生物学的関係のいずれを意味するか考えると、遺伝的・生物学的関係のことだとわかる。血のつながりをもって「実」というのは、血のつながりこそ本質だという規範的な意味を伴う。原著者は birth を blood（血縁の、血がつながった）、biological（生物学的な）と区別して用いている。以上から、birth parent(s) を生みの親ないし生親、birth mother を生みの母ないし生母、birth father を生みの父ないし生父、birth sibling を生みの親から生まれたきょうだい、ないし生親が同じきょうだい、birth relative を生みの親側の親族、出生親族、生親方の親族等と表記することにした。ただし、本書にはインタビューの引用に natural mother（father, parents）という言葉が登場することがある。その場合は、あえてそのまま実母（実父、実親）と訳した。biological mother（father, parents）も同様に、生物学的な母（父、親）と訳した。

　日本語の親族という単語は一般的に、親やきょうだいという個別の親族地位以外の親族を総称するものとして用い、親を含まないニュアンスがあると思う。しかし本書でいう birth relative は、生みの親や彼らから生まれた子も含んでいることに注意してほしい。そのため birth relative を時に生みの親や親族と表記した。「生みの」というと、「産む」「生む」という生命を誕生させる行為をイメージしがちかもしれないが、生まれ、出自といった、生まれた側から見たルーツを意味している。

1　序論　*17*

2 はじめの一歩を踏み出す
出生記録情報

> この章では、出生時の出生証明書の写しとその他の情報を得ることについ
> て、どのようにすすめるのかという実用的なことを説明する。

(1) イントロダクション

　養子になった人びとのほとんどが、子どもの頃からそして大人になったあ
とも、自分の生みの親側の親族について、どんな顔をしているのだろうか、
その当時やいまはどんな感じの人だろうかと思いをめぐらせる。比較的最近
までこうした疑問への答えをみつけることはとても困難だった。養子になっ
た人びとは、親が与えることのできるあるいは与えようとする限定的な情報
に頼るしかなかった。イングランドおよびウェールズでは 1975 年にこの状
況が変わり、養子になった人は自分の出自に関する情報にアクセスする法的
権利が与えられた[1]。それ以降、自分の出生時の名前と生母の名前が入った
出生時の出生証明書（訳者注：養子縁組後の養子の出生証明書には養親の名前の
みが記載されている）の複写を取得できるようになった。養子縁組が個人間
で行われたものでなく、自分の養子縁組の仲介機関がわかる場合、その仲介
機関の記録に記載されている情報を得ることが通常可能である。記録によっ
て情報の量はさまざまだが、たいていは生みの親や家族の来歴についてより
詳細な情報が含まれる。
　出生記録情報を探したいともう決めた、そしてひょっとしたら生みの親側
の親族に連絡もしようと決めている人がいるかもしれない。出生時の出生証

1　その他の西欧諸国については付録を参照のこと。

明書の複写と養子縁組記録の記載情報を入手する方法を説明する。自分の出自を知って終わる人もいれば、出生親族と連絡をとるためのはじめの一歩にする人もいるだろう。あるいは、探すことについて考えはじめたばかりの人もいるかもしれない。探せると分かってはいるが、それが自分にとって正しいことなのか迷っている。それを決められるのはあなただけだ。自分にとって何が正しいかを考える手助けとして、ここでは他の養子となった人びとが親を探し出そうと決めたきっかけについて話したことをみていく。さらに、出生時の出生記録と養子縁組記録に記載されている情報がどのようなものか、養子となった人びとが語る捜索プロセスの経験をみる。

　本章では、捜索と再会の第1段階、始める決心をすることについてみていく（アドバイス・ボックスを参照）。次章では第2段階の探し出すこと、第3段階の連絡を取ることをみる。いずれの章もイングランドとウェールズにおけるプロセスを記述する。養子縁組がスコットランド、北アイルランド、アイルランド共和国、オーストラリア、ニュージーランド、カナダまたはアメリカ合衆国で行われた場合は、まずは付録の関連するセクションを調べてみるとよいだろう。関連する法制度や養子縁組の機関についてよい情報が得られるからだ。そのあとに本章のつづきと次章を読んでみるよい。2つの章はともに、捜索して再会を求めるかどうかの決断、捜索した経験についてのセクションがあり、それらはすべてイングランドとウェールズ以外に住む人びとにとっても関係があるからだ。

▼ アドバイス・ボックス

捜索と再会における段階とステップの概要

出生記録の情報を入手する
1. 手続きを始めると決断する。
2. 出生時の出生証明書の写しの取得と、養子縁組をとりまとめた仲介機関がもつ詳細情報にアクセスするための申請を行う。
3. 養子縁組記録や裁判記録に記載されているその他の情報をみつける。

（2） プロセスを始めると決断する

なぜ私はその情報を得たいのか？

　親を探し出したい具体的な理由は人によって異なる。わたしたちの研究では主に次の３点にまとめられた――出自、理由、関係。大多数の人にとっては、この捜索は「自分はどこから来たのだろう？」という問いに対する答えを求めることである。つまり、自分の起源や出自を知る必要があるということだ。それは、生みの親はどんな見た目なのだろうか、自分と似ているのかどうか、と思いをめぐらせることかもしれない。また、生みの親は当時どんな人だったのか、現在はどんな人なのか、養子になった自分が何か同じ特徴を持っているのか、と考えたりすることかもしれない。とくに養子になった人の生みの親どうしのエスニシティが異なる場合、自分はどこからきたのか、そしてどんな子どもだったのかを知る必要はさらに重要な問題である。

　比較的最近まで、イギリスや他のほとんどの西欧諸国においては養子縁組の形態は「クローズド（closed）」なものだった。つまり、養子縁組家族は事実上他の家族とまったく同じだという考え方に基いて、生みの親側の家族とのつながりは断ち切られるべきものとされた。しかし、実際はそんなに単純とはかぎらない。養親ととても親密で、家族のなかですっかり心地よく感じていたとしても、養子になった人のほとんどが自分と遺伝的つながりのある親がほかにいると知ってしまっただけで、生みの親のことを考えてしまうのだ。わたしたちの研究でインタビューした一人、パトリックは、生みの親についての思いがどんどん大きくなっていったことを説明してくれた。

　　「それは何か、いつも自分の中に抱えているものだと思います。私は
　　養子だと気づいていましたが、それについて考えませんでした。ただそ
　　の事実をうまく受け入れるしかないのです。しかし、成長するにつれて、
　　もっと大きな問題になっていくと思います。自分にとってはそうでした。
　　はじめは、自分はどこの出身なのか、自分の親はどんな人なのか、何か
　　病気はあるのかなどといった普通のことを考えたように思います。年齢

を重ねてもっと理解するようになると、もっと大きな問題になりはじめます。私は 13 か 14 歳の誕生日に母親について考え、いま何をしているのだろうと思ったのを覚えています。そして 20 代の前半にさしかかった頃から、親についてもっと頻繁に考えるようになりました。彼らは生きているのか、生きていたらどこにいるのか、自分と似ているのか、何をしているのか、養子縁組はどんな状況で行われたのか、その理由を知りたいと思いました。それは、いわば、何もわからないただの闇の領域です。自分の始まりがわからないのです。言ってみれば、自分の人生の一部が白紙の状態なので、この部分に関してはまっさらなところから始めないといけません。そこに情報がないからです。自分がどこから来たのか知りたいと思うのは人間の性ですから、もしどこから来たかわからなかったら、より大きな問題となります。自分の歴史のなかで自分がどこから来たのか分かっている人は、それを当然のことと思っているでしょう」

　パトリックの経験はとても典型的だ。他の多くの養子になった人びととと同様、彼も養子縁組について幼いころから知っていた。わたしたちの研究では、およそ 4 分の 3 の人びとが 5 歳までに養子であることを知らされている。また、自分が養子であると養親から全く知らされていなかったのは、たった 3 ％だった。その 3 ％の人たちは、自分が養子であることを養親以外の家族から知らされたか、書類で偶然発見してしまったか、どちらかの方法で知った場合が多い。パトリックは養親や妹とのあいだにとても温かく前向きな関係を持ち続けている。しかし、彼の親は養子縁組に関してとてもオープンではあるものの、やはりみんなで話すには難しく心地よい話題ではなかったという点で、彼の話もまた典型からはずれていない。

　　「私は、記憶にあるかぎり、自分が養子縁組されたと知っていました。両親は、私がとてもとても幼いときに、物心がつくかつかないようなときに話したのだと思います。それは当然、何年もかけてだんだんと重要になってくるものですよね？　子どもの頃は養子縁組が何なのかよく分かりません。私はまるで、そう、おそらく自由に質問できると感じたと

2　はじめの一歩を踏み出す　*21*

思いますが、質問したいとは思わなかったでしょう。言っていることが
分かるでしょうか？　そのことを話すことが禁止されていたわけではあ
りませんが、すこし気まずい話題だと感じていて、むしろ、何というか、
余計な問題を起こすなという感じのものでした。文字通り余計な問題を
起こせないと言っているのではなく、自信を持って質問できる雰囲気で
はなかったということです。でもそれは親の考え方のせいではなく、お
そらく私自身に自信がなかったからです」

　養子縁組について親と話すことに気まずさを感じたのはパトリックだけで
はない。これはわたしたちの研究で３分の２以上の人びととの場合がそうだっ
た。単純に養子縁組をした家族にとっては話しにくい話題なのだ。ほとんど
の養親はあまり情報を持っておらず、質問することや話すことに不安があり、
そのためか養子になった人びとの半数以上が、自分の出自に関する情報をほ
とんどもしくはまったく持っていなかったと述べている。なかには手紙、養
子縁組の書類や記録を渡されたり見つけたりする人もいたが、名前すらわか
っていないようなわずかな情報しか手に入れていない人もいた。
　出自への関心と同じようにたびたび持ち上がる二つ目の問題は、理由であ
った。なぜ養子縁組が必要だったのか、どんな状況だったのかを知りたいの
である。このように理由に関心を持つのは、単純な好奇心の場合もあれば、
自分の過去に意味を持たせようとしている場合もある。なかには、ヤスミン
の場合のように、理由への関心が、拒絶、傷つき、怒りの強い感覚を反映し
ている場合もある。

　　　「要するに、彼女は私を手放したのです。なぜ彼女が私を手放したのか、
　　　というようなことを私は知りたかったのです。私の質問にきちんと答え
　　　てほしかったのです」

　情報を求める三つ目の理由は、出生親族、とくに生母と連絡をとりたい、
関係を築きたいという気持ちがあるからだった。ヤコブは次のように語る。

「私は情報を求めてそこに行ったわけではなく、連絡をとりたいと思っ
て行きました。その情報にはあまり興味がなく、ただ誰かに出会いたか
っただけなのです」

捜索に適した時期はいつなのか？

　イングランド、ウェールズ、北アイルランドでは、養子になった人びとが
出生証明書の写しや養子縁組仲介機関の記録を申請できるのは早くても18
歳からだ[2]。実際、捜索可能な年齢になるとすぐに始める人もいるが、多く
の人は20代後半か30代前半になるまで待つ。

　もちろん、人によっては捜索に適した時期などない。養子になった人びと
のうち、実際に情報を入手しようと行動した人が何人いるか正確には分から
ないが、およそ半数が捜索を行い、半数が行わないと推測される。

　探したいと思うほどの好奇心をもたない人もいる。同様に、探したいと感
じるが、何を知ることになるのか心配し、探すのが遅れる、あるいは最後ま
で探し始めない人もいる。しばしばみられるもう一つの懸念は、捜索を決心
することで養親が傷ついたり怒ったりするのではないかというものであるが、
これは第7章で詳述する。コーラはこうした懸念から、捜索を始めるのが遅
れた一人である。

「私は養子になった人が経験するジレンマをいまだに感じています。こ
の捜索が私の養子縁組先の家族にどんな影響を与えるのか、残りの人生
の家族との関係を自分が壊してしまうのではないか、それで後悔するの
ではないかと。もちろん、考えることは他にもたくさんあります。生母
は正常な精神状態じゃないかもしれない、彼女はもう死んでいるのかも
しれない、など何でもです。そのなかで大切だったのは、養親に、私が
今までの人生に何か不満があったとか、自分たちに何か足りないものが
あったのではないかと感じてほしくないというものでした」

2　スコットランドにおいては16歳から、オーストラリアでは18歳から、ニュージーランドでは20歳からで
　ある。詳細およびアイルランド、カナダおよびアメリカ合衆国については付録を参照のこと。

生親を探そうと決めたなら、それがあなたにとって正しい時期だと感じられるかどうかがとても大切である。「最適」な時期はないかもしれないが、わたしたちがインタビューした人からのアドバイスは、物事が難しい局面である「悪い時期」には、捜索を避けるべきだというものだ。再会がどんなによいものであっても、多くの困難が待つストレスの多い道のりになるだろう。

　周囲のサポートがある時を選ぶことも大切である。それは家族や友達あるいは養子縁組カウンセラーからのサポートかもしれない。これを強調する理由は単純だ。どんなに熱心に取り組んでいたとしても、捜索を始めるのは神経をすり減らすようなことである。情報を得ようと決心することは、何が出てくるのか分からないパンドラの箱を開けることによく例えられる。人びとは、自分の出生親族や養子縁組の状況に関する情報が衝撃的なものではないかと心配する。ローレンスにとっては、わからないことがただ単純に怖かった。

　　「私の妻が私についてきてくれました。それはちょっと、何というか、
　　歯医者に行くような感じでした。ほら、何が起こるのか分からないあの
　　感じかな。それか面接のようなものに行く感じです、それは、そう、ど
　　んなことを予想したらいいのかよくわからないのです」

　出生記録情報を得ることは大きな一歩だ。ほとんどの人にとって、捜索するという決心は、一度きりの即断でできることではない。典型的なパターンは、情報を探す可能性について何年も考えたり話したりすることだ。もしくは、何かが次のステップに進む最終決定の引き金となるまで情報を探す一時的な努力をすることだ。あらゆることが捜索を始める最終決定のきっかけになりうる。例えば、養子縁組に関するテレビ番組、捜索をしたことがある他の養子の人と会うこと、子どもの誕生、新しいパートナー、健康の悪化、転居、養親の死、いくつかの要因が組み合わさることもある。そうでない人びとは、ヤコブのように、ただその時が来たと感じるまで待つのである。

　　「そして、私はある朝目が覚めて『いまがそのときだ』と言ったのです

が、なぜだったのか、よく分からないのです。それは 25 歳の時でした。それについてはそれまで徐々に考えてきたと思います。実のところ、私はそう感じるのを待っていたのです。この『いまだ』という感じはもはや神秘的な感覚で、考え抜いて得られるものだとはまったく思っていません。私は実際、その感じを待っていたのです。そして、その感じはどんなものか、またどこから来たのかよく分かりませんが、ある朝起きたときに感じたのです。突然、頭の中がすっきりして、葛藤はもうなくなっていました」

　より多くの情報を得ようと決心した人や、どんなことが起きるのか興味がある人のために、ここからは疑問に対する答えにたどりつき、出生家族を探し始めるのにどのような方法で情報を得ることが可能か、段階を追って案内しよう。

（3）情報を得る：出生時の出生証明書

　自分の家族歴の情報を得ようと決めたら、進む可能性のあるステップは２つある。１つ目は自分の出生証明書の写しを得ること、２つ目は養子縁組を仲介した機関に連絡すること。すでに出生時の出生証明書を持っている人は、２つ目のステップ、養子縁組仲介機関の記録へ直接進んでよい。しかし、養子になった人びとは通常、養子縁組証明書または養親の名前だけが載っている出生証明書の抄録しかもっていないので、ほとんど人は１つ目のステップから始めないといけないだろう。もしあなたがこれに当てはまるのならば、出生時の出生証明書を手に入れる必要がある。それ自体でも重要な情報を得られるが、通常これは養子縁組記録に載っているもっと詳細な情報に近づくための第一歩である。

　出生時の（養子縁組前の）出生証明書にはあなたが生まれたときの最初の名前と生母の下の名と旧姓（該当するならば結婚後の姓）、それに登録時の生母の住所が載っている。あなたの生みの親が結婚している場合、または生父が出生証明書に自分の名前を載せる許可をして、出生登録時に登記事務所に

いた場合でない限り、生父の名前はめったに載っていない。生父の名前が書かれている場合は職業も載っているだろう。

養子になった人びとの中で既に出生時の名前を知っている人は、出生時の出生証明書の写しを入手するのが簡単だ。ロンドンの家族記録センター（Family Records Centre）からその申し込みができる。その住所は巻末の付録に記されている[3]。

しかし、出生時の名前を知らない場合、1976 年養子縁組法（1976 Adoption Act）の第51 条にもとづいて、国家統計局（Office for National Statistics）の一般登記所（General Registrar's Office）に、自分の出生記録へのアクセスを申し込む必要がある。一般登記の係に自分が養子縁組されたことを説明し、養子縁組後の名前と出生日を知らせる書類を書くと、彼らはその情報と出生時の詳細情報を照合できる。一般登記の係は出生証明書に記載された個人を特定できる情報をあなたに直接送ることはない。そのかわり、法律にしたがって、あなたが選んだ仲介機関の公認養子縁組カウンセラーのもとへ送られるため、「出生記録カウンセリング」の予約を取る必要がある。仲介機関は自分で選択できる。この情報を受け取るために利用できるのは、あなたの地域のソーシャルサービス部門（電話帳の養子縁組の項を調べるとよい）、自分の養子縁組を仲介した機関を知っている場合はその機関、そしてサウスポート（訳者注：イングランド北西部の町）にある国家統計局のカウンセラーである。

結局のところアクセスするのは自分自身の個人情報なのに、その前にカウンセラーに会わなければならないことに対して、戸惑い、怒り、動揺する人もいる。カウンセリング予約はもともと養子縁組法に含まれており、その法律ができるまでは、生親側の家族と養子縁組側の家族はお互いを特定できる情報を交換してはならないないとされていた。カウンセリングは、経験のあ

---

3 監訳注：巻末付録に示したように、ロンドンの家族記録センター (Family Records Centre) は GRO（General Registrar's Office：一般登記所）と国立公文書館が共同で家族記録を保管し、対面的サービスをおこなっていたが、2008 年に閉鎖した。
　UKBMD (https://www.ukbmd.org.uk/) オンラインで出生、結婚、死亡、およびセンサスを提供するサイトへのリンクを提供。
　FreeBMD（Free Births, Marriages, Deaths）(https://www.freebmd.org.uk/) イングランドとウェールズの出生、結婚、および死亡証明書のオンライン請求等ができるサイト。

る専門家とともに、あなたの希望や期待、あなた自身や他の人への影響をじっくり話すよい機会となる。もし、たとえば、あなたがさらに詳しい情報や生親側の親族を探したいと思っている場合には、さらに進んだ段階のアドバイスや情報も得ることができるだろう。カウンセリングはあなたを試すようなものではなく、自分の選択肢を理解するための手段である。ただし、あなたが 1975 年 11 月 11 日以降に養子縁組されたのであれば、カウンセラーに会わずに、出生情報を直接郵送してもらうことを選択することも可能である。どうするかはあなた次第だが、ほとんどの人はおそらく、捜索と再会のプロセスについて豊富な経験を持つ人と話す機会は有益だとわかるだろう。

　養子縁組カウンセラーに会うと、あなたの出生時の出生証明書の申請書を渡される。また、養子縁組が行われた裁判所へ送ることのできる別の申請書も渡される。養子縁組を仲介した機関を裁判所があなたに知らせるので、その機関に問い合わせて自分の家族歴や養子縁組についてさらに詳しい情報を得ることができる。

　すべての養子縁組が、地方自治体やボランティアの養子縁組仲介機関を介して行われるわけではない。なかには、たとえば地元の医師や教区の牧師により個人的に仲介されるものもある。そのような私的な養子縁組を行った人が情報を得ることはさらに難しい。このような状況では、裁判所記録に経緯について何か情報があるかもしれない。このルートで捜索する場合は、養子縁組命令が下りた裁判所の職員に書面で問い合わせるとよい。あなたが情報にアクセスできるかどうか、またその情報を得るためにどうしたらよいか、裁判所の職員が回答するだろう。裁判記録の情報からあなたが疑問に思うことがあれば、場合によってはその疑問に答えられるかもしれない裁判官に面会させてくれる。

（4）情報を得る：養子縁組記録

　出生証明書を手に入れたら、次のステップは養子縁組仲介機関の記録にある情報を得ることだ。養子縁組仲介機関に手紙（または電話）で彼らの持っている情報へアクセスできるか問い合わせる必要がある。通常は、一緒に情

報を調べてくれる養子縁組カウンセラーと会う約束を取り次いでくれる。

　養子縁組記録には出生家族の情報が載っているので、出生証明書よりもずっと多くの情報を与えてくれるだろう。しかし、養子縁組記録は仲介機関によって大きく異なり、1ページに要約されたものもあれば、30ページ以上の記録もある。その記録が長期間損なわれずに保存されているという保証もない。

　ここ10年間で養子縁組仲介機関はかなりオープンになり、記録にある情報をすすんで提供してくれるようになった。しかし、このことで当該情報の機密性や権利をめぐるいくつかの問題が生じる。一般的に養子縁組仲介機関は、個人が特定できる事実の情報、たとえば生親の詳細や養子縁組の背景などを養子になった人びとに提供する。もし生父の名前がわかっている場合は、通常は養子縁組仲介機関の記録に残されている。

　養子縁組記録は以下の情報を含みうる。

・養子になった人：出生時の名前、出生地、出生体重や簡単な医学的記録など。出生時の出生届の写しが含まれることはまれである。
・生母：名前、当時の住所、身体的・社会的特徴。エスニシティ、身長、学校や職業、他の子どもの詳細を含む家族の情報など。他の家族の名前、その人の説明、住所が含まれる場合もある。
・生父：生母の情報と比べてあまり詳しくなく、具体的でないことが多い。生母がどれだけの情報を開示する気があるか、生父が養子縁組時に面接を受けたかによる。養子縁組の過程で生父に面接をしていない場合、生父の詳細を開示しない仲介機関もあることを指摘しておく。
・養親：仲介機関によるケースの記録や書類、家庭環境に関する報告書が含まれうる。
・養子縁組の状況／理由：仲介機関が作成したケース記録のかたちであることが多い。
・養子縁組前の里親や他の養育者：養子縁組の前にケアをうけていた人は、ケアを受けていた期間の情報がより多くあるかもしれない。医学的な情報や写真を含む。

まれに生母や生父が養子縁組仲介機関と連絡をとりつづけている場合は、彼らの現住所から送られたより最近の手紙が記録に含まれている場合がある。

（5）情報を得ることのインパクトとは？

　養子縁組の仲介機関が持っている情報を目にしたとき、自分のなかにうまれる感情に驚いてしまうこともある。そのときまで知らなかった自分の出自に関する多くの情報を知ることになるかもしれない。たとえば、自分にはきょうだいがいるということ、生母が何週間か自分を育てていたことなど、こうした情報を得ることでどのような衝撃を受けるのかを予想することは難しい。もし、あなたがほとんどあるいはすべての情報をすでに持っているなら、その衝撃はごくわずかなものになるかもしれない。しかし、わたしたちの研究における大多数の人のように、存在する情報のほとんどを知らない場合は、記録を初めて目にしてかなり大きな衝撃を受け、ポジティブ、ネガティブ、あるいはそれらがまざった感情を抱きやすい。

　次のリストは、本研究の対象者が記録を読んで得られた「よいこと」を示したものである。

・生母についてもっと知ることができた。
・なぜ養子縁組されたのかよりよく理解することができた。
・不足していた情報を埋めることができた。
・捜索に役立つ情報を得ることができた。
・生父についてもっと知ることができた。
・アイデンティティに関する自分の感覚が向上した。

　しかしながら、このリストは養子になった人びとが記録を読んで受けた感情面での衝撃や、得られた情報に対する反応を予想することが難しいことについて示していない。一例を挙げれば、インタビューを受けた一人であるデイビッドは、情報を入手することはポジティブな経験でありながら、彼自身が予期していなかったほど圧倒される経験だったと説明する。

「一日ですべてを理解するのは難しいです、本当に。私は家に帰って、何に対して動揺したのか覚えていませんが、とにかく家に帰ってから一晩中泣きました。私は、ふだんそんなに泣くことはありません。おそらく今までに泣いたのはそのときだけです。そのときと、あと映画の名犬ラッシーを観て泣いたかな。だから、そのとき生まれた感情はきっと……たぶんあまりに多くのことを知りすぎたのでしょう。すべてを一度に知りました。子どものとき、母がどんな見た目なのか、何をしていたのか、生きているのか、もう死んでいるのか、というようなことを想像します。でも、あるとき、自分の前に座った人から『こんなふうにあなたは生まれた』みたいなことを聞いてしまうのです」

　デイビッドが指摘するように、養子縁組記録を目にすることにこれほど人を揺さぶる力があるのは、想像の中にとどまっていた人物が、とつぜん生命を持ち、初めて現実の存在となるからだ。ニナもまた、「もちろんはっきりとした姿はわからないのですが、自分の中で彼らの姿を想像していました」と話した。
　生みの親どうしのエスニシティが異なる場合、自分の親は誰なのかということと、自分のエスニシティは何なのかという二重の疑問を持っていることから、おそらくもっとも深い衝撃を受ける。ウナは4歳の時に養子縁組され、現在は40代前半であるが、養子縁組記録の情報によって自分のエスニシティを初めて知ったことについて以下のように述べた。

　　「自分の父がナイジェリア人だと分かった時のことを覚えています。私は座っていて、目は涙でいっぱいになりました。ジンバブエ人の女友達が言う冗談があって、親友のあいだの冗談なのですが、あの人たちはカリブ諸島の出身だけど、アフリカのどこの出身かは分からないというもので……ただのジョークでべつに不快になることもなかったのですが…… でも『あなたはどこから来たのかもわからないんだから、そこにいるだけ、何も言えないでしょ……』とつづくような感じでした。そしてその事実を知ったとき、このような会話がもう一度はじまったら、私は

『あら失礼、私は本物よ、アフリカ人なの！　あなたはひと世代はなれて
いるでしょ、だから……』と言えるのです（両者笑）。そのとき言い返せ
る言葉がみつかったのです、すごいことです、素晴らしいと思いました。
その後の２、３ヵ月、本当に楽しかったです。みんなに電話をかけて「私
は本物で……」と言って。それは楽しかったです（両者笑）。本当に素晴
らしかったです。なぜなら自分を見つけることができたから。たとえ自
分の母親がイングランド人で、自分はエスニシティが混ざっていると知
っていても、それだけでは自分の肌の黒さがどこから来たのかを教えて
くれません。実際になぜ肌が黒いか、その由来を知ったとき、自分とい
う存在が完全なものになるのです」

　名前や日付といった事実の記述がとても大きな反応をいつも引き起こすわ
けではない。生みの親や彼らの気持ちについて、公式な記録よりも多くの手
がかりを与えてくれるようなささいな内容が重要になり、それが共感や、と
きには怒りの感情を引き起こすという人もいる。わたしたちの研究において
は、43％の人が生母に対して同情を感じたと話した。エリザベスはすでに基
本的な情報は持っていたが、記録の中にあった情報のささいな「断片」から、
生母についてより多くのことを知ったという。

　　「自分が母乳で育てられ、２、３週間ほど生母と一緒にいたと知りまし
　　た。その日の電車での帰り、本当に、とても深い影響をうけたと思いま
　　した。というのも、ただの紙の上の名前ではなく、母のことをもっと深
　　く考えたからです。そして、自分に最近子どもができたことで、母にと
　　って赤ん坊を手放すことはどんな経験だったのだろうと想像するように
　　なりました。だからその記録にあったたった一つの事実が私にとても深
　　い影響を与えたのです。他のことは全部知っていましたから」

　その一方で、養子縁組の状況を読んで、怒りや拒絶の感情を抱いた人もい
る。アヴァは次のように話した。

「カウンセラーは、何が起こったのか、なぜ私が養子に出されたのか話しました。驚くことではありませんでした。母は、私生子の娘（a bastard daughter）を産んだのだから、その子を捨てざるを得なかった。だから何なの」

（6）どんな情報を聞いてつらいと感じるのか？

　ほとんどの人にとって養子縁組の記録を読むことは、動揺し、圧倒されることだが、ポジティブな経験である。幸運なことに、最悪の懸念に直面しなければならない人はほとんどいない。最悪の懸念とはたとえば、レイプの結果できた子である、生親が犯罪に関与していた、家族の精神疾患歴がある、などの事実である。しかし、ポジティブな情報のみならず、つらい情報についても心構えをしておくことがとても大切だ。

　実際、わたしたちの研究における典型的な話は、若い未婚の母が子どもの父と結婚できる境遇になく、時代を考えると、子どもを養子縁組に託すしか選択肢がなかったというものだ。驚くことではなく、これらはもっとも理解しやすいストーリーである。

　しかし、すべてのケースで母に他の選択肢がなかったと思えるわけではない。最もつらいことは、自分にはきょうだいがたくさんいて、何人かの子どもは生みの親たちに育てられ、何人かは育てられなかったとわかることや、生みの親どうしがその後結婚して次の子どもをつくったとわかることだ。これは自分が選ばれて追い出されたという感覚につながりかねない。

　養子縁組の状況がそれほど複雑でなかったとしても、記録の内容や書き方に動揺したり、怒ったりする場合もある。インタビューに協力した人のなかには、記録を読んで、自分たちは他の人の決断によって人生が変えられてしまうような無力な子どもだったと知り、とても辛かったと言う人がとても多かった。ローレンスは、養子縁組記録の書き方や、子どもではなく物として扱われている感じに腹が立ったという。

　　「生みの親が養親にあてた手紙にはこう書かれていました、『私たちに

この小さいの（this little one）ができました』。私の生親が『この小さ
いの』と呼んだのですよ。『もし彼に会いに来たいとお思いで、彼を受け
入れることができるならその日に彼を連れて行ってもかまいません』こ
れはちょっとね……そしてほかにもこう書かれていました、『3カ月それ
をお手元に置けます』と、まるで保証書のような文章。もしお気に召さ
なかった場合は3ヶ月以内に返品できます。彼を受け入れられない場合、
私たちは彼を送り返して、別の子を探します」

　また、私たちのインタビューを受けたゲイルは、養子縁組記録が、児童協
会（The Children's Society）の以前の名称である「浮浪児（Waifs & Strays）」
と題されているのを見て腹を立てた。彼女は、他の人と同様に、生母が養子
縁組のために署名した実際の書類を見たとき、拒絶されたと強く感じて怒り
を覚えた。

（7）養子縁組記録の閲覧に際して覚悟しておくこと

　ほとんどの人にとって、養子縁組記録を読むことはポジティブな経験だ。
それにより多くの情報を得られ、自分の歴史や背景をもっと深く知ることが
できるだろう。しかし、記録されている情報はソーシャルワーカー（1970年
代以前は多くは「道徳的福祉」のワーカー（'moral welfare' workers）と呼ばれ
ていた）により集められてきたことから、おそらく旧世代の態度や価値観を
反映したものであることも強調しておかなければならない。つまり、養子縁
組記録の資料やその中の言葉は必要以上に腹の立つものがある可能性がある
かもしれない。生母や生父に関する軽蔑的な記述もあり得るということだ。
アフリカ系や異なるエスニシティ同士の子どもとして生まれた人は、人種差
別的なコメントや事実無根の判断に出くわすかもしれない。いくつかの事実
の解釈やその事実自体が、誤解を招くようなものや明らかに誤っているケー
スもあるかもしれない。
　多くの養子縁組記録は、未婚の母に対する態度が批判的で、非難めいた頃
のソーシャルワーカーの報告書やメモから成っている。生母は、養子縁組の

状況の説明や自分がどのように描写されているかに同意しないかもしれない。また、生父の行動の描写や解釈も、養子縁組記録を作成したソーシャルワーカーの道徳的考え方、そして場合によっては生母の感情を反映しているかもしれない（通常、生父は養子縁組の過程において面接を受けていない）。とくに生父の個人情報に関しては、生母が故意に情報を明かさなかったり虚偽の話をしたりするケースがあるが、それはときに生母自身、生父、または赤ん坊を守るためである。また、生母の両親によって誤解されるようなもしくは誤った情報が提供されることもあり、それは彼らが養子縁組仲介機関とのやりとりや養子縁組の計画において主導的役割を果たしている場合である。

　養子縁組記録は「公式」の文書だが、広い心で接するのがよいだろう。ほとんどのケースにおいて事実に基づく情報は正確だが、それ以上に、多くの解釈、とりわけ養子縁組の理由はたくさんある考え方のうちの一つにすぎない。それらは、当時の状況やあなたについて、生みの親のいずれかがどう感じたかを必ずしも正確に描写しているわけではない。

　広い心をもつことは、別の視点からも大切になる。「事実」を解釈していたのは、養子縁組の記録をまとめたソーシャルワーカーだけではない。あなた自身の情報の解釈が、あなたがいままで養子縁組についてどのように感じてきたか、あるいはいま感じているのかということに影響を受ける可能性がある。ある時点では生母に怒りを感じるが、あとで養子縁組記録を読み返してみると彼女の苦境にもっと同情するかもしれないし、はじめは生父に同情していたものの、あとで彼に対して厳しい態度をとるようになった自分に気づくかもしれない。何人かいろんな人と、養子縁組記録から得た情報について話すことが役に立つかもしれない。わたしたちの研究でも、たくさんの養子になった人びとがそうしていて、多くの場合は知ったことを共有したいだけだったが、他の人がちがった見方を提案してくれることがわかって、それについて考えをめぐらせることもできたという。わたしたちのインタビューを受けた一人であるウェンディが話すように、急いで結論を出さないことが大切である。

　　「彼女（生母）は本当にひどい扱いを受けたと感じました。でも、そう

考えながら『この反応はいきすぎかも。だってそのとき起きたことすべてを知っているわけではないのだから』と自分に言い聞かせていたと思います。でも、それはとても典型的な状況だと思いました。彼女は誰かに捨てられのだという典型的な状況に思えたのです」

（8）終わりに

　出生時の出生証明書に記載されている情報や、養子縁組仲介機関の記録に残されたほかの情報を得ることは、ほとんどの人にとって大きな一歩だ。この大きな決断を下すことができるのは自分しかいない。「まとめ」に挙げた項目は、あなたにとって正しいことをやり遂げるための助けとなる、または、もしあなたが捜索をしたいとすでに決めている場合、どのように心の準備をすればよいか、助言を与えてくれるだろう。

まとめ

・情報を探し始める前に、何人か違う意見を持っていそうな、または違う経験をした人に相談してみる。捜索のメリットとデメリットを明らかにし、あなたの期待、希望、恐れがどんなものなのかわかる手助けをしてくれるだろう。
・次のことを考えて紙に書く：何が今生みの親を探し出す気にさせたのか？　何を期待しているのか？　心配事は何なのか？　情報を得る過程を通してあなたをサポートしてくれる人は誰かいるのか？
・おそらく情報を得るのに最適な時期というのはないが、最悪の時というのはありうる。わたしたちのアドバイスは、落ち込んでいる時やサポートが得られない時は、それらが改善されるまで、生親を探すのを遅らせるというものである。
・無理をして情報を探そうとしないこと。心の準備ができているときにだけ探すようにする。人びとは他人が行う捜索にとても興味をもって熱心になるが、その人がそれを経験するわけではない。同様に、あなたがしたいと

思うなら、他の人が否定的な反応を示したとしても、捜索を先延ばしにしないことだ。これはあなたの捜索なのだから。

・探すと決めた場合、情報を探し出すときに可能な限り多くのサポートを得るようにする。そして、あとになってもその人から助けてもらえるようにする。

・ほとんどの人は悲惨な話を恐れる。とてもまれではあるが、これは起こりうることであり、それに対して心構えが必要である。しかし、養子縁組記録は、他の理由であなたを不安にさせることの方が多い。例えば、自分が拒絶されているとより強く感じたり、あなたの生母は何としてでもあなたを育てたかったが全くサポートが得られなかったとわかって、心を乱されたりする可能性もある。もう一度くりかえすと、こうした可能性があるので、人生がかなりうまくいっていると感じるときに捜索を始めるのがベストである。

・捜索と再会のプロセスは、3つの独立したステップがあると考えるとよい。情報を得ること、生みの親側の親族を見つけ出すこと、そして連絡をとることである。なかには3つすべてのステップに進みたい、可能な限り迅速にそれらを行いたいと思う人もいるだろうし、3つのステップすべてを踏みたいが、それぞれのステップのあいだに数カ月あるいは数年の時間をおきたい人もいるだろう。あるいは、1つ目のステップ、2つ目のステップで十分な人もいるはずである。それはあなたが選択することだ。わたしたちが言える最良のアドバイスは、あなたにとって正しいと感じることをするということである。

・最後に、養子縁組記録を手に入れたら、十分な時間をとってその資料を受け入れていくこと。そして、内容は必ずしも正確ではないこともあると覚えておいてほしい。

3 捜索の手がかり

> ひとたび出生時の出生証明書の写しやその他の情報を得たら、あなたは
> 積極的に捜索をはじめたくなるかもしれない。

(1) イントロダクション

　前章では、養子縁組仲介機関が保管しているあなたの出生時の出生証明書
の写しやその他の情報を入手する方法を示した。この情報を見つけたら、生
みの親やその親族を探し始めることが、次の場面になりうる。何度も述べた
が、捜索をするかどうか、そしていつ進めたいと思うかはあなただけが決め
られることだと強調しておきたい。もしかしたら、少なくとも現段階では今
もっている情報量で満足しているため、これ以上先に進まないと決めるかも
しれない。または、現状を維持した方がよいと思い、生みの親側の親族や不
確かな結果という未知の世界に踏み入らないと決めるかもしれない。あるい
は、受け取った情報に掻き立てられ、次の段階へ進む準備ができたと感じ、
積極的に捜索をはじめるかもしれない。

　この章では主に、出生親族の捜索をどのように進めるかについて段階を踏ん
で紹介する。捜索はちょっとした探偵の仕事以上のものと考えることが重要だ。
精神的な衝撃を受けることもありがちで、捜索を続けるか続けないかの選択を
しなければならなかったり、もし捜索がうまくいったら次はどうするのかも決
めなくてはならない。この章をはじめるにあたって、出生記録情報を得てから
その先に進むよう動機付けたのは何か、ということに関して当事者の発言を見
ていく。次に、捜索の実施方法を確認し、彼らがどのように捜索を経験したの
か見ていく。あなたの養子縁組がイングランドやウェールズ外で執り行われた
場合、ここで書かれている捜索に関する技術的な情報はあまり助けにならない

3　捜索の手がかり　　*37*

かもしれないので、この章を読む前に付録の該当部分を確認することを推奨する。「捜索を続ける生活」と「連絡を取るかどうか決める」という見出しの、次節並びにその後の節は世界中のどんな捜索にも関係する。

（2）捜索するか、しないか

　出生時の出生証明書や養子縁組記録にある情報を入手したら、次の大きな問題はさらに先へ進めていくかどうかということである。養子縁組記録を読む前から、捜索して連絡を取りたいと決めている人もいれば、読んだ後にその決定をする人もいる。わたしたちの研究では、出生記録や養子縁組情報を受け取った85％の人びとが生みの親側の親族を捜索し、6カ月以内に捜索を開始したのはそのうちの8％である。

　ほとんどの人びとが捜索に進むものの、それはすべての人にとって当然な選択肢というわけではない。再度捜索を先に進めようという意欲は出自、理由、および関係性に関連している。出生証明書や養子縁組記録は家族の歴史や養子縁組に関する状況の情報を与えるが、多くの人びとにとってそれらの情報では十分でなく、また必ずしもすべての疑問に答えるものでもない。養子縁組記録情報は生みの親や養子縁組の理由に関する概括的なイメージを描く助けにはなるが、必ずしもすべて詳細にわかるわけではない。また彼らがその時どうだったのか、とりわけ今どうであるのかを想像する助けにもならない。インタビューを受けた何人かが指摘したように、生みの親側の親族に会うことでしか、養子縁組記録をもとに思い描いていた彼らの姿は現実にならない。インタビューを受けた一人、エレノアはこう語った。

　　「私は18才の時に自分の出生に関する情報を問い合わせましたが、その後、捜索は何もしないと決めました。そうすることで私が誰であるか、どこから来たのかという差し迫った危機をいったん整理したのです。なぜかというと、私について本当に何の情報もなかったからです。体重がどうだったか、どの病院で生まれたか、名前が何だったか知りませんでした。そして当時はそれを処理するので手一杯でした。この情報を読む

ことでより現実的になりましたが、一方で他人のことを読んでいるみたいで、どこかでまだ非現実的でした。本当に不思議な感情が入り混じった感覚でした。私はそのことを自分の心の奥にしまって、長い間考えないようにしました。記録をたどることにしたのは、24、5歳になったときでした。年齢を重ねて、そのことが重要になったと思いました。なぜだかわからないけれど、でも重要になったのです」

　その人の生い立ちや出生家族についてのより明瞭で完全なイメージを得たいと思うことのほかに、捜索に乗り出すもう一つの主要な理由は、生みの親側の親族と何らかの形で関係を構築したいと思うことである。養子縁組記録から見つけたものに促されて捜索を進めようと思ったのかもしれないし、既にそういう気持ちは形成されていて養子縁組記録は単なる手段に過ぎなかったのかもしれない。アンは、このようにコメントしている。「彼女に何としてでも会いたいと、いつも思っていました」。
　捜索しないと決めることにもいくつかの理由がある。出生親族に会うことは骨が折れる作業になりうるし、後の章で見るように、養子になった人、出生親族および養親に対して大きな影響を与える可能性が高い。「情報のみを得たい」と思っているほとんどの人たちにとって捜索をしない主な理由の根底には、関係する人たちを守るのに、それが一番良い方法だという認識がある。おそらくは拒絶されたり、難しい人間関係になりうることから自分自身を守りたいという思いや、生みの親の生活を壊したくない、または養親を傷つけたくないという願望がある。これに関してサンドラはこう語った。

　　「この素敵で感じのいい家族のことを考え、この手紙がドアを通ってやってきておそらく［生母の］夫がそれを開けるのを思い描きました。残念ですね。実際に接触せずに連絡することができる方法があったら、または探し出すことができる方法があったら素敵なのに。一方で、あまりにも頻繁に生母が連絡をとりたがったら、養母が動揺するでしょうか。だから私にはわかりません。もしくは全く逆で、私はもっと連絡を取りたかったけれど生母はそうではなかったということもありえます。でも、

3　捜索の手がかり　39

大きな理由は生母の生活をめちゃくちゃにしたくないということでした。それに私はフルタイムで働いていて育児もしています。とにかく生活はとっても忙しいから、そんなに時間もないのです。わからないけど、ひょっとしたら少し経てばそんなに大忙しでない時がきたら、そうする時間がもっと得られるかもしれない。いつかは決断します。私はそんなに決断が上手ではないのですよね」

　もちろんサンドラの心配ごとは全く現実にならないかもしれないし、すべて現実になるかもしれない。捜索しないことには、彼女や他の人たちがどのように反応するか、物事がどのような結果になるのかはわからないだろう。何が重要かというと、彼女が捜索を始めるのにプレッシャーを感じていないことだ。将来的に、彼女にとってよい時期が来たときには、捜索は選択肢として残っている。

（3）どのようにして捜索に乗り出すか

　捜索しようと決意した場合、どこからはじめたらよいのだろうか。何をしておく必要があり、どんな種類の助けが周りにあるだろうか。はじめのアプローチはどう行うべきだろうか。

　幸運にもここ数年のうちに、昔と比べると出生親族の捜索はずっと容易になってきている。25 年以上前、養子縁組法制が記録開示をはじめた当初に考えられていたほど、出生親族を見つけ出す作業は今では面倒ではない。捜索についてのノウハウ、情報を見つけ出すためのツールが豊富に利用可能になってきた。今は捜索のガイドもあり、インターネットなどの近代技術により出生親族を探し当てられる可能性がかなり高くなった。NORCAP（National Organisation for Counselling Adoptees and Parents、養子および親のカウンセリングのための国立機関[1]）といった自助グループや多くの養子縁組仲

1　監訳注：NORCAP は現在、活動を停止している。記録は手続きを経て Coram BAAF に引き継がれ、自助グループは多数存在する（一部巻末付録に所収）。

介機関、それに地方自治体は、できる限りの助言や援助を提供し、あなたが探しているであろう出生親族を見つける手助けをしてくれる。しかし、まさにこれから捜索の道程を歩みだし、出生親族を見つけようとしている養子になった人びとは、どこから開始したらよいだろうか。

　この章では、どのように捜索活動を進めたらよいかということ、またその道程を歩み続けるにあたって、認識しておく必要のある事柄について段階を踏んで紹介していく。既に第2章で、出生時の出生証明書から情報を得る、そして養子縁組記録に載っている情報にアクセスするために取る必要がある最初の3つの段階について述べた。ここでは、あなたが出生親族の捜索に乗り出したいと思う場合、次に何をするべきかを述べていく。捜索の段階では、さらに9つの段階がありうるが、第2、3段階だけで出生親族の現住所を探しあてられる場合が多い。

▼ アドバイス・ボックス

捜索と再会の行程と段階の概要

探し出す

1. 出生親族を探す決心をする
2. 現住所：選挙人名簿
3. 現住所：電話帳
4. 婚姻証明書
5. 出生証明書
6. 離婚記録
7. 死亡証明書
8. その他の住所録
9. 電子情報やインターネット

連絡をとる

10. 出生親族と連絡をとる決心をする
11. 連絡をとる（以下の記述、及び第4、5、6章を参照）

3　捜索の手がかり　*41*

選挙人名簿[2]（electoral roll）

　養子縁組記録から名前や住所といった親族の情報を入手したら、養子縁組当時の住所に彼らがまだ住んでいるのかどうかを確かめる必要があるだろう。一つの方法は、最近の選挙人名簿で当該住所にまだその人が住んでいるかどうかを確認することだ。地元の図書館や当該住所に該当する地区の選挙管理事務所に電話したり手紙を書いたりし、あなたが欲しい情報を提供してくれるか確かめてみるのもよいだろう。もしインターネットにアクセスできれば、「選挙人名簿」で検索すると、有料検索サービスを提供してくれるサイトが出てくるだろう。データ保護法[3]（Data Protection Act）の施行以来、図書館や選挙管理事務所の中には書面による申請でない限り情報を開示しないところもあり、また料金を課すこともある。しかし選挙人名簿は公的書類であるため、最後に取りうる手段として、自ら足を運ぶか、登録簿を見に行ってくれる友人を探してもよいだろう。イングランドとウェールズ全域の選挙人名簿のコピーは大英図書館（The British Library）に保管されている。しかし、過去の選挙人名簿を見たい場合、数日前に予約する必要がある。大英図書館の官公出版物ならびに社会科学部門（Official Publication and Social Science Section of the British Library）に問い合わせれば、手続の詳細情報が入手できる（付録を参照）。

　データ保護法の施行以来、人びとは自分の詳細情報をそのような登録簿へ掲載しない選択ができるようになった。これは押し売りしようとする会社からの「迷惑メール」や「勧誘電話」を減らすにはとても魅力的な選択肢だ。選挙記録は毎年更新されるが、一般市民がすべてを入手できるわけではない。

電話帳

　あなたが探している人の現住所は、もしかすると電話帳に載っているかもしれないし、電話またはオンラインで電話帳問合せ窓口に連絡すれば見つか

2　監訳注：日本では住民基本台帳がそれに近いだろう。日本ではどのように記録が使用できるかについては、監訳者あとがきを参照。

3　訳注：1984 年制定、1998 年、2018 年に改定法成立。日本では個人情報保護法がそれに近い。

るかもしれない。イングランドとウェールズの電話帳は地域の参考図書館で利用できる。しかし、すべての人が固定電話を持っているわけではなく、固定電話を持っている多くの人は電話帳に載っていないことを覚えておかなければならない。これが唯一の問い合わせ経路というわけではなく、他にもたくさんのアクセス方法がある。

入手した住所にあなたが探している関係者が住んでいるようであれば、いったん立ち止まり、誰がどのような方法で接近したらよいのか考えることが大切だ。一般的には、あなたが直接接近するのではなく、仲介者を使うことをお勧めしている。このことについては、追って詳述する。

(4) 公記録の照会

生親の現住所が選挙人名簿や電話帳で見つからなかった場合、次の方法は出生、結婚、死亡に関する公記録を照会することだ。出生、結婚、死亡記録、それに離婚記録や遺言はすべて公記録であり、この経路で人の捜索が可能となることが多い。イングランドとウェールズの全地域においてこの情報はロンドンの家族記録センター（Family Records Centre）で集約管理されている[4]。出生、結婚、死亡登録のマイクロフィルムによる記録も、多くの地域の参考図書館で閲覧でき、国家統計局（Office for National Statistic）にはマイクロフィルム記録の保存場所リストがある（付録を参照）。イングランドとウェールズの出生、婚姻、死亡の索引については現在オンラインで検索可能である（下記「電子情報とインターネット」参照）。

婚姻登録

生みの親のどちらかの婚姻登録を見つけたいときは、その親が独身だったとわかっている最後の年から見はじめるとよい。婚姻検索はすべての婚姻を氏名のアルファベット順に並べ、何年のどの四半期に婚姻がなされたのかリスト化している。もし探しているものだと思われる婚姻の見出し語があった

4　監訳注：2章監訳注や巻末付録で記載したように、2008年に閉鎖された。

3　搜索の手がかり　*43*

ら、婚姻証明書の写しを申請できる。手続きは簡単で、郵送または現在では
オンラインでできる（付録参照）。

この証明書から年齢、職業、婚姻したカップルの氏名などの詳細が得られ
るだろう。また婚姻証明書でカップルの婚姻当時の住所もわかる。写しを
入手した婚姻証明書が、あなたが探している人物のものだと判明した場合は、
その証明書上の住所が現在のものかどうかを確認するために再び選挙人名簿
を調べることが重要となる。もし現在のものでない場合、生みの親以外の婚
姻当時にそこに住んでいた人や、その人がまだそこにいるのかどうかなど他
の情報もわかるだろう。婚姻証明書上の名前やその頭文字がリストと適合す
るか調べるために、現在の電話帳を再確認するのもよい。

出生登録

婚姻に関する情報がみつかったら、今度は出生登録を捜索することが可能
となる。これは、その婚姻によって子が誕生したか特定するのに役立つ。出
生はその子どもの名字、たいていは父の名字で登録される。登録簿の次の欄
には生母の旧姓が載っている。これにより、その子どもの親が探していた人
物かどうかを容易に照合できる。しかし、可能性のある複数の登録が存在す
る場合がある、また、すべての証明書申請には料金がかかるため、可能性の
ある登録をすべてメモしておくことが重要である。あたなたが探している情
報と最も適合する可能性の高い登録を判断する際に、養子縁組仲介機関の記
録を通じて取得した他の情報と照合できるようにするためである。

もしその婚姻で出生した子どもが登録されており、捜索時に16歳以上で
あれば、婚姻登録を調べ、可能性のある見出しを確認してみてもよい。その
子どもは実家から結婚をしたのかもしれず、生親に関する、より最近の住所
がわかるかもしれないからだ。

離婚登録

その婚姻が離婚という形で終わっているかどうか知りたくなることもある
かもしれない。しかしこれには、より高額な料金が発生するため、おそらく
他の経路をすべて調べ尽くしたときに行った方がよいだろう。離婚登録簿は

ロンドンの家事部主要登記所（Principal Registry of the Family Division）に保管されている（付録参照）。これらの登録を個人で捜索することは許可されていないが、20ポンド支払えば10年分の記録を調べてもらえる[5]。

それから、探している人物が再婚したかを確かめるために、婚姻登録簿に戻ってもよい。離婚後に旧姓に戻す女性がいることを忘れてはならない。したがって、自分が得たすべての名字で婚姻登録を調べるようにする必要がある。

死亡登録

最新の住所を特定する他の方法としては、父方と母方の祖父母の死亡登録を調べることが挙げられる。養子縁組仲介機関の記録に含まれることがあるが、当然ながら祖父母の名前や生年月日を知る必要がある。登録が見つかったら、死亡証明書を取るのが便利で、そこには死亡登録した人物の名前や住所が載っていて、その人物は親戚であることが多い。

前の段階で生親の詳細を見つけることができなかった場合は、既に他界していることを想定し、死亡記録を調べるとよいだろう。

死亡した人物が遺言書を遺したかどうかも確かめることができる。遺言書の写しを購入するか、小額で閲覧もできる。誰もが遺言書を遺すわけではないが、遺言書にはすべての遺産受取人の名前や住所が載っているため、捜索のプロセスにおける便利な道具になり得る。つまり、あなたが探している出生親族か、そうでなくとも、その人物に関して何らかのてがかりを与えてくれる別の出生家族を見つけられるかもしれないということだ。遺言検認登録所（Probate Registry）に申し出れば遺言書の写しを入手できる（付録参照）。

その他の住所録

たいていの人は公的記録を使って探し出すことができるが、探している人物の登録が一切見つからない可能性もなくはない。探している人が専門職である場合などには、その職業の住所録を通じて探すという方法もあ

5　監訳注：邦訳時の料金等については巻末付録を参照

る。例えば、医師の住所録（*The Medical Directory*）や、公認会計士協会（*Institute of Chartered Accountants*）、軍隊リスト（陸海空軍）（*Armed Forces' List*［Army, Navy and Air Force]）は有用である。これらの住所録はたいていの参考図書館で見つけられる。有名人に関する情報を提供するものとして、自分の地域の参考図書館にあるケリーの住所録[6]（*Kelly's Directory*）を調べる方法もある。

電子情報とインターネット

近年、家族や友人を探す手助けとなる、上記以外の情報源が出現してきた。ほとんどの人がよく知っているものとして、「フレンズ・リユナイテッド[7]（Friends Reunited）」がある。これは大変な成功を収めているため、インターネットは、探している人物の手掛りを調べる方法の一つであることは確かだろう。グーグル（Google）やアルタビスタ（Altavista）のような検索エンジンを通して、出生親族に関する情報が見つかることもある。

他の有用な情報源としては、インフォディスク[8]（InfoDisk）がある。このCD-ROM には、イングランドとウェールズ中の何千もの人々の名前や住所が載っている。使い方は簡単だ。例えば、「ジョー・ブログス（Joe Bloggs)」という対象人物の名前を入力するとしたら、この国に住むすべてのジョー・ブログスの氏名や住所だけでなく、電話番号までも表示される。あるいはケント州に住むすべてのジョー・ブログスの検索も可能となる。選挙人が選挙人名簿から自身の名前を除外することも可能な現在では、インフォディスクはズレや空白も多くなったが、それでもなお、大変有効な道具となる。ロンドンの家族記録センター（Family Record Centre）にはインフォディスクのコピーがあるが、自分用のコピーを購入することも可能である。

現在では、ファミリーリサーチリンク[9]（Family Research Link）のウェブサイトを通じて、イングランドとウェールズにおける出生・婚姻・死亡登録のオンライン検索をすることも可能である。このサイトからは実際の証明書

6　訳注：商工名鑑。事業者や小売業者の情報のほか、地域の有力者や地主、慈善事業家などの住所が掲載されている。
7　訳注：ソーシャル・ネットワーキング・サービスの一つ。2016 年に閉鎖されている。
8　訳注：正式な商品名は UK Info Disk。イギリスに住んでいる人のみならず、企業の情報も収録されている。
9　訳注：2019 年現在、サービスは停止している。現在の検索の方法は付録を参照。

は提供されないが、一般登記所（General Resister Office）の正しい参照番号を見つけ出せるようになる。これにより証明書を注文することが容易かつ安価になる。シンプルな閲覧ページ毎の支払い方式もある。このサイトは、特に家族記録事務所（Family Record Office）や参考図書館に行けない人にとって有用な情報源となり得る。

(5) 詳しい情報が全く見つけられなかったらどうするか

　時に捜索は大変困難で、苛立つものだ。いつも行き詰っているように感じることがある。こうした場合に重要なのが、一歩退いて、なぜそうなるのか考え、前に進むための最善策を探ることである。たとえば、探している出生親族が、国外へ転居したということもあり得る。その場合は、他の国で人を探し出すのに必要な助言を求めることが肝要である。NORCAP[10]、あるいは養子縁組情報を共有した養子縁組カウンセラーと連絡を取ることも有効である。彼らは、他の方法をとる際に有用なアドバイスや情報を持っている場合がある。関係する国の大使館は、アクセス可能な電話番号録をたいてい持っている。図書館にも、他の国の電話番号録が所蔵されている場合がある。例えばロンドンのセント・マーチンズ・イン・ザ・フィールズ図書館（St Martin-in-the-Fields Library）には、アメリカの電話番号録が入った CD-ROMがある。この手段により、例えばデトロイトに住むすべてのオブライアンという名前の人に関する情報など、あなたが必要としている具体的な情報の詳細を得ることがおそらく可能となる。

　困難な事態となり、もはや一人で捜索を進められないと思ったときは、NORCAP のような機関や養子縁組カウンセラーにサポートを求めてもよいだろう。中には捜索機関、あるいは彼らの代わりに捜索を請け負える民間人をより好んで利用する人びともいる。この手段を選ぶ場合、高額な費用がかかることがあるため、いくらかかるのかはっきりさせておくのを忘れないことだ。

10　監訳注：2 章監訳注で示した通り、現在閉鎖されたが、データは CoramBAAF に移管され、サービスは BAAF が運営する the Adoption Search Reunion（http://www.adoptionsearchreunion.org.uk/Channels/）が提供している。

3　捜索の手がかり　*47*

（6）捜索を続ける生活

　実際の捜索経験は人によって異なる。わたしたちの研究によれば、捜索を面倒で冗長でときに苛立つと感じる人もいたが、その他の人は明らかに情報を得る過程を楽しんでいる、生まれながらの探偵であった。捜索経験をどう感じるかは、捜索が順調に進行したかどうかに影響を受けることもある。簡単で早く終わる捜索もある。わたしたちの研究における最短記録は数時間だった。一方で何年もかかった捜索もあり、成功せず諦めてしまったものもあった。しかしながら、全体としては、捜索をした41％の人が生母の現住所を1カ月以内に見つけ、さらに33％が生父の現住所を同じ期間内で見つけた。

　ヤスミンは長くもどかしい捜索を経験した一人である。

> 「自分には『ねえ、もうほんと最悪』とか『この先彼女を見つけることなんてできやしない』と面と向かって言える人がいました。それかその場に居合わせた人に言っていました。探すのにだいたい2年かかりました。ほんと何年もかかった感じでした。10年、15年かけて探している人がいることも知っているけど、私は探すなら、1年も2年もかかるのではなくて、今すぐ見つけたいと思うタイプです。長い時間がかかるのはわかっていました。だから我慢しないといけないとわかっていたけれど、それにしても長く感じました」

　捜索の段階はすべての捜索・再会のプロセスの中でおそらく最も実務的であるが、それは単なる技術的な取り組みではないだろう。つまりそれは、出生親族と連絡を取るという、現実的な目的を伴う捜索だからだ。どのような結果になるかとても心配すると同時に、捜索にとても興奮する人びともいる。一方、養親に打ち明けなかったため、捜索を進めることに熱心であるものの罪悪感や不義理な思いを抱く人びともいる（このことについては第7章で詳細に述べる）。フレイザーが明かすように、まるで探偵のようなアプローチをとる人でさえも、捜索が強く感情に影響を及ぼしていると気が付くことがある。

「手に入れたどんな些細な情報も、次の道への一歩になりました。私はその情報を、何度も何度も繰り返し読みました。そしてそれを元に、やるべき事柄、そうすべき時点と、行くべき場所を頭に描きました。その一つは、当時彼らが住んでいた地域の選挙人名簿を探すことでした。それはちょっとした私立探偵のようなものでした。そして、盲目的に突っ走って、結局どこにも辿りつけないという事態にならずに、もっと上手く次の行動が起こせるように、情報を増やし、その情報の計画を立てているのです。ひとたび情報の断片を手に入れることに成功したら、私は少し証拠資料を入手しに行き、それを読み、そして次に進みます。より多くの情報を集めれば集めるほど、自然ともっと捜索しなくてはという気になってきます。捜索にのめりこんでいくほど、直接的にまた感情的に影響を受けます。冷静にリサーチをしようといつも心掛けていましたが、個人的な願いに影響されるようになっていったように思います。捜索をはじめて１年以内にそうなりました。私はそうした感情に支配されるようになってきたのです。一度情報を手に入れたら、もともとの自分の計画がどんなものであっても変わってしまう傾向があります」

（7）捜索の最中にサポートを得る

　人探しの行程は、捜索・再会のプロセスにおけるその他の行程と同じように正に「ジェットコースター体験」となり得る。このことは確実にたいていの人に当てはまる。あなたも、新しい出来事が展開される度に、感情や思いの激しい浮き沈みを経験するだろう。このため、捜索の道のりを乗り切る助けとなるのに必要なサポートを得ることが重要である。家族記録事務所（Family Record Office）に同行してくれる人から、あなたの希望や心配を聞いてくれる人まで、サポートは様々な形態をとり得る。

　たとえばイングランドとウェールズの NORCAP や、北アイルランドのアドプト（Adopt）、スコットランドのバースリンク（Birthlink）（付録の他国のグループを参照）のような、世界中で活動を展開している自助グループに加入することは多くの人にとって手助けとなるだろう。こうしたグループは、

情緒的サポートを提供し、相談に応じるとともに、実践的な考えやアドバイスを伝え、励ましてくれる有用な資源になり得る。こうした機関の詳細な連絡先情報は、付録の役立つ住所の項に載っている。カウンセリングを受けた、および／または、あなたが養子縁組記録へアクセスした養子縁組機関や地方自治体は、進んでサポートや手助け、アドバイスを提供してくれる場合が多く、そうできない場合でも、援助が可能な誰かを紹介してくれるだろう。

（8）連絡を取るかどうか決める

　もし生母または生父、あるいは他の生みの親側の親族の現住所を特定するところまで成功したら、焦って進もうとせず、次の行動に移る前に吟味することが重要だ。予想される未来像を踏まえて、さらに進んで連絡を取るか、しばらく立ち止まるか、もしくは当面連絡を取らないといった決定を下すべき、次の地点にあなたはたどり着いたのだ。

　あなたが決定に至る手助けのために、あるいはすでに先に進むことを決めた場合にはできるだけ心の準備をする手助けのために、あなたができることはたくさんある。以下の３つの問いを考え、答えを書き出すことを推奨する。３つの問いとは、

・期待することは何か？　それは現実的か？　期待通りにならなかったらどうなるか？
・連絡を取っている間、何カ月か、あるいはその後何年かに得られるサポートにはそれぞれどのようなものがあるのか？
・今、先に進むことは得策か？

　すべてを期待通りにすることは困難である。出生親族に会ってはじめて、自分が何を期待していたか、はっきりとわかることが、非常によくある。なぜなら、その時に自分が望んでいたことに気が付くか、あるいは、おそらく再会・交流にうまくいっていないところがあるからだ。そうであってもやはり、事前に望みや期待に思いを巡らしてみることはとても重要だ。友人や家

族、そして、養子縁組カウンセラーやサポートグループといった養子縁組に関することを経験したことのある人のような他者と、自分の希望や期待について話すことが役に立つだろう。可能なら養親に打ち明けてみよう（詳細は第7章を参照）。また、この本の残りのページを読んで、様々な物語すべてに対して自分の気持ちがどのように反応するか確かめてもらいたい。そうすることで、自分の再会に対する捉え方がわかり、自分の「隠れた」希望に関して糸口が得られるだろう。行動に移す前に、期待することを書き出してみよう。書き出すという単純な作業によって、より深く自らの考えや思いを巡らせることになるからである。

　わたしたちは、期待をできるかぎり明確にもつことが重要だと強調してきた。期待が明確だと、再会の始まりや展開の仕方が実際に形作られていくからである。よく考えること、そして、おそらく期待を調整していけば、非現実的な希望をもって再会に臨むことは避けられるだろう。インタビューを受けた一人、アンは以下のように語った。

　　「（養）親は、本当は私が彼女を探すのを嫌がっていました。養親は私の期待が常に高いのを知っていたし、私がファンタジーの世界か何かに生きていると思ったのでしょう！　私が生母を探し出し、それがどこであろうと、今の家を飛び出して彼女と一緒に素晴らしい人生を送るつもりでいると養親は思っていたのではないでしょうか。しかし、養子縁組カウンセラーが私に読むようにと図書館の本を貸してくれてから、生母を見つけることは、考えていたのとは極めて異なるものであることに気が付き始めました。それがきっかけで私は立ち戻って、高い期待だけを追うのはとても恐ろしいことだと考えるようになりました。それと同時に自分は本当に未熟だと感じました。私一人では気付けなかったので、そのカウンセラーに出会えて良かったと思いました。私は先へ急ぎたかったけれど、間違った方向に向かっていくのは嫌だったし、そもそも私自身、どこへ向かっているのか全くわかっていなかったのです。しかし私はやってよかったと思うし、そして彼女が私に本を読むように勧めてくれて本当によかったと思います。そうでなければ、2、3カ月で終わ

3　捜索の手がかり　　*51*

るだろうと期待していただろうし、本から示唆を受けることもなかった
　　でしょう」

　出生親族に連絡を取るにあたってアンがとった接近方法の説明からは、現
実的な期待を持つことだけでなく、その行動の過程について話す人を持つこ
とが重要だと強調できる。自分だけで再会のプロセスを進めていこうとはし
ないことだ。前もって、あるいは数カ月後であっても、興奮だけでなく苛立
ちについても、他の人に話すことは、あなたの助けになるだろう。
　最後に、期待やサポートがうまくいったら、残る問題は、今、先に進める
のが適切かどうかということだけだ。

（9）接近する

　現住所を知り、さらに連絡を取ることを決めたら、次に決定すべきことは
進め方である。連絡を取ってほしいからか、生みの親側の親族が養子縁組仲
介機関に最新の住所を伝えている場合がまれにある。しかし、たいていの人
にとっては出生親族への接近は、未知の領域へ踏み入ることを意味するだろ
う。養子縁組記録は、生母や生父がその当時、養子縁組についてどう思って
いたかを示すものともなる。記録を調査することで、生みの親が結婚したか、
子どもは増えたか等、彼らの現状に関して、豊富な情報が得られたかもし
れない。ところが、彼らが喜ぶかショックを受けるか、不安を感じているか、
あるいは怒っているのかなど、今接近することへの反応についてはわからな
いだろう。捜索をはじめようとしている人は、数カ月間もしくは数年間、再
会で起こり得ることについて想像し、備えてきただろう。連絡を受けた人は、
あなたのことを思い続けてきたかもしれないが、遠い記憶として片付けてし
まったかもしれない。いずれにせよ、あなたが接近しようと決めるときに
は、出生親族はそのアプローチへの心の準備ができていないことが多い。自
分自身と出生親族双方を守るために、細心の注意を払って接近する必要があ
る。先を急ぎたくなる誘惑に駆られることはよくあるが、この時点では、注
意深く考え、関係するすべての人にとってストレスの最も少ない方法で連絡

を統御することが重要だ。

連絡を取る方法は3つある。

・養子縁組連絡先登録簿（Adoption Contact Registers）——養子になった人と出生親族それぞれの相手に連絡を取ることへの態度が登録されている
・仲介者による接近方法——養子縁組カウンセラーや他の専門家、または友人が、養子になった人の代わりに接近するもの
・直接的接近方法——養子になった人が生みの親族に直接接近するもの

以下に、それぞれの方法の是非について概説する。それぞれ長所も短所もあるが、ほとんどの場合について、わたしたちは直接的接近方法を用いることには注意を促しておく。

養子縁組連絡先登録簿

養子縁組連絡先登録簿は、養子になった人と出生親族の双方とも望んでいる場合に連絡を取り合える手段となるよう、過去数年に亘って多くの国で政府や養子縁組機構によって設置されてきた。イギリス、アイルランド、オーストララシアおよび北米の連絡先登録簿の詳細は付録に載っている。

イングランドとウェールズの養子縁組連絡先登録簿は政府によって1991年に設立された。登録簿は、養子になった人と出生親族双方に開示されている。双方の登録がマッチングした場合、登録を運営する一般登記所（General Register Office）は登録されているそれぞれの側に、マッチングが成立し、連絡が可能である旨を通知する。

養子になった人と出生親族双方共に、相手から連絡が欲しいという意図を送り合ったということなので、理論上、連絡先登録簿は連絡を取るためのよい方法となるはずである。ただ実際には、登録簿は効果的に宣伝されておらず、結果としてほとんど知られていない。2000年11月現在、18,276人の養子になった人と8,007人の出生親族が登録されているだけである。1991年5月以降、マッチングが成立したのは490件のみだ。したがって、個々人が登録しても、あまりマッチングすることはないかもしれない。それは出生親

族が連絡を望まないからではなく、単に彼らが登録簿を知らないためである。そうであっても、この養子縁組連絡先登録簿に登録することを強く勧める。その理由の一つは、登録をした人びとが多ければ多いほど、サービスがよりよく機能するからであるが、さらに大切なことは、幸運にもマッチングが成立した場合、双方ともに何らかの連絡を取りたいと思っていることを知った上で再会が始められるからである。これにより、拒絶の可能性についての心配を大幅に減らすことができる。

　この養子縁組連絡先登録簿の欠点として、一般登記所は、再会の前後に考えを巡らせるときにカウンセリングやサポートを提供していないことが挙げられる。養子縁組連絡先登録簿のルートを選ぶ場合、出生記録情報を扱った仲介機関や、NORCAPのような自助組織に、自分がどのようにこの事態を扱うつもりかしっかり話しておくとよいだろう。もう一つの欠点は、マッチングを知らせる通知の受け取りを両者が確認する必要がないことだ。通知文書が郵送中に行方不明になって不達になることがあり、結果的に生母や養子になった人は相手がもう連絡を取りたくないのではないかと考えてしまう。

　連絡先登録簿にはNORCAP（養子になった人びと、生みの親側の親族、養子縁組先の親族によって運営されている自助グループ）により管理運営されているものもある。これは有効な手段ではあるものの、繰り返しになるが、養子縁組連絡先登録簿と同様、出生親族が登録をしていなかったとしても、必ずしも彼らが連絡を取ることを歓迎していないわけではない。NORCAPについての詳細は、付録で確認できる。

　連絡先登録簿を利用するという方法はほとんど知られていないため、大抵のイングランドとウェールズの人びとは仲介者による接近方法か直接的接近方法のいずれかを取っている。

仲介者による接近方法

　ほとんどの養子縁組仲介機関や養子縁組支援組織は、養子になった人びとに仲介者サービスを提供している（生みの親側の親族に対する仲介サービスも増えている）。仲介者を利用する重要な利点は、感情的にワンクッションを置けるということだ。出生親族に、初めに抱いた思いや懸念事項について話

し合う機会を与え、また彼らがどのように応じるか決定する際のサポートもしてくれる。接近がどのようにされるにしても、不意に連絡を受ける人にとってはショックになると思われるので、これは重要だ。連絡への心の準備について言えば、出生親族は、あなたと同じ状態にはない場合が多い。連絡は出生親族が何年もの間望んできたものであっても、彼ら自身および家族にそれがどのような意味を持つのかよく考える時間がまだ必要であるかもしれない。たとえば、生母の中には、自分の息子や娘に連絡を取ることを強く希望している人もいるかもしれない。しかし、彼女たちは夫や現在育てている子どもに、かつて養子として託した子どものことを打ち明けていないため、面会を進めることができないと感じているかもしれない。このような理由から、生母のプライバシーを守りながら、彼女にとっては明確に意味がわかるよう、仲介者は注意深く言葉を選んで手紙を書いている。手紙は例えば以下のようなものだ。

> 「＿＿＿＿様
> あなたがロンドンにお住まいであった 1965 年当時に最後にお会いしたジョンの代筆で、この手紙をしたためております。彼は元気に過ごしておりますが、再びあなたと連絡を取りたいと考えております。私は、あなたがどうお感じになるか確認するため、彼から最初の連絡をするように依頼されました。もしよろしければ、さらに情報をお伝えしたく、こちらまでお電話をいただけると幸いです」

　生母の夫が偶然その手紙を開封しても、自分の妻がかつて子どもを養子として託したと、すぐにはわからないだろう。生母は、自身にとって負担のない仕方で手紙について説明できる。

　仲介者になり得るのは、養子縁組にカウンセラーとして携わっている人やボランティア、パートナー、友人などである。誰を選ぶにせよ、信頼でき、仲介者としての役割を快く引き受けてくれる人でなければならない。仲介者になっておこなうことは通常、手紙を書くだけには留まらない。仲介者は、連絡を受けた人からの応答の一切を扱う必要がある。その反応とは、後の章

3　捜索の手がかり　　55

で明らかになるように、喜びによる興奮から怒りまたは沈黙といったものまで様々である。特に選んだ仲介者が養子縁組に関わる再会の経験がない場合は（たとえば友人あるいはパートナー）、その反応がポジティブでないときに、うまくいく方法を見付けることは困難になるだろう。仲介者にあなたを守りたいという強い忠誠心がある場合は、より一層微妙な事態になるかもしれない。可能な限り、連絡を取ることに慣れており、こうした繊細かつ難しい状況にしばしば必要となる経験や知識、技術がある仲介者を選ぶことを勧める。

　仲介者を利用する場合の欠点としては、開始の遅れが挙げられるだろう。それはまた、プロセスの一部を他の人に任せているということも意味する。しかし、数カ月というよりたった数日程度の遅れであることが普通だ。ここまで読んだら明白なように、サポートを得ることは、助けにならないというよりは、どちらかと言えば助けになるものだと考えてもいるが、あなたが信頼できて打ち明けやすい仲介者を見付ける必要がある。

直接的接近方法

　仲介者による接近方法は推奨される方法ではあるが、すべての人がそれを利用したいわけではないと私たちは認識している。住所や電話番号を手に入れて、一刻も早く行動を起こしたいという思いに駆り立てられる人もいれば、その過程を管理していたいと思う人もいる。直接的接近方法は、多くの危険をはらんではいるが、上手くいくこともある。インタビューを受けた一人、エレノアは、生母であるダイアナに宛てて直接手紙を書いたが、生母の側が既に連絡を取りたいと養子縁組仲介機関に申し出ていた。エレノアは養子縁組仲介機関の記録にアクセスしており、養子縁組仲介機関はダイアナが連絡を望んでいることを記録していた。

　　「私は手紙を書きました。――『かくかくしかじか、どうか私が手紙
　　を書くことで気を悪くなさいませんように……』と書いて、ほんの少し、
　　私が誰であるかとか、今の仕事とか、子どもの頃のこととかの話をしま
　　した。初回の手紙では写真は送らなかったと思います。彼女から返事が
　　来るかどうかはわかりませんでした。私が彼女の家族を怒らせたりしな

かったかとても心配でした。何と言うかその……誰か別の人が手紙を開けて、彼女は誰にも打ち明けていなくて、それで私が彼女の生活に勝手に入り込んできたと怒っているのではないかととても不安でした。でも彼女の返事は全く違ったものでした。その翌日、仕事から家に帰ったら、留守番電話にメッセージが入っていました。生母からでした。彼女が電話をくれるとは思っていませんでした。予期せぬ贈りものになりました。私はそのメッセージを録音して今も消していません。本当に涙でいっぱいになりました。メッセージはただ『ダイアナです。25年もの間、毎日あなたを思い続けていました』というものでした。彼女は私が連絡したことがとにかく嬉しかったようです。彼女は、私に手紙を書いていると言いました。私は手紙と写真を何枚か受け取りました。素晴らしい出来事でした」

　しかし、直接的な接近方法、特に人の家の玄関先に突然現れるといった方法は逆効果になることもある。このような方法は、連絡された人に心の準備や吟味する時間を与えないものであり、非常に脅迫的で侵入的だと思われ、場合によっては即拒絶される。以下はデビーの経験である。

　「住所を手に入れたら、そこへ行って電話をかけました。彼（生母の夫）は激しくいらだち、憤慨していました。――『どんな権利があって電話をかけたのか、どこで住所や電話番号を知ったのか』と。　そして彼は明らかに、私が彼の自宅のすぐそこにいたことに気付いていませんでした。私はその時、自分の居場所を彼に伝えるという致命的なミスを犯しました。私は家を訪れ、ドアをノックしましたが、もちろん彼らはドアを開けてはくれませんでした。私は家に戻り、とてもとても幻滅してしまい、以前よりも激しい怒りを覚えました。そして次の日、生母に電話をかけ、『昨日、大失敗をしてしまい、本当にすみませんでした。だけど、あなたの今の住所を知ってとても興奮していたのです』と言いました。すると彼女はいたって冷静に『あなたとは何の関係も持ちたくはないの。私は42年前にあなたを捨てた。それで終わり。もう二度と連絡しないでほし

い』と言って電話を切りました。それが彼女と最後にとった連絡になりました。ほんの 1 年前のことです」

　確かなことはわからないが、より慎重な方法で連絡を取っていたら、違った結果になっていたかもしれない。

まとめ

・本章では捜索と再会のためアプローチを段階を追って提示した。もしそれが正しいと思えたら、すべての段階をできるだけ早く進めてもよいが、必要な場合には、休憩や長い休止期間をとろう。
・その過程の各段階で、物事の経過や次に何をしたらよいか話せるようサポートが周りにあるようにすること。
・連絡を取ることを決めたら、利用可能な仲介サービスを活用することを勧める。直接に接近することが歓迎されているという確信がない限り、単独で進めようとしてはいけない。

4　生母との再会

養子になった人のほとんどにとって、子ども時代の生みの親についての想いは、主に生母に関するものだった。そのため、ほとんどの人は、生母と連絡を取ることを期待して捜索を始める。

（1）イントロダクション

　連絡が取れた後、いったい何が起こるのかを見てみよう。この章では、生母との再会について、初めての連絡（first contact）から始め、初めての面会（first meeting）を経てその後何が起こるかを見ていく。続く２つの章では、始めに生父との再会に焦点をあて、それから生親から生まれたきょうだいと連絡を取ることを考察する。生父、きょうだいではなく、生母から再会の章を始めるのには十分な理由がある。実際上、これが最も多い再会だからだ。

　わたしたちの研究から、養子になった人の91％が生母を探すことから探索を始めたということが明らかになった。また、生母が養子になった子どもを探す傾向があるというのも事実だ。これは、偶然ではない。生母は養子になった人が欲しがっている情報を持っている場合が多い。例えば、「私は誰？」や「何故、私は養子になったの？」といった質問に対する答えのいくつかを生母はもっているのである。しかしそれ以上に、生母とその子ども達の間には、特別な感情的な繋がりがあることは明白であるように思われる。

（2）初めての連絡

　最初に連絡を取ってみること（first approach）は、たとえあなたが私たち

の研究対象者の大半と同じ様に仲介者を間にたてたとしても、繊細で不安な
プロセスになりうる。拒絶されるのではないかとか、この初めての連絡が不
安や苦悩を引き起こすのではないかとあなたは心配しているかもしれない。
個々のケースで何が起こるか保証できないのは明らかだが、わたしたちの研
究では圧倒的大多数の生母が、最初の連絡を受けたとき、連絡を取り合うこ
とに同意したと聞いたら、あなたは驚くかもしれないが、勇気づけられるだ
ろう。この段階で連絡を拒絶したのは、274人中7％の生母だけである（詳
細は第8章参照）。

　とても高い割合の生母が連絡を取り合うことに同意したが、その先の再
会に対して実際にどのように感じていたかは人によって異なる。連絡を受
けたことを明確に喜んだ生母もいた。わたしたちがインタビューをした一
人は、彼の生母の電話での第一声は、「あなたがいつか連絡してくるだろう
とわかっていたわ。愛してる」だったと報告している。別のインタビュー
対象者は、生母へ手紙を送ったところ、生母は過去30年間毎日、彼女のこ
とを思っており、彼女から連絡をもらえてどんなにわくわくしているかと
留守電にメッセージを残してくれたことを語った。しかし、連絡を取り合
うことに同意したすべての生母が、同じように熱狂するわけではない。例
え先に進むことに同意したとしても、今後起こる可能性のある事に関して
慎重になり心配する人もいる。スーザンの場合がそうだった。彼女の生母
はその後の再会に不安を抱いていたが、スーザンの思いやりのある手紙の
おかげで、安心したのだ。

　　「カウンセラーが生母に、『あなたの娘さんに会いました。娘さんはあ
　なたに手紙を書きたいと言っているのですが、許しをいただけるでしょ
　うか』と手紙を書いてくれました。私の生母は、返事を返してくれて、
　『いいけれど、自分たちはかなり老齢になり、問題が起こるのはいやだ』
　といった内容でした。私は、とても長い手紙を書きました。その手紙は、
　とても軽い感じのもので、まったく彼らの脅威になりうるようなもので
　はありませんでした。ただ、私が誰なのか、過去にどんなことをして来
　たか、そして、私はどんなタイプの人であるかとか、私が少しでもいい

から自分の過去について知りたいと思っているかということを書きました。そして、生みの親からとても素敵な手紙を受け取り、その数カ月後、私たちは会いました」

　最初に連絡を取った後、先に進む方法はたくさんある。おそらく、養子縁組カウンセラーを中立な「郵便ポスト」代わりに使って、手紙のやり取りから始めるのも一つの選択肢だろう。このアプローチの利点は、実際に会う前に過去や現在の状況について、またお互いのちょっとした性格について、お互いのことを何かもう少しだけ知れる機会を与えてくれるということだ。写真を交換する機会も与えてくれる。生母や養子になった人のどちらか、もしくはおそらくその両方が，この先の再会に対して神経質になったり、不安になったりしている場合、ジェシカの再会がそうだったように、手紙は本当によい出発点になり得る。

　　「私は、母からの手紙を受け取るのが本当に楽しみになっていました。そして、母の手紙の書き方から、そこに何かあるとわかりました。母にますます手紙を書きやすくなっていることに気が付きました。どう説明したらよいでしょう？　母と私は文体が似通っていました。かなり繊細で思いやりがあるけれど、相手を怒らせたくはないので物事を抑え目にするところとか。それから、私たちはお互いの写真を送り合いました。これまでに５、６枚の写真を母に送りました。私は手紙の中で、『私は事を急ぎたくはありません。これは私にとってはおおごとなので、一歩ずつ進んでいきたいです。理解して頂けたら嬉しいです。急いであなたに会ってしまうのは、時期尚早です』と書きました。振り返ってみて、私は本当に正しいことをしたと思います」

　手紙のやり取りがよい出発点になる人もいるが、それがすべての人に当てはまるわけではない。どうしても手紙を書くことができない人もいれば、単に、どこから始めてよいのか、何を言えばよいのかわからない人もいる。同様に、皆が、物事をゆっくり進めたいわけでもない。双方が先に進みたくてたまら

4　生母との再会　*61*

ない時は、早い段階で初めての面会を持てるだろう。わたしたちの研究では、おそらくハリーの初めての面会が一番早かった。養子縁組記録を読んでわずか数時間で、仲介者を通して連絡を取り、それから初めての面会をした。

　「妻が、『あなたに女の人から電話よ』と言ったのです。『もしもし』と言ったら、『あなたのお母さんだよ』だって。約１時間、母と私は色々なことを電話で話しました。思い出せないくらいたくさんのことを話しました。しばらくしてから、私は彼女に『えーと、僕のきょうだいと話をしてもいいかな。どう思う？』と尋ねました。母は『いいよ。彼女はあなたのことを知ってる。彼女は、ずっとあなたのことを知っていたのよ』と言ってくれました。それで、きょうだいに電話しました。きょうだいはその時にはもう、電話があるのを今か今かと待っていました。それから少し時間がたった午前中に、また母から電話がありました。私は何も手につきませんでした。私は、これ以上の幸せはなかったです。それで、私は母に言いました。『あの、もうお母さんのことが分かってきたと思うから、会えないかな？』と。母は『いいわよ』と答えてくれました。私は、『僕が会いに行った方がいい？それとも母さんが来る？』と聞きました。母は『私のところへ来てもいいわよ』と答えました。それで、私たちはその夜母のところへ訪ねて行って、会いました」

　ハリーのケースでは、生母と実際に話すことへどんどん進んだのがうまくいった。しかし、世の常であるが、物事がどのような結果になるかは人によって様々だ。皆が、最初の電話が苦にならなかったり、同じレベルのわくわく感を分かち合いながら会話を進められたりするわけではない。どこから会話を始めればよいのか、何を話せばよいのかを知ろうと双方が苦慮しているために最初の電話での会話が遠慮がちで難しいものになる場合もある。最初の会話は、再会を果たしてお互いを知る時間があった後の交流がどのように発展していくかを必ずしも正確に示すものではない、ということを覚えていてもらいたい。初めての会話についてジョアンナが次のように述べる。

「あれは、ちょっと大げさなものでした。それに、なんというか『何を話せばいいの？』という感じでした。私たちは、お互いがどのように感じているのかとかは何も話しませんでした。『ああ、ほんと変な感じ』とか『とても不思議ね』みたいな発言がたくさんありました。母は電話ではとてもとても静かな人で、会話はとても難しかったです。母から何かを引き出すのはとても困難だと思いました。今、母を知り、あれが電話での母の態度なんだと分かりました。しかし、あの時は『私と話したくないのかな。どうして、こんなに大きな溝があるんだろう？』と私は考えていました」

▼ アドバイス・ボックス

初めての連絡

・連絡を取る最善の方法を慎重に考える。もし、逆の立場だったらどのように連絡されたいかを考える。

・もし、初めての会話が想像していた以上に難しい場合は寛大になること。あなた方双方が不慣れな状況にいるのだ。判断を下す前に、待ってみて物事がどのように展開するのか見る。

・初めての連絡をしてみた後は深呼吸する。そのまま再会にまっしぐらに進んだり、相手側の準備ができていないのに無理に再会を押し付けないこと。はじめに手紙やメール、電話をするのは、お互いについてもう少し知り合うのによい方法になるだろう。また、何が起こっているのかを考える時間が得られる。しかし、あなた方二人ともすぐに会うのがよいと思う場合は、そうするとよいだろう。

・初めて連絡を取る前後で、できるだけ多くの人と話をし、できるだけ多くの人のサポートを受ける。経験のある仲介者を使うもう一つの利点は、仲介者は、あなたが連絡を取る前に可能な限り心の準備をするのを手伝ってくれることだ。また、一旦連絡が取れたとき、あなたがどのように感じているか貴重な相談役になってくれることだ。

4　生母との再会　　*63*

（3）初めての対面

　もし初めての電話での会話に不安を持っていたら、初めての対面は、どんなにあなたが対面を求めていたとしても、さらに神経を使う経験になるだろう。それまでにどんなに連絡を取っていたとしても、パトリックが述べるように、初めての対面は特別である。

　　「最初の面会？　確かにあれは難しい一日でした。その難しさを説明するのは難しいです。突然、長い間ずっと思い続けていた誰かに現実に会うなんてことは、とても神経を使う経験です。母にとっても同じです。つまり、母も緊張していました。ありがたいことに、私と母はすぐに仲良くなりました。でも、難しい一日でした。おそらく人によって違うとはと思いますが、あの経験は、言葉に表せないものでした。わかりますか？　できないのです。そこでの感情を表すのに、言葉は十分ではないのです。色んなものが混ざり合っているのです。ほら、不安とか幸福とか悲しみとか。その全部が本当にカクテルのように混ざり合っていて、だからおそらく難しいのです。人生って、そういったことに対する準備を少しもさせてくれないから。私が言っていることがわかりますか？びくびくドキドキしていました。本当に！　ドアをノックすることがとても難しかった。ぜんぜん難しいことなんてないという人もいるかもしれないけど、それは、自分を誰だと思うかによるのだと思います。私たちは、皆違う人だから」

　多くの人が、初めての面会は人生で最も緊張した経験の一つで、ドアに向かって歩いて行ったり、誰かの到着を待ったりする時、心臓の鼓動は早くなり、手は震え、口は渇いていったと説明している。これほどの心配や不安、そして恐れさえも、色々な理由から理解可能である。たいていの人にとって、初めての面会は、何年もの間、思い描き想像してきた人との対面がついに叶う瞬間であり、多くの場合、長い間続いた捜索のクライマックスである。こ

れは、どの文化でも最も重要な関係の一つである母子の面会だが、その当事者は、お互い相手のことをほとんど知らないのである。あなたは、相手があなたの希望や期待に合致しているのだろうかと思っているため、あなたたちは両者とも相手が何を感じているか見抜こうとしていることになる。多くの人が面会中に何があったかとか何を話したかについて正確に思い出すことが難しいのもうなずける。

　多くの養子になった人にとって、かなり感情的になるもう一つの問題と言えば、自分に似た、もしくは自分と血のつながりがある人に初めて会うということだ。たとえ、面会の前に写真を交換していたとしても、それは必ずしも血縁者と対面するという衝撃に対して心の準備をさせてくれることにはならない。全員が身体的な類似点を見つけるわけではないが、わたしたちの研究の協力者の多くは、共通の癖や性格に衝撃を受けた。ウェンディの生母との初めての面会の描写は、その時の感情的な動揺や自分が置かれた状況へのとまどいをよく捉えている。

　　「私は、母が車から出てくるところを見たのですが、その歩き方から、それが母だと分かりました。母が中に入ってきて、私を見て『なんて大きくなったの。でも、少しも変わらないね』と言いました。私は、自分が母をずっと見ているのに気が付きました。私は自分がほかの誰かに似ていることが信じられなかった。私は、見つめていたのを覚えています。声も癖も覚えています。変な感じでした。とても多くのことが理解できたと思います。そして、表面上のものすべてが不必要で、本当に言葉は問題にはなりません。というのも、お互いを見つめるのに多くの時間を費やしました。どのくらいの大きさなのか、何が起こっているのか、また何が起こってきたのか？　彼女が自分を生んだのと私が思ったかどうかはよくわかりません。彼女からママという感じは受けなかったのですが、絆は一瞬でできました。特に、誰かが自分にとても似通っていたらできるでしょう。おそらく私が最も理解したこと、すなわち『私が誰かに似ている』ということは、とても不思議なことです。その時はすべてを内面に取り込んだり、話してはいるが注意を払っていなかったりして

4　生母との再会　65

いると思います。何が起こっているのかを観察しているからです。それ
は本当に奇妙なことです」

　互いにどれだけつながりを感じるか、そのつながりに何を感じるか想像す
るのは容易ではない。わたしたちの研究では、ほとんどの協力者は初対面に
対して肯定的な反応を示したが、「つながり（connectedness）」の程度は様々だ
った。協力者の26%が、初めての対面は、「ママ（mum）」と感じるぐらい、誰
かに「瞬間的なつながり」を感じるような、強烈で感情的な経験だったと捉
えていた。前述の生母とすぐに再会を果たしたハリーは、次のように説明した。

　　　「母は母子施設で赤ちゃんの私を腕に抱いている写真を一枚持っていま
　　　した。彼女に許されていたのはそれだけでした。母子のつながりを断とう
　　　という考えからです。でも、私は母によく似ていました。一度も会わなか
　　　ったのに、癖や手の動かし方、話し方やほんの些細なことに至るまで私は
　　　母にそっくりでした。方言以外は、私たちは瓜二つです。彼女が私のママ
　　　でないはずはありません。だから、彼らはつながりを断とうとしたけれど
　　　も、失敗したのです。基本的な本能で私は瞬時にわかりました。私のママ
　　　だと。私は母の一部だし、その絆はまさに瞬時にそこにあったのです」

　初めての面会後、肯定的に感じた人のうちの多く（46%）は、二人の関係
が瞬時に母と子の関係になったというよりは、むしろ、「友達」のような関
係だったと説明した。例えば、キムは、生母に会えて嬉しかったが、すぐに
「母（mother）」のように感じたわけではなかった。

　　　「私たちは、一日ロンドンで過ごしました。再会はうまくいきました、
　　　本当に。ほらただ、カフェに座ってお互いの手の形を見たりとかそうい
　　　ったこと。私たちはそんなに見た目は似ていないのだけれど、物の見方
　　　や物の考え方には、共通点がたくさんあります。だから、本当に、本当
　　　にいい一日でした。彼女が私の母だとは感じませんでした。彼女は、ま
　　　さに私が会いたいと思っていたようないい人でした。彼女は会ってみて

『ああ本当に素敵な方だな』と思う人の一人なのです」

　ここで重要なことを指摘したい。最初に「友人のよう」と形容されるような再会も、「瞬時のつながり」が存在するような再会と同様に、うまくいく可能性があるということだ。友人として始まるのは、時間をかけて強い肯定的な関係を培う現実的なアプローチになりえる。そして、その関係は二人ともが今は大人であるということを考えれば、両者にとって望ましいものになるだろう。
　また、ここで強調したいのだが、すべての人が、瞬時の「母子の」つながりを探していたり、それを心地よく思ったりするわけでもない。もっと抑えたアプローチが好きな人もいる。エドワードの例がそうだ。

　　「私は生母を待っているときにとても緊張していましたが、この女性を
　　見て突然、この人だと思いました。私は彼女の背中を軽く叩き、挨拶を
　　しました。彼女も挨拶をしてくれました。それはそれほど情動的なもの
　　ではありませんでした。むしろ、『じゃあちょっとピザでも食べに行こう
　　か』という感じだったのです。それは私が望んでいたように、とてもく
　　だけた感じで、リラックスしていました。私たちはおしゃべりを存分に
　　楽しみ、それから私は彼女を駅まで送り、ハグとキスをしてさよならを
　　言いました」

　大多数の人びとは最初の面会を肯定的に感じるが、少数ながらあまり心地良く感じず、気まずい思いさえする人もいる。26％の人びとは、再会は知らない人と会っているかのように感じ、戸惑いや距離を感じた。ルーシーはそのような何のつながりもない面会を経験した一人だ。

　　「私たちは２人とも情動的ではありませんでした。２人ともタバコを
　　吸い続け、お酒も飲んだと思います。要はその時自分がどういう気持ち
　　だったか、今どんな気持ちか考えたり思い出したりするのは難しいとい
　　うことです。ただ、彼女はただの平凡で庶民的な女性であり、特別な誰

▼ アドバイス・ボックス

どこで、どのように会うか

・すべての人に合う理想的な場所はない。あなたたちがどれくらいお互い
を知りあっているかということと、お互いに対する最初の反応によって
大きく違ってくる。

・パブやレストランやホテル、あるいは公園のような中立的な場所は、他
の人も会ったり挨拶したりしているだろうから、よい選択肢かもしれな
い。ところが、プライバシーがなく人目に付きすぎると感じる人もいる
かもしれない。

・よりプライバシーが確保できるため、どちらかの家もよい面会場所とな
るかもしれない。ところが、他人の「テリトリー」ではあまり快適に感
じない人もいるだろう。代替案の一つとしては、第三者の家がよいかも
しれない。養子縁組後サービスのオフィスで面会することを好む人もい
る。ほとんどの機関は利用できる部屋を用意してくれるだろう。

・恐らく最初は2～3時間だけ会うように計画するのが最善だろう。も
しうまくいったら延長できる。しかし最初の面会は双方にとって感情
的に疲労困憊する可能性が高く、休憩が必要になるだろうということ
を忘れないように。

・あなたたちが離れたところに住んでいて、どちらかが長距離を移動しな
いといけない場合は、たとえ誰かの家に泊まるよう招待されていたとし
ても、通常ホテルやB&Bに泊まるよう計画するのが最善である。少し
よそよそしく思われるかもしれないが、あなたたちはどちらとも自分の
考えをまとめるための空間が必要になるだろう。しかし、鉄則などない。
もし誰かの家に泊まるのが正しいと感じられるのならそうすればいい
が、プレッシャーを感じたらそうしなければよい。

・最初の面会では、パートナー、友人、あるいはカウンセラーなどに同席し
てもらうのも助けになるかもしれない。難しい状況になりそうだったら、
第三者の助けで軽減されるかもしれない。ただし、その人は除け者にされ
ていると感じたり嫉妬心を感じたりせず、その状況に上手く対処し、あな
たのために働くことができる人でなければならないということを肝に銘じ
ておかねばならない。

かではないのだ、というちょっとした失望感があったと思います。私は、本当は彼女にそれを望んでいたのだと思います。私たちは、社交的に誰かと会い２、３時間その人たちと過ごせるのと同じように仲良く過ごしました。私たちの間に敵意のようなものはありませんでしたが、たいしたつながりもありませんでした。私たち二人とも本当に恐れすぎていたのだと思います。だから、たいしたつながりもありませんでしたし、実際これまでもそんなつながりなどないのです」

ジルの経験もまた、最初の面会がとても居心地の悪いものだったという点で類似していた。

「私は『あぁ、彼女は歳をとっているな』と思い、それから『そりゃそうだよな、60代なんだから。自分は何を期待していたのか』と思いました。私はいつも彼女のことを今でも27歳であるかのように考えていました。だからショックだったのです。彼女はただ『まぁ、こんにちは。どうぞ入って』と言い、大きなハグやキスもなく、彼女はとても素っ気ない感じでした。第一印象では彼女が私に似ているとは思いませんでした。彼女はしばらくずっと黙ったままで、私もなんと言ったらいいかよく分かりませんでした。時間が半分くらいたったところで私は『来なければよかった』と考えていて、それから似ているところを見つけようと彼女をじっと見つめ続けました。そう、彼女は数年後の自分がおそらくそう見えるだろうなという姿に似ていました。ただおかしなことに、夫が私たちの写真を撮ったのですが、私たちはふたりとも中指と親指を一緒に握り締めた手でそこに立っていて、それはとても不思議でした」

（4）やって来ては過ぎていく？

ほとんどの関係者にとって最初の面会は複雑な感情を引き起こすが、それは肯定的なものと、否定的なもの両方である。疲労感や精神的困憊を味わう人が多い。オーエンは、最初の面会について非常に肯定的に語ったが、それ

▼ アドバイス・ボックス

生母と何のつながりも感じられない時、あるいは仲良くやっていけない時、どうすればいいか？

・絶望することはない。ほとんどの人は瞬時につながりを経験するのではない（もしくはそれを望まない）。それはその再会が暗い運命にあるということではない。

・自分の気持ちを認めること。あなたはがっかりしているのか、それとももしかしたら安心しているのか？

・再会に対する自分の希望や期待について考えること。すべての人が瞬時のつながりや「母子」関係を求めているわけではない。

・自分がなぜそのような気持ちになっているのか考えること。最初の面会は、あなたたちのどちらも「いつも通り」には振る舞わないだろう。とても非日常的で、感情的な状況である。あなたの期待は何だったのか？　もしあなたがその人と単に友達あるいは仕事の同僚になる可能性のある人として出会っていたら、どんな風に感じるだろうか？　この再会があなたたち両方にとってどんな意味を持つか考えるようにする。あなたたちのどちらかは拒否感や喪失感、あるいは罪悪感を覚えるかもしれない。または、あなたかあなたの生母は、ただ誰に対してもシャイで控えめなだけかもしれない。

・自分の親族を選ぶことはできないということを忘れてはいけない。生物学的なつながりは非常に重要であるが、だからといって、それは自動的にあなたたちが同じ価値観や特徴、もしくは興味関心をもっているということにはならない。違う世代に属しているだけでなくあなた方は歴史も異なっているため、あなた方のライフスタイルは違う可能性が高い。離別しなかった母子の関係が育まれ発達するのにも何十年もかかるが、それでもなお心配事を孕んでいる可能性があるのだ！　お互いを知り合っていくことに時間をかけ、心地よい関わり方を見つけ出すのに４、５年かかるかもしれないということを覚悟しておく。

・カウンセラーやパートナーや支援団体など、自分が信頼している人に話し、相手がその再会についてどう感じたか、またはどう感じているか考えるのを手伝ってくれるよう頼む。

・手紙の方が簡単であればそれでもいいので、相手とコミュニケーションを取る。あなたがその面会が本当に難しかったと思っていれば、そう伝える。相手が安心し、あなたに対して誠実になることができて、前に進むための基礎を与えてくれることがわかるかもしれない。

・相手は単にとても気難しく、あなたとまったくそりがあわない人であり、あなたの人生に居場所がない人だということがわかるかもしれない。その場合は、静かにつながりを絶ちなさい。

でもなお、動揺をぬぐいさろうとしていた。湧き上がる感情により失われた年月を思い出す人もいれば、その人を再び失う心配をもつ人もいる。混乱、苦痛あるいは失望の感情に支配される人もいる。

　最初の面会によって不安や興奮、失望が生まれるかもしれないが、ほとんどの人にとっての再会のプロセスはまだまだ始まったばかりだ。最初の大きな感情的障壁を克服したら、続いて必要なのは次のステップについて考えることである。この問題は電話や次の面会などの具体的な計画として、最初の面会で話す場合がある。一方で、次のステップが決定されないままになって、その先どうするかを一緒に考え出すのが次の課題になる場合もある。あるいはあなたは既に、少なくともしばらくの間は、もう会いたくないと決めているかもしれない。どれに当てはまるにせよ、先に進む前に立ち止まり、起こったことを熟考することが大切だ。ほとんどの人にとって最初の面会がどれほど疲労困憊するものであるかは、いくら強調しても足りない。大多数の人にとって生母との再会は本当に高揚するものだが、その後再会の興奮、あるいは幸福感でさえも薄れていき、日常生活の現実が戻るにつれ、すぐに気持ちが沈んでいくのを経験するかもしれない。

　すべての人が同じ反応をするわけではない。特に最初の面会の経験はとても多様であるからだ。それでも最初の面会の前だけでなく後も、できるだけ心の準備をしておくことが重要である。可能な限り、捜索のプロセスの途中で挫折した通常の習慣のいくつかを立て直すよう努めるとよい。可能なら、休憩を取るか、少なくとも起こったことすべてについて考えて吸収するための時間を確保するのがよい。面会がどうだったか、物事がどのように進展してほしいかについて人と話す機会を必ず持つように。

(5) 時間をかけた再会と交流

　部外者のほとんどは、おそらく最初の再会を養子縁組のリユニオン

1　監訳注：本書のテーマでありタイトルになっている reunion は、再会や交流を含む幅広い概念で、文脈に応じて、イベントとしての再会、プロセスとしての交流を使い分けて訳した。ここでは双方を論じているのでリユニオンとした。

（reunion）と見なすだろうが、実際にはほとんどのリユニオンは、一度きりのイベントではなく、長期的なプロセスとして考える必要がある[1]。ここまで、人びとが最初の面会に対して異なった反応を示したことを見てきた。ここからは生母の再会において次に何が起こるかを見ていこう。交流は時間とともに、どのように発展するのか。交流は継続するのか？　どのような関係が確立されるのか？　多くの困難とともに始まった交流では関係は確立できるのか、また好調なスタートを切った再会は将来の交流のどのような前兆を示しているのか？

　ほとんどの再会は、長く続くという要素がある。わたしたちの研究では76％の人が最初の面会から3年経ってもまだ生母と連絡を取っており、さらに8年あるいはそれ以上の時が経っても、55％の人が連絡を継続していた。

　長期にわたって再会が継続する最も典型的なパターンは、ハネムーン期を経験し、その後クールダウン期があり、それから通常のアップダウンを伴う長期的かつ持続的なパターンへと落ち着いていく。ハネムーン期は通常2人が頻繁に連絡する、最も感情的に盛り上がる時期である。多くの場合に、この段階で他の生みの親側の親族や友人のすべてのネットワークが急速にできる。この時期はお互いを知り始める時期で、初めの頃の興奮や最初の面会の驚きが混ざっている。多くの人は最初の1年は頻繁に電話で話したり手紙を書いたりしながら、何度も会う傾向がある。積極的に生母を探し出した人のうちの25％は少なくとも月に1回はその母と直接的に対面していた。電話をかけることと手紙を書くことだけでも、10人中6人が最初の再会から1年間は少なくとも1ヶ月に1回は連絡を取っていた。

　時にはどちらか片方が少し「冷静に」なったり、両者ともに関係を維持するためにそれほど頻繁な連絡の取り合いを必要としなくなったりしながら、連絡を取る頻度や関係の強さは時間が経つにつれ徐々に低下する。やがてほとんどが落ち着いて、「新しい」関係が日常生活の一部になる。例えばわたしたちの研究では、生母を探し出した人のうちほぼ70％が、以前ほど積極的ではないものの、最初の面会から5年経っても何らかの連絡を取り合っていた。典型的な例では、まだ連絡を取っている人の約4分の1は、たくさんの電話での連絡に加え、少なくとも3〜4カ月に1度は対面していた。生母

を探した養子になった人と、自分では探さず、生母の方から仲介者を通して連絡が来た養子になった人の間には、連絡頻度の平均の差がほとんどないということは指摘に値する。一度関係が確立すると、養子になった人か生母か、どちらが連絡を取りはじめたかはそれほど重要ではなくなるようだ。

　ここまでわたしたちは、再会が継続する割合や連絡の頻度についての全体イメージを描写して、「平均的」な再会について丁寧に論じてきた。しかしその平均値の背後には、生母との再会がどのように発展するかという点で大きな違いがある。ハネムーン期に一度も達することのない再会もある。また、それぞれが疑問に思ってきたことすべてが解決されたと感じ、またはすべてを考慮したところ、連絡を続けることはあまりにも複雑だと感じ、双方の合意によって交流が次第に減少することもある（一度きりの面会で決裂した再会は第8章で考察する）。再会の多くは比較的まっすぐで、何年も継続するが、非常に扱いにくいものもある。再会の本質や、関係がどのように発展するかを本当の意味で知るには、インタビュー協力者の話をより深く聞く必要がある。

(6) 親子関係のさまざまな型と状態

　ここまで、初めての面会に対する最初の反応が多様であることを見てきた。これは長期にわたる再会にも当てはまる。二人の人間が初めて出会うとなると、必然的に、人によっては関係をつかむことが難しい可能性がある。再会の物語を考察したところ、わたしたちは5つの異なる関係の型があることが分かった。

・バランス型：二者のどちらも再会に対して同じ期待があり、重要度がだい
　　　　　　　たい同程度であるため、その再会は気楽で心地良く感じら
　　　　　　　れる。
・距　離　型：二者のうちどちらかが、もう一方の人に対してあまりにも激
　　　　　　　しすぎたり、強引すぎたりすると感じるため、その人と距
　　　　　　　離を置くようにする。
・試　し　型：二者のどちらか、もしくは両方が、相手が再会に十分関与し

4　生母との再会　73

ていないように感じるため、自分が真剣に関与していることを示そうとする。

・漂　流　型：交流がまったく確立せず、二者が次第に連絡をしなくなる。
・過 負 荷 型：二者のうちどちらかが、相手がうまく対処できないような要求をしすぎるため、時には拒絶に終わることがある。

　本章の残りで、これらの関わり方をより詳しく探っていく。とはいえ、これらの型は必ずしも常に不変不動なわけではないということを指摘すべきだろう。多くの場合これらの型はむしろ人びとが関係を継続していく中で経験する「状態」あるいは「段階」であり、ひょっとすると「釣り合いが取れた」状態で終わる可能性もある。この関係がどれほど動的で変わりやすいものになり得るかを説明するため、全く異なる型に展開していった3つの再会をもう少し詳しく見てこの章を終えよう。

バランス型

　両者が似たような熱量で再会をして、早い段階で、適切な関係をつかむのに心地よい領域をさほど問題なくうまく見つけ出すような、最初からすべてが心地よく思えるような二者もあれば、わたしたちが以下で見るように、バランスの取れた状態に達する前に各種の様々な難しい段階を経験する二者もある。しかし、この心地よい領域に到達するための青写真はないことを指摘しておくことが非常に重要だ。ペアによってバランスがとれる親密さの水準は異なる。ある二者にとって互いに熱心で活気のある関係がバランスがとれた状態だが、別の二者はそれより低く、時には更にもっと低い熱量で均衡状態を見つける。その熱量は双方が望んでいる水準である。

　ハイピッチバランス型

　再会の初期は正にハネムーン期であり、養子になった人と生母の中には最初の数ヶ月間頻繁に連絡を求めるような人びとがいる。互いに知るべきことがたくさんあるため、離れていた数十年の時を数ヶ月で埋めようとする。時間がたつと連絡の頻度が次第に低下するが、両者ともに強い思いがあるため、

交流が続き、互いに重要な関係になる。オリーブとオーエンは二人ともこのハイピッチだがバランスの取れた状態であることがわかる。

　「最初の年は、私たちは必ず定期的に、物理的に連絡をとる必要がありました。最初の一年間は毎月一度会う必要がありました。それはそういうもので、私たち両方にとってこの連絡を続ける明白な必要性があったのです。それが、私たちが最初の年に物事が落ち着くまでしたことです。私は何年もの間彼女がいなかったことで喪失感を味わい、また養母が亡くなった喪失感もありましたが、私たちは一緒にいてとてもうまくいっていて、それは完璧以上のものだったので、完全な幸福感もありました。私たちは完全に繋がっていました。それにほぼ10年経った今でも繋がっているのです。それは普通の家族関係に落ち着いています。とても普通だから信じられないくらいで、彼らは私の家族、二番目の家族なのです。私は家族全員からすっかり受け入れてもらったのです」オリーブ

　「生母の家にいるのはとても快適で、とにかく自分の家のように感じられました。それが彼女は嬉しいようで、今日この日まで喜んでくれています。彼女の家はとても居心地良く感じるのです。その時から、私たちの関係はますます強くなりました。5ケ月ほど経った頃だと思うのですが、少し落ち着き始めました。というのは、児童協会（The Children's Society）へ行ったり、手紙を書いたり、電話で話したり、面会し家族全員にも会ったりと、最初の段階を一通り経験して、そういった考えに慣れてしまったのです。いずれにしても維持するのは不可能なレベルだったので、私たちは徐々に地に足を着けたのだと思います。つまりそういった考えに慣れたのです。私たちは今も週に2回電話をして、月に1度彼女を訪れます。ひょっとすると1年ほど経てばだんだんそれが少なくなるかもしれないと思っていましたが、そうはなっていません。いつかは分かりませんが、いつかそうなると私は思っています。私たちの両方が少しだけ距離を置いた方がいいと自然に感じる日が来ると思います」オーエン

ローピッチバランス型

　もっとずっとゆっくりで、抑えた姿勢で一緒に前に進むことも可能だ。養子になった人と生母の両方が望むことであれば、これはハイピッチバランスと同程度によい結果をもたらす再会になり得る。コリンの再会はオリーブやオーエンのものよりはるかにおとなしいものだったが、彼と生母の両方が、自分たちが築き上げた関係を心地よく思っているようだった。

　　「それはとてもしっくりときました。私たちの会話は不定期で、３ヶ月
　　に１回くらいのペースでした。それは堅苦しいものではなく、『元気にし
　　てる？　この間話して以来、どうしてた？』というようなただの形式的
　　な挨拶でした。ここ３年は年に１回ほど生母に会っていますし、連絡を
　　取り合っています。定期的とは言えないかもしれませんが、そもそも私
　　はごく近い友人や同僚のような人を除いて、あまりたくさんの人と定期
　　的には話さないのです。それは快適ですね、はい。私は今よりも多く連
　　絡を取らなければいけないというプレッシャーを感じることがなく、頻
　　繁に会い過ぎだと彼らからほのめかされることもありません。彼らが私
　　にもっと会いたいかどうかは知りませんが、私がそうしたい気持ちにな
　　れば、彼らはいつでも招いてくれるでしょう。彼らが無理強いするとは
　　思えません。私はおじやおばといった拡大家族のように、今と同じ関係
　　を続けると思います。ただちょっと違いがあると思っています。生母は、
　　もう一人のおばという以上の存在です」

　ハイピッチであれローピッチであれ、あるいはその間であれ、バランスの取れた状態は最も無理のないリラックスした状態の再会だろうから、おそらくほとんどの人がこうありたいだろう。幸運にも初めからこのパターンになる人もいるが、そうでない人はそこに行き着くためにより難しい時期や段階をうまく乗り切らなければならない。「バランスがとれた」状態にいる人、その中でも特にハイピッチで始めた人にとっての主要な課題は、相手を理想化するという罠に陥らないようにすることである。これは、相手の強みだけでなく弱みも認め、養子縁組の事情に関するおそらく難しいだろう課題に取

り組み、議論したり異議を唱えたりできるという感覚をもっていることを指す。最初の段階では、異なった見解や意見を扱うのにその関係はあまりにももろすぎると思われるかもしれない。とりわけ再会したばかりなら余計にそう思うだろう。しかし現実的な関係を発展させるためには、どこかの時点でこれらの問題を扱わなければならない。ただし、準備ができたと感じたときに扱えばよい。

インタビューを受けた一人、パムは、自分と生母の関係は未だに両者がお互いを守ろうとするバラ色の段階であると認識していた。いずれ彼女たちはすべてにおいて互いが一致する必要のない関係になって、十分安心感を抱くことだろう。

> 「私たちはまだ議論などのようなことはしていません。よく分かりませんがおそらくそれは私たちがまだハネムーン期にあるということでしょう。どんな母娘関係、つまり通常の母娘関係でも、口論になることもあるでしょう？　ええ、もちろん私も養母と口論になりますよ。だから……まだそうした状況に対処しなければならない状況にあたったことがないのです。時々彼女を怒らせないように言葉に注意することもあります。だから、わたしたちの関係は若干壊れやすいものなのかもしれないです。それでも以前ほどの危うさではありません。これは単にゆっくり進むプロセスだと思っています。私はただ注意深い人間で、彼女もそうなんだと思います」

距離型

「バランスの取れた」再会のパターンにおいて重要なことは、ハイピッチ、ローピッチまたはその中間という違いはあるにせよ、再会をする人の期待や関わり方が似ているということである。一方が違う期待や違う関わり方をもっていたら、再会の成功はより困難になる。片方の人がもう一方の人に「圧倒されてしまう」のではないか、相手のペースになってしまうのではないかと危惧しているため、もっとゆっくりとした、またはもっとおだやかな再会を望んでこのおだやかな段階を通るか、この状態にとどまることもある。も

4　生母との再会　77

う一方を窮地に追い込むのは、養子になった人の場合もあれば、生母の場合もある。この状況に陥った時には、どちらか一方の人がもう一人の希望よりも無理やり早く先に進めてしまわないように注意深く対応する必要がある。その一方で、速度を緩めることでもう一方の側の人の気持ちを傷つけてしまうかもしれないことも認識しなければならない。特に互いの違いについて両者が議論したことがないことを考えると、これは簡単な課題ではない。

養子になった人が速度を緩める場合
デイビッドのケースでは、生母の期待や連絡を取りたいという欲求が、彼よりも強かった。このケースは再会初期の段階で「ゆっくり取り組んだ」よい例だ。彼は、生母がもっと早く事を進めたがり「母親役」を引き受けたがっている中で、その状況をコントロールしなければならなかったことを強調して説明した。しかしまた、このケースでは相手が期待するような関係に自分の期待が一致させられないときには、不安を感じ、罪悪感までもつこともわかる。

　「電話してから会うまでは２カ月でした。彼女は僕に翌日の飛行機で来てほしかったのです。僕は僕で『いや、それはしない』という決断をしました。それは突然のことだった上に、自分の中でその時期が来たらしようと思っていたことだったし、自分の心の準備ができたらそうしようと思いました。僕が彼女のところに走って行って僕の人生で起こった出来事すべてをさらけ出すと彼女が期待しているのなら、それは間違いです。彼女が僕の人生に入ってこないように、なにも邪魔しないように、意識的に決断をしました。僕は一人で行きました。ホテルに泊まったし……。この再会にはいくつかの段階がありました。彼女に会って、自分の頭にあったいくつかの疑問が解決した段階では高い高揚感を感じました。しかしその後の段階で彼女の独占欲が強く出たので、僕は彼女のことをもう知りたくなくなってしまいました。その後彼女はなんだか僕の人生においては母ではなく、単なる女性になってしまいました。その次の段階では、もう煩わされたくなくなって、そして最後に、一カ月に１

回連絡するくらいに落ち着きました。そうはいっても、今はもう何カ月も連絡していません。彼女はいつだって自分のことを話したがるタイプですが、僕は自分のことをずっと話すようなタイプの人間ではありません。僕は他人の方に興味があります。でも彼女と話すと会話は『私は、私は、私は』になります。今はともかく、少なくともそんな時期がありましたね。僕が思うに、彼女の中では僕が小さな男の子で、彼女がお母さんになりたかった時期がありました。しかしその時期はもう過ぎってしまっていたのです。だから当時の僕の態度は結構残酷でした。僕がよそよそしかったことに関して多くの人が理解できなかったのです」

生母が速度を緩める、または行動を控える場合

また、生母の中には、再会に対して非常に注意深く、養子になった人が望むよりゆっくりと進める人もいる。繰り返すが、再会を進めるためには、この期待値の違いに細心の注意を払って対応する必要がある。スーザンは専門的なトレーニングを受けたおかげで、再会が続いた。一方で、その再会は望んでいたほど熱狂的ではなかったことも受け入れねばならなかった。

　　「私が受けた専門的なトレーニングがとても役に立ちました。若い人が年上の人に会うように対応できたし、信頼や友情の構築も試みたし、過剰に感情的にならないようにもできたからです。私たちはまだ本当に真剣な深い話はしていません。彼らのおかげで私は歓迎されていると感じることができましたけれど、生母はあまり深く関わりたくないと思っていることもわかっていました。それで彼女が望むように年に１、２回だけ会いました。彼女は家族に私のことを知られたくないけれど、いずれ知られてしまうと少し心配しているようでした。５、６年経ったらその時が来てしまうでしょう。私は行けるところまで行ったと思うし、まだかなり足元がぐらぐらなところを歩いているようなものなので、慎重にやらなくてはならないということも分かっています。だから要は私たちがお互いの生活の邪魔になっていないという意味で今の関係がお互いの望みどおりだと思います。それでも、私はもう少し関われればよかった

と思います。たぶん、文字通り彼女は年を取ってしまったので、これ以
上関わる気にならないと思います。そして、私も彼女にどんな形であれ
もっと関わるように圧力をかけたくはないのです」

　再会においては、当然、各人の関わりや熱意の度合いが一致しないことも
ある。友情の場合は時間をかけて育まれるが、バランスが取れない場合は早
い段階で放棄されることもある。友情を育むのとは異なり、養子縁組の再会
の場合は、両者ともに突然その関係に投げ込まれる。現実には、とても社交
的で感情的な人もいれば、控えめな人もいる。再会では必然的に、異なる個
性が出会うことになる。熱量の差を作り出すような養子縁組に関連した要因
も考慮に入れなければならない。この差はただ単に異世代間の出会いに関連
するものかもしれない。あるいは、再会が現実になったときに突然爆発しそ
うな強い主張や感情に対する不安から生じるのかもしれない。これに対して、
再会の当事者たちは、新しい関係に圧倒されてしまうことから自分自身や家
族を守りたいと思うのかもしれない。
　スーザンの場合は、生母が家族に養子縁組のことが発覚してしまうと心配
していたからだったが、養子縁組先の家族に対する忠誠心から生母との積極
的な交流を思いとどまる人もいるだろう。また、生得的な要因もありうるだ
ろう。養子になった子のほかに子どもを産まなかった生母は、「子ども」が
心地よいと思う以上に「親子の」関係を築きたいと思ってしまうのかもしれ
ない。
　よって、その関係において不釣り合いが生じる理由はたくさんある。不釣
り合いが生じたとき、たとえ気まずい時期があったとしても、ほとんどの人
が時間をかけて対処できる。一つのコツとしては、違いが起こりうることを
認め、またどんな関係においても物事の優先順位は人それぞれだが、それで
もうまく管理できると認めることだ。また、あなたが距離を置かれている場合、
あなた自身の期待をじっくり考えてみるとよいかもしれない。最初は生母の
ペースに合わせてみて、どう物事が進んでいくかを見極めるのも得策かもし
れない。一方で、あなたがより多くを求められてプレッシャーを感じている
場合には、お互いの関係を育んでいきたいがもう少しゆっくりと進みたいと

生母に説明してみるとよいかもしれない。これらは難しい会話となると考えられるが、自分は立ち去るのではなく、もう少しゆとりが必要なのだという明確なメッセージを伝えることだ。たとえ再会にかける力は異なっていても、時間をかければ、お互いに心地よいバランスを見つけることができるだろう。

試し型

なかなか脱出しづらいもう一つのパターンは「相手の関わり方を試す」パターンだ。このパターンでは、養子になった人や生母が相手に真剣に関わってほしいのに、相手が同じように思っているか確信がもてない。ゆえに、相手にもっと本気になってほしいのに要望を伝えられなくて綱引きの構図になる。結果として、片方または両方がイライラしたり、がっかりしたりすることになる。時には、相手から愛情表現を引き出そうと脅迫的になったり、急き立てたりする。

うまくいかないことには、たくさんの理由がある。個性や生活スタイルの違いが関係構築の上での障害となることもあり得る。ただし、養子縁組に関わる再会に特有の感情的な問題は、外部の助けがない限りうまく対処することは難しいだろう。拒絶されるのではないかというもっともな不安から、なかなか本心を見せない人が多い。養子になった人はとりわけ傷つきやすく感じるかもしれない。ルーシーと生母との再会はこうした問題の一部を示している。二人とも不安が強すぎて気持ちを表現できない、あるいはお互いがそれぞれの生活に介入することを完全には許容できないという、相反する感情を持っていて、彼女らの再会は難しかった。ルーシーは生母に自分への愛情を表現してほしかったが、生母が自分を愛していると明確に示してくれるまでは、生母に愛情を表現してほしいという自分の望みを生母に明確に表現することは難しいと感じていた。このような綱引きの状況では、両者はおそらく相手が何を求めているのか複雑に感じ、これを配慮と関心が足りていないと解釈してしまうかもしれない。結果として、二人ともがっかりしてしまう。

「私たちは実際、かなり親密な関係になった時期もありました。生母が
休暇に出かけたときに私にプレゼントを買ってきてくれて、私はそのこ

とにすごく感動したことを覚えています。そして彼女がお母さんみたい
に接してくれたときすごく嬉しいです。彼女にはもっとそうし続けてほ
しい。私がそっけなくしても、彼女の方が率先して関係を取り続けてく
れるような、もっと母子関係のようなものになってほしいと本当は思っ
ています。本当に子どもじみてますよね！　だけど私はそう感じるので
す。例えば、私の30歳の誕生日に彼女はカードをくれました。ただの
つまらないカードだけです。すねた態度で要求が多いように聞こえるこ
とがわかっていますが、彼女にはもっといろいろしてもらいたいのです。
もっと彼女に甘えさせてほしいと思っています。もっと彼女に愛された
いとも感じます。でも私が何か反応しなければいけないとは思いません！
　ただもっと彼女に愛されたいだけです。私は自分の方が愛していると
は思いたくないです。そう、まずは私が愛される番なのです！　だから
私の彼女に対する感情や愛情は、まずは彼女から何かもらうという条件
付きのものだと感じています。私に対する埋め合わせのようなものを彼
女にはしてほしいと感じています。彼女にはもっといろんなことをして
ほしいですが、私がもっと何かをしようという気にはなりません。それ
は彼女の仕事のように感じています。彼女は大人で私は子ども、だから
私に対して愛情を見せるのが彼女の仕事だと感じます。彼女が埋め合わ
せをする方だから、彼女の方から事を進めるべきでしょう。でも今は私
たちの間にちょっと距離があります。あまり本物の関係ではない。ちょ
っと表面的で、表現しきれていないことがたくさんあります。親密じゃ
ない。それでも嬉しいです、彼女に会えてとても嬉しいです。だけど、
私の人生における深い関係の一つだというわけではないです。それより
は義務みたいなものですね」

　アヴァと生母の再会もまた、相反する感情が共存するものだった。拒絶の
問題も関係していたようだ。他の人たちの場合と同様に、アヴァの場合、自
分が個人として好かれているとなかなか感じることができず、自分が好かれ
ているのは自分がたまたま生母の娘であるからだと考えてしまった。この状
況下においては、自分はこの関係にふさわしくないのではないかと感じる人

もいる。その結果、アヴァのように、その関係を持つ権利があるのか確信がもてない人びとは、まるで拒絶される前に先手を打つかのように再会から身を引くことを提案する。また、関係に対して確信がないということは相手との間に距離を保つことを意味すると同時に、誰かを刺激して反応を起こさせようとすることも意味している。

　　「生母には『もし続けたくないのなら、そう言ってね』と言いました。私の場合は、彼女らを友達としてしか位置づけていないからです。私の養子縁組先の父と母が、私の親です。自分は彼女に対して愛想がないと思うこともありました。その頃は彼女から反応を引き出そうとしていました。まるで、彼女を誘惑するように。私の彼女に対する話し方は確かに少し不自然なものだったと思います。彼女らは私とは違う。彼女に対して 100 パーセント自然体でいられるとは決して思いません。もし彼女が私と絶交すると決めたなら、私は少し動揺したり戸惑ったりすると思いますが、それも理解できます。それに、なぜ彼女が私のことを知りたいのか実際にはよく理解できないのです。自分が生んだ娘だからといって、彼女が私を好きでいなければいけないわけではないし、そういうことは無条件にあるべきものではないから。私は彼女と電話で話していて彼女に『私があなたが産んだ娘だからというだけで、この状態を続けなきゃいけないってことはないのよ』と伝えようとしてみました。だって、彼女はとても静かで会話を続けるのに苦労していることに気付いたからです。彼女はとても動揺してたくさん泣きました。やはり彼女は明らかに私のことをよく考えてくれていて、私に関係を断ってほしくないのです」

　双方ともに本当はどう感じているか、あるいは二人の関係に何を望むかを明確に言わない場合、このサイクルから脱出することは難しくなる。お互いに相手は対して配慮がないとか、配慮が十分でないと思うかもしれない。これは再会の問題だけに限ったものではなく、多くの関係において起こる。物事を進めようとするのに使える戦略がある。一つ目はあなたの期待を別の視点で見ることだ。それは現実的で理にかなっているだろうか？　友達やカウ

4　生母との再会　*83*

ンセラーなど当事者外の誰かに話すと助けになるかもしれない。二つ目は、自分の望むものを手に入れようと間接的な方法を使うのではなく、あなたがどう感じているのか、この関係がどうなってほしいのか伝えることだ。もし対面で伝えるのが難しければ、手紙を書くほうが簡単かもしれない。

漂流型

　再会が適切に成立せず、連絡が徐々に減少し、いずれ事実上何もなくなってしまう二者もある。これは大きな問題や不一致によるものではなく、ただ単に関わった人たちの馬が合わないか、両者が続けたいと思うつながりを築けないかによるものだ。以下はエイドリアンが再会を説明したものである。

　　　「生母に会った時本当に不思議でした。なぜなら、全然僕に似ていなかったからです。だから確かにちょっとがっかりしました。年に数回会いましたけど、実際には彼女と強いつながりはありません。僕の人生に母はいらないけど友達ならいいかもと思いました。でも 30 歳年上で共通点があまりない誰かと友情を育てようとすることは本当に難しいことです。基本的に、時間があったら（養子縁組先の）母に使いたいと思いました。なぜなら養母もそれを必要としていたからです。それに、そのことについては僕の文化的アイデンティティと関わりがあります。もしかしたら事を進めることに関してもっとモチベーションが持てたかもしれません。でも、彼女らは本当にとてもとても英国的だったからモチベーションもなく、彼女らと関係を築いていくことで私の文化的アイデンティティが育まれるのに役立つものは何も存在しませんでした。だけど、僕はできるだけ紳士的でいようとしました。僕のモチベーションの多くは自分のことをもっとよく知りたいという自己中心的な理由です。どの道を行くことになるかわからないし立ち消えてしまうことになるかもしれませんけど、できることなら連絡はとりあっていたいです。一年に一度のことであってもね」

　エイドリアンの経験談は、ただ生物学的なつながりを持っていれば自分と

生母との間に何らかの共通項が見つかるというわけではないことを示している。実際あなたと生母は世代も、経歴も異なった、よく分からない人同士なのだ。多くのケースで情緒的なつながりができるものの、今まで見てきたように、すべてのケースでそうなるわけではない。つながりの欠如は仕方のないことかもしれない。またはあなたの希望や期待と関係しているかもしれない。すべての人が重要な関係を構築したいと模索しているわけではない。生母からしか得ることができない、自分のルーツや養子縁組の状況に関する情報を得ることに重点があって探し始める人もいる。生みの親族との関係は思いがけないおまけになるかもしれないが、必ずしも再会を実行する目的というわけではない。エイドリアンはエスニシティが違うルーツだったから、自分のバックグラウンドについてより深く知りたいという特段の理由があり、これはもっともな事だった。

　すべての人が生母に共通点を見つけるわけではない。ここまでの説明と同様に、最初に再会への期待やそれから何を得たいのかについてできる限り明確にしておくことには価値がある。もし、はじめは生母から情報が得たいだけだと考えていたとしたら、最初にアクセスする時にそれを説明してみるとよいだろう。例えば、「自分のバックグラウンドについてもう少し知るためのよい機会として会いたいのです」のように言ってみるとよいかもしれない。再会はそこから始まるかもしれない。しかし時々おこるように、再会をしてみたら何も共通点がないとわかった場合に、相手に過度な期待をさせたり守れない約束をしなくてすむ。さらに、関係構築の希望を抱いて再会するが、本物のつながりが見つからないということもある。最初の希望がどうであれ、不定期の手紙やはがき、バースデーカードやクリスマスカードだけでも、何らかのつながりを維持しようとすることには価値がある。あとになって、あなたはまた連絡したくなるかもしれないからだ。

過負荷型

　稀なケースだが、困難に陥ったり、決裂してしまう再会もある。養子になった人の側だったり、生母側だったり、どちらもあるが、新しい関係において感情的な欲求あるいは要求が耐えられないほど過剰になるのだ。この「負

荷がかかりすぎた」状態は、再会の類型の究極的な終了の仕方だ。ガイが言っているように、再会が彼の生活を支配し、生みの親に莫大な要求を課してしまった。

　　「すべてが思い描いていたものとはかなり違ったものになってしまいました。私は再会に 100％の力で打ち込み、他人には目もくれず、そのせいで私の結婚生活は崩壊し、引っ越しもしなければならなくなりました。本当に最悪な状況に陥ったのです。再会によって自分の生活が支配され、非常に多くのものを失ったと思いました。生みの親しかそばにいなくなってしまったので、私は彼らに八つ当たりをしました。彼らはできる限り我慢しましたが、その後限界が来たのです。それは当然でした。このまま続けていくことはできない状態に達して、私たちはずっと長い間連絡を取りませんでした。私が何か言うたびに事態を悪くしてしまうようなので、もう何も言わなくなりました。それでも私は、彼らは何が起きても責任を取ってくれるだろうと思っていました。そして、自分がどれほど彼らに無理強いをしていたかに気付いていませんでした。私は彼らが耐えられる限界まで追い込んでしまったのです。私は、もしも自分が住んでいた所に戻って都合が合う時に彼らに会えたりしたなら、今よりだいぶ気が楽になっていただろうと思うのですが、私はすぐに彼らに依存しなければならなくなりました。彼らは優しく人がよくて、私はすぐに彼らを求めたのです」

　ガイが置かれた状況は難しいものだった。生母と生父が一緒に暮らして結婚した場合の再会は、他の再会に比べて扱いやすいように思われるが、実際はより複雑になりうる。養子になった人びとにとっては、父母と、父母が生んだきょうだいがいる家族がすでにできあがっていて、自分をその一員に迎え入れる準備が整っているように感じられるかもしれない。しかし、親が自分なしで一緒にいたという事実は、養子になった人びとの拒絶感と喪失感（こうだったかもしれないとか、こうなるはずだったとかいう思い）を高めるかもしれない。また、いったん手放してしまったらその後は養子になった人の

ことを考えてこなかったり、養子縁組に関してその後生まれた子どもたちに話してこなかったりした生みの親は、罪悪感を感じている場合がある。

　ガイの話からもまた、再会を求めて動き出すのは、人生において物事が比較的順調で安定していると感じられる時に限定することが重要だということがはっきりわかる（第2章および第3章を参照）。再会が始まってからも人生や生活における他の人間関係や活動は重要だ。この関係と活動が、人生や生活のバランスを保つのに役に立ってくれる。特にあなたが自分の弱さを感じているとき、再会はあなたの祈りに対する答えであるかのように思われるかもしれない。そのとき、再会を追い求めたくて、人生の他のすべてのものを諦めたくなるかもしれない。ところがほとんどの場合、たとえ血縁があるとはいえ、初めのうちはその親子関係は多くを求めるにはもろすぎる。もし、物事のコントロールが利かなくなっているように感じられたり、生母としか会ったり話したりしていないなどの非常に熱情的な再会をしているということに気付いたら、助けを求めることが不可欠だ。経験豊富なカウンセラーに話して、必要な支援を確実に得ることを強く勧める。

（7）段階を通過する

　養子になった人が交流において経験しうる様々な段階や局面について述べてきた。そのいくつかは比較的よくあるもので、他は、例えば過負荷型のように、比較的にまれなものもある。最初に関わり方が確立しそれが続いていく再会もあるが、万が一、困難や居心地が悪い、または満足できない関わり方に陥った場合、大切なのは、これからもずっとそれが続くと思わないことである。多くの再会はあらゆる種類の紆余曲折な段階を通過し、時には良くなり、時には悪くなる。

　この章の最後に、再会についての長めの物語を3つ示す。それらは、誰もが経験する可能性があるあらゆる感情、およびわたしたちが述べてきた様々な状態や段階、そしてそれらを人びとがどのようにうまく対処するのかを理解するのによい例である。

ジェシカの再会

[もともとジェシカの生母が仲介サービスを利用して交流を始め、交流が３年続いた。最初の面会までに数年かかっている]

「私が提案して会いました。彼女は私が主導権を握りたがっているとわかっていて、それによく理解を示してくれていました。決して強要せず、すべて私にリードさせてくれました。面会は、始めはかなりぎくしゃくしていましたが、同時にどんな顔をしているのかを見るのはとてもわくわくするものでした。これはちょっと説明しづらいですね。私たちが何を話したかさえ本当に思い出せません。ただその後ひどく疲れていたのは覚えています……。それから、私たちはいろいろな段階を通過しました。その最初の面会の後２〜３回会って、それから私はとてもよそよそしい感じになり始めました。養親に少し罪悪感を覚えるようになりました。たしか養親には年に３、４回しか会っていませんでした。そこで私は『ちょっと待って、彼女に６週間で３回も会ってる』と思い、その先どうなるのかとても不安になり始めたのです。私は『彼女は私の親の代わりにはなれない。どうしたら彼女は私の生活にぴったりなじむというの？ 私はもう自分の好奇心を満たしたし、彼女がどんな見た目なのかも知っているし、自分の養子縁組に関する事情もすべて知っている。それで十分じゃない？』という風に考えました。それから、私は電話に出ない時期がありました。それは頭を冷ます期間で、彼女はそれにしっかり気が付いていたと思いますが、無理強いすることも全くありませんでした。私は、彼女が私の生活の一部になりたがって私がその状況を制しきれなくなることを心配していました。今となっては、彼女が何年にもわたり数えきれないくらいのカウンセリングを受けていて、ものすごく慎重になっていて、起こっていることをどれもダメにしたくないと思いながら、たぶん自制しようとしていたのだと知っています。彼女は、本当はもっと私たちの関係を進展させたかったのです。彼女は、私に望むものは特にないとはっきり伝えてくれ、私が『私の親が親だし、私の兄弟がきょうだいだから』と言った時も理解してくれました。彼女はそれ

について無理強いしようとしたり、どうにかして私を彼らから引き離そうとしたりすることはありませんでした。つまり、彼女のしたことはすべて正しいことであり、ペースを落としたいと感じていたのは完全に私の方でした。私は彼女に手紙を書き、一息つける時間が必要だと説明しました。彼女はとても正しい対応をしてくれ、私が伝えたことをわかったと返事をくれました。なので、１年近く私たちはほとんど連絡を取りませんでした。彼女に２、３回手紙は書きましたが、私たちが電話で話すことは全くなく、彼女は私に葉書を送ってくれたぐらいで、私たちの間に深いつきあいは何もありませんでした。だから私はもう一度彼女に会ってみてもよいかもしれないと思えたのです。たぶん私が彼女に電話か何かをしたのだと思います。私が本当に望んでいたことは、再会のぎこちない部分や、彼女を知っていく過程を済ませてしまって、ややこしい会話を経る必要なく友達になるところまで進展することだったと思います。私はただ単にそれをすべて省略したかったのです。私は彼女にそれを説明したのを覚えています。彼女は『どんなふうに私と連絡をとっても私は大丈夫だよ』と言ってくれました。そして実際今では本当にいい感じです。そういうことがあって、私は彼女に電話するのも今ではすっかり気楽だし、まあまあ定期的に会ったりして、彼女に会うのを本当に楽しめる、そんな段階に行き着いたのだと思います。私たちはややこしい会話はもう通り過ぎたと感じていて、私はたくさんの彼女の友達や自分の家族に会ったりもしたし、彼らととてもうまくやっているように感じます。自分たちには信じられないくらい共通点がいっぱいあるということに気が付いたと思います。私たちはとても気が合います。私たちには間違いなく絆がありますが、自分より彼女の方がそれを強く感じていると思います。というのも、時々私が彼女にとってどれほど大切かというようなことを言ってくれるのですが、私はちょっと気まずく感じて、何言ってるのよという気分になります。私は、彼女がどれほど自分のことを強く想ってくれているかということを必ずしも知りたいわけではないと時々思いますが、自分が彼女の人生を変えたということを知って幸せな気持ちになります」

フィリッパの再会
［フィリッパから始めた５年間の再会と交流］

「私が生母とのつながりを本当に感じるのには少し時間がかかりました。バーバラは再び私の母になりたがっていたのです。私は彼女を座らせ、『私には母がいる』と説明しなければなりませんでした。また、彼女は私が結婚した時も、私が子どもを生んだ時もそこにいられなかったことを後悔していると語り、私と共有したかった経験を語りました。それはすべて過去のことで、私たちはそのときの関係を築くことはできないのです。それならむしろ仲のよい友達になりたいです。そのうち時間が経てば絆は自然に修復されるでしょう。彼女は養母のような人の代わりにはなれませんでした。私は彼女に『それは私が求めていることじゃない』と言いました。彼女にとっては難しいことでしたが、彼女はすぐにそれがそんな簡単に起こることではないということを理解してくれました。毎週末、私は生母の家に行きましたが、後から考えるとそこに居過ぎたと思います。私たちはお互いに十分な距離を取っていませんでした。私たちは２、３年で一生分の感情を味わいました。苦痛、怒り、愛、痛み、何から何までの感情です。私たちはお互いに酷いことを言い合って、なのに次の週はずっと、愛情深く優しく接しました。それは本当に私たちに決定的な打撃を与えたのです。突然の感情の爆発があり、彼女は支配的になって、私たち両方が主導権を握りたがりました。私は完全に彼女を軽蔑する段階になり、実際に自分から母になる権利を手放しておきながら新しい母になりたがっていることや、また彼女にそうする権利などないのにいつも関わろうとする彼女にとても腹を立てていました。そして、きっと彼女も私に対して時々同じことを感じていたと思います。生涯に経験する関係を５年で経験するときの感情は、とても大変なもので、事前に警告されているわけでもなく、必ずしも誰かのせいであるわけでもなく、ただそれは知られていないものでした。そんな短期間でこれほどまでにすべての感情が押し寄せるなんて。私は、自分が彼女を見つけて私たちが会ったとしても、何の変哲もない人生がただ変わりなく続く

のだろうと思っていました。すさまじい数のギブ＆テイク、やりとりが
あって、ギブがちょっと多めです。私はあまりに多くのことを期待され
ているように感じました。私たちが会合に参加した時、私はまだ揺れて
いました。未だに『どういう気持ちだったの？』とか『どんな感じだっ
たの？』という風で、私はその頃には『そんなこと気にしないで。私た
ちは自分たちの関係をうまくやっていきたいと思っているんだから』と
いう気持ちだったと思います。でも関係はまあまあうまく進んで、私た
ちは今ちょうどよい中間地点にいます。彼女が今ニュージーランドにい
て私はここにいるという事実は別にしても、彼女は毎週電話をかけてき
てくれて、私たちは今この段階では以前よりはるかに幸せです。私はほ
かの人に対して、再会について広い心で取りかかりなさいとだけ言って
おきましょう。期待しすぎてはいけません。あなたが発見するものはど
れも思いがけない贈り物なのです。それは私がする必要のあったこと、
私がしなければならなかったことで、幸運なことに私にとってそれは完
全に素晴らしいものだったのです」

ジェイコブの再会
［ジェイコブから始めた 10 年に渡る再会と交流］

　「初めの数時間で何を話したか、何が起きたのかは覚えていません。僕
は再会にとても感情的になっていたと思います。私は本当に頭が空っぽ
になりました。信じられないような時間でした。これらすべての答えを
得るなんて。『血を分けた人と会うのは初めてだ』という思いがずっと頭
にありました。様々な感情があって、それぞれ理由は違いますけど、全
体としては、驚きの感情でした。驚きの感覚と興奮の感覚はとても似
ていました。実際に会ってみると、私たちは、ものすごく似ていました。
多くの異なる物事に対しても同じように行動します。私たちは次の段階
にいって、少なくともしばらくの間、連絡を取り続けることになりました。
そう、その時間はとても情熱的でした。私たちは本当によく似ているか
らだと思います。しかし、事態は変わりました。とても多くのことが変

わりました。こうしてすべての時間が過ぎた今でも、とてもとても強烈で生々しい感情があります。私たちは休暇に一緒に出かけましたが、私はジェニーにあまりよい態度をとりませんでした。彼女にとてもひどい態度をとってしまいました。そして彼女と別れたとき、彼女にどれだけひどいことをしてしまったかという思いから、私は泣き崩れてしまいました。私たちの赤ちゃんはその当時 5 カ月でした。親になるというのはこういうことかと感じてからジェニーと親しく過ごしたのはそれが初めてでした。そして、私は強い感情が再び湧き起こってくるのを感じました。それは子どもを諦めるのはどれほどつらい事だったかという同情と、子どもを諦められる人がいるなんて全く信じられないという感情が同時に襲ってくるものでした。突然、子どもを諦めるのがどれだけ困難だったかという彼女の言葉が、もはや本当だとは思えなくなりました。実際にそれが真実かそうでないかは、全く別の問題です。私の感情は『心から本当に彼女を許すことなどお前にはできない』と訴えかけてきました。それで私は、結果としてひどい態度をとってしまい、泣き崩れることになりました。両方の感情の板挟みになったからです。私は、娘を授かった結果として、養親と親しくするようになりました。私の示した反応は、生みの家族を押しのけ、私を育ててくれた母と父と親しくしたいというものです。ジェニーには申し訳ない気持ちですが、今は、養父母が私を育てる際にどのように感じていたかということに私の気持ちは向かっています。そして私は、養父母との深い絆を感じました……。もし 5 年前に再会について聞かれたら、すべて終わったことだと思います、と答えたでしょうね。でも、いろいろな側面が次々と現れました。きっと、自分自身の家族を持ったことが現在の一番大きな変化の原因でしょうね。今もまだ解決はしていません。少し浮き沈みがあります。先週ジェニーは私の娘の面倒を見てくれたのですが、彼女は私の娘と深く関わりたいようです。それは彼女にとっても、そして私と娘にとっても素晴らしいことですが、では私の育ての母はどうなるのでしょう？　それが現在進行している主な未解決のことだと思います。いまはまだ不安定だと感じています。おそらく子どもを持ったことをきっかけに、彼女に対して怒

りを感じるようになったと思っています。怒りが原動力になっているようです。私は彼女に近づいていって叫ぶほど怒ってはいません……。彼女は決して私を拒絶しないでしょう。彼女は決して私を拒絶しないと私は心から感じています。ただ、それは彼女が他の子どもたちと同じように私を自分の息子と呼ぶということですが、それは違うと思います。絶対に違います。私はそう気が付きました。そこまでに８年か９年かかりました。それが『不安定だ』という言葉で今の状況を要約した理由です。その状況がどこに向かってほしいのか、自分でもわかりません。彼女がどうしたいのかは少しわかります。彼女のことはよく知っているし、彼女のほしいものが主に何であるかも知っているとも思います。彼女は不誠実な人ではなく、誠実な人ですが、同時に完璧な人ではないということもわかります。そう、さらに複雑です。なぜなのかあまりよくわからないですが。私が思うに、人は歳を取るにつれて、言外の意味を汲み取り、もっとできる事をしようとするからでしょう。きっと、重要なのに５年前、10 年前には気が付かなかっただろう些細な物事まで拾っているんでしょうね。多分そうなのでしょう。それは人生がより複雑になるということなのかもしれません。私たちは歳を取るにつれて、より複雑に絡まり合った関係の一部となる傾向があります。それから抜け出すことはできません。私たちは実際そのような複雑な関係の真っただ中にいるのです。だったら一人で存在することなんてできないでしょう」

まとめ

・生母との再会は、母性にまつわる強い感情のために最も難しい再会のタイプになりうる。だが、それゆえに最もやりがいがあり、かつ長く続くものにもなりうる。

・生母との再会には決まったパターンは存在しない。すべての再会が唯一無二のものになるだろう。さらに、ほとんどの再会は、いろいろな段階を踏んでいく。容易な段階もあれば、困難な段階もある。最終的には、始めの頃よりも生母のことを親しく感じられる場合もあれば、親しい思いが薄れ

る場合もある。わたしたちが記述してきた再会における様々な状況や段階
から、あなた自身が再会にあたってどのようなものを期待すべきか何らか
のヒントが得られるかもしれない。または、既に再会のプロセスにいる場
合、あなたが今どの段階にいるのか、そして、必要がある場合、物事をど
のように変えればいいのか意味付けするのにわたしたちの様々な再会のタ
イプや段階の記述が役立つことを望んでいる。

・あなたも生母も、再会が始まった段階では、最良の振る舞いをしなければ
ならないと感じるかもしれない。両者とも再会がうまく運ぶことを願うだ
ろう。生母を理想化したり、彼女は間違ったことをするはずがないと生母
を高く評価しすぎたりする罠に陥らないようにすること。そして、常に完
璧な子どもでいなければなどと思わないことだ。お互いの関係性に自信が
持てるようになるにつれて、相手の素晴らしいところと同じくらいダメな
ところも見えてくるだろう。（フィリッパの場合のように）その過程で口げ
んかしたり、仲直りしたりすることがあるだろう。そして、はじめに思っ
ていたほど相手のことが好きではないと気付くかもしれない。しかし、親
から独立しようと口論をする 10 代の若者に少し似ているが、この過程を
通じてより現実的かつ強い関係が生まれるだろう（詳細な議論は第 9 章を
参照）。

・生母とよい関係を構築するには、再会があなたにとってどんな意味をもつ
のか、さらにそれが今後どうなってほしいか語ることが役立つ。特に両者
の期待や優先事項が異なる場合、難しい会話になることもある。しかし、
物事が正しいと思われる状態でなければ、単純に自然に良くなっていくこ
とはおそらくないだろう。ときには、電話や対面よりもむしろ手紙の方が
言いたいことが言いやすい場合もある。

・一方で、時間がたって物事が整理されたら、二人の関係を常に語らなけれ
ばならないと感じないことだ。ただ仲良くして、楽しみましょう！

・どちらか一方が、相手より再会を重視するという状況になるかもしれない。
お互いに率直でいれば、大きな問題にはならない（ジェシカの話を参照）。

・例えば、「気難しそう」にしたり「理不尽」な態度をとるなど、他の人に
はしないような態度で生母に接していると気が付くかもしれない。これは

あなたが悪い人だからではなく、再会によって生じる強い喪失感や拒絶への不安や怒りが原因である可能性が高い。この時期を突破するのが難しいと思ったら、自分を責めるのではなくむしろ自分に優しくなってみよう。なぜそのように行動して、感じているのかを理解してみよう。友人やカウンセラーはこの手助けになるかもしれない。ひとたび自分の関わり合いの意味がわかったら、しなければならないことの少なくとも半分は終わったことになる。

・親子関係は双方向のものである。あなたの生母が、ジェシカの場合（上記参照）と同じくらい繊細で思いやりのある人であれば、親子関係はとてもスムーズかもしれない。一方で、あなたの生母も再会の感情の虜になっているかもしれない。その場合は、あなたの方が舵をとり関係を発展させる人になればよいかもしれない。

・再会の間は、可能な限り他の人との関係と再会以外の自身の生活を持ち続けることを忘れないようにする。これは、地に足を付けたり、日常的なサポートをしてくれる人との関係を保ったり、持っている力すべてを再会に注ぎ込まないようにしたりしてくれるだろう。

・この章では生母との関係性について焦点を当てたが、再会の展開の仕方に影響を与えそうな他の重要な人物も存在する。つまり、あなたのパートナーや子どもたち、養子縁組先の家族、そして他の生みの親側の親族である。サポートを申し出たり、干渉したがる人もいれば、再会から取り残されたように感じる人もいるかもしれない。こうした関係については、後の章で見ていくことにする。

・このように、考えなければいけないことは、気の遠くなるほどたくさんある。しかし心に留めるべき2つの重要な点がある。(1) 結果がどうなろうと、再会は最終的には有効かつ関係を強くする経験になるとほとんどの人は思っていること。(2) 再会は高低差の著しい感情のジェットコースターのようだが、フィリッパが言ったように、最終的には「とてつもなく素晴らしいもの」になりうる。

5　生父との再会

生父を捜索しようとする人は多くないし、探そうとするときは、たいていの場合、生母との再会を果たした後、二番目の段階としておこなうことが多い。

（1）イントロダクション

　映画やテレビ番組では、生母、時折きょうだいが、養子縁組の再会として一般的に描かれる。生父にはあまりふれられないようだ。この一般的なイメージはある程度、実生活を反映しているが、細かなところでは現実と異なる。この章ではどれだけの人が、どのような理由で生父を捜索するのかをみていく。
　本章の後半では生父との再会がどのように進んでいくかみていく。生母との再会と同様に、その結果は多岐に渡る。取り扱われる課題のいくつかは、生母に会った人びとと類似している。その一つは自分の役割や期待をはっきりさせることだ。生父の場合に特有の課題もある。全体的に言えることは、ほとんどの人にとって生父との再会は、生母との再会ほどの意味を持たないが、重要であることには変わりなく、なかには生母との再会よりも重視する人もいる。本論に入る前にもう一つ指摘しておきたい重要な点は、時に生母から、そしてたいていは養子縁組記録の内容から、生父に悪い印象を持つ場合があるということだ。良い印象をもっていないために捜索を始めない人びともいる。わたしたちは、寛大な心を持ち続けるべきだと、この章で強調している。というのは、生父に対するよくない印象が事実と違う可能性もあるし、生父と再会した養子になった人びとは、生母と生父、両方の側から遺伝的系譜を感じたと述べたからだ。そして、かなりのケースで良好な関係が構築されている。

（2）捜索するかしないか

　全体的に、生母や母方のきょうだいと比べて、生父との再会は少ない。わたしたちの研究によると、交流を果たした人の73％が生母を捜索してどうにか見つけだし、51％がきょうだいに会ったが（大多数が母方のきょうだいに会っている）、生父と再会したのはたった24％だった。ケースによっては、生父の経歴に関する情報が少ない、もしくは全くないということが、その理由の一部だ。出生証明書や養子縁組記録に生父の名前が記載されていないこともあり、生母が生父に関する情報の提供ができなかったり、拒んだりすることがある。

　情報の不足は、生父との再会の割合が少ない理由の一つに過ぎない。ほとんどの養子になった人びとにとって鍵になる人物は、生母である。91％の人がまずは生母をみつけることから始めた。また養子になった人びとが生母と比べて生父を探すことが少ないのと同様に、生母に比べて生父は養子になった子どもを探すことが少ない。わたしたちの研究によると、情報を得て、可能ならば養子になった人と連絡を取ろうと試みた生みの親側の親族のうち、71％が生母、23％が生みの親が同じきょうだい、そして生父はたったの3％であった。

　養子縁組に関わる捜索と再会の取り組みには、多くの点において、父と母に対するより広い考え方、とりわけ母子の絆という特徴が影響を与えている。キムは生母と再会を果たしたものの、母に対する考え方と父に対する考え方の違いから、生父とは会わない決心をした。このような違いは、他のインタビュー協力者にもみられた。彼女は、妊娠という行為以上に父であることの意味はあるのかと疑問を呈し、母による子どものケアと対比した。

　　「わたしは生母を知っているし、わたしを養子として託して以来、彼女
　が毎日わたしのことを考えていたと知っています。父はおそらく数年に
　一度しかわたしのことを考えないでしょうね。おそらく子どもから逃げ
　られてラッキーと思っているかもしれませんね！　感情の面でも、明ら

かに、父より母から、はるかに多くのものを得られるでしょうね」

ローレンスもキムと同じ推測をした。

「思い返してみれば、生母を追いかけることしか考えていませんでした。たぶん、潜在意識で母とのつながりの方が強いからでしょうね。彼女は実際に子どもを産んだのだから。そうでしょう？　彼女はわたしを産んだ、唯一の人。彼女は本当はわたしを育てることを諦めたくなかったと子どもの頃に聞かされました。一方で父を思い浮かべたことはなかったと思います」

生母に焦点が当たる理由の一部は、養子縁組先の親がどんなことを言ってきたか、そして情報がどのように提示されてきたかを反映しているのかもしれない。必然的に養子縁組記録で入手できる情報のほとんどは、生母に関するものである。もっとも、養子縁組の当時、生父が特定されており、養子縁組をする決断にもしっかりと関わっていれば、記録に生父の詳細情報が記載されている場合もある。しかし、多くの人びとにとって、生母に焦点があたるのは、上記に留まらない理由がある。ローレンスが指摘しているように、生母は９カ月間子どもをお腹に宿し、多くの場合、生まれて６週間以上の期間、自分の子どもと束の間の関係を築く。そして、最も重要なことは、子どもを養子に託すという決断をしたのは生母だということだ。それゆえに、彼女は「私は誰か？」そして、「なぜ私を育てるのを諦め、養子として託したのか？」という二つの重要な問いに答えられる親なのである。

これに比べると、ほとんどのケースにおいて生父の関与は、ごく限られたものである。子どもの存在を知らなかった可能性さえあり、あるいは知っていたとしても、生母が子どもを育てるのをサポートするつもりはなかったかもしれない。しかし、いつものことながらそれが全てではない。生母と関わりたくないと考える生父もいるかもしれないが、子どもを育てたいと願ったが生母やその家族が彼を拒んだ場合もある。また、昔は子どもの母と結婚していない限り、生父は養子縁組のプロセスにおいて協議に関わったり、意見

をいう権利が与えられていなかった。

（3） あとで捜索する人と捜索をしない人

　生父に対する関心が相対的に欠けている状態が、大人になっても続く人もいる。たとえ、生母との再会を果たした後であってもだ。たとえばコリンは他の何名かと同じように、「生物学上の父を探したいと感じたことは一度もなく」、生母に会った後は、会いたいという気持ちが、もっとなくなったと述べている。同様に、ニコラは生母が亡くなっていた場合にだけ、生父を捜索しようと考えていて、生母には生父の捜索を行わないと伝えた。

　上記で述べた理由と同様に、生母が生父を必要としているその時に、生父は生母を捨てたのだというように、生父を悪者と認識することによって、養子になった人びとが生父に関心を持たない状態が引き起こされることがあり得る。これは養子縁組先の親がどのようにその話を伝えていたかによる場合もある。たとえばテルマは、「私はただ生父を非難し、『彼は腐った人間だ』と思いました。ただそれだけでした」と語った。ヒラリーは、生父は「下劣な男だ」といつも思っていた。生父に対する悪い印象は、出生記録の情報に由来するのかもしれない。養子縁組記録に描かれた生父像は、パムが生父を捜索しないと決断したことに、たしかに影響を与えていた。

　　　「父親像はとてもひどいものでした。彼はどうしようもない浪費家で、
　　　老いぼれだと書かれました。私は実父より実母の方に関心があります。
　　　だから彼はそんなに重要じゃないし、彼に何が起こったかも重要ではな
　　　いです。特に彼に会いたいという願望もないです」

　しかし、養子縁組記録にある情報は必ずしも正確ではない可能性があると覚えておくことが重要だ。第2章で養子縁組記録情報の妥当性についてこの点を強調した。生父についての情報は特に気を付けて扱うことを勧める。ほとんどの生父は、養子縁組の過程の一環である面接を受けておらず、彼についての情報は生母や祖父母の話に基づいた、また聞きによることがよくある。

5　生父との再会　　99

自分たちの言い分を伝えるチャンスがある生父はほとんどいないため、生父に関する情報を得るときや実際に他の生みの親側の親族に会ったり話したりするときは広い心を持つことが重要だ。あなたの生父は、他の人たちとは異なる形で物事をみてきたかもしれない。養子縁組記録を読んだウェンディの反応は次のようなものだ。

　　「彼を殺してやりたかった！　私の生母は本当にひどい扱いを受けたと
　　感じました。でも、私はそう考えながら『この反応はいきすぎかも。だ
　　ってそのとき起きたことすべてを知っているわけではないのだから』と
　　自分に言い聞かせていたと思います。でも、それはとても典型的な状況
　　だと思いました。彼女は誰かに捨てられたという典型的な状況に思えた
　　のです」

　養子縁組を取り巻く状況は、一方の陣営には生母、もう一方には生父が配置される闘いと描写されたり、そのように受け取られたりすることがとても多い。「無責任な生父」に失望させられた「不当に扱われた人」であるという理由で生母に強い忠誠心を感じている人もいる。生母に対する強い忠誠心により、明らかに母側につき、捜索しないことによって生父を拒絶すると決める人もいる。

　　「彼の名前は知っています。私に関する限り、彼は生母にひどいことを
　　したので、彼を知りたいとさえ思いません。私は母にとてもとても同情
　　していて、彼女がいた状況がとても可哀想に思えます。こういったこと
　　に関しては本当に現実的にならないといけないし、その状況に自分を当
　　てはめてみないといけないでしょう？　彼女はすごく若かったから誰か
　　らも相手にされない、誰もかまってくれない、そして気にするのは世間
　　体ばかりでした。だから彼は彼女に全くかまいませんでした。だからそ
　　のかわりに私も彼のことはまったく気にしないのです」

　自分がひどい扱いを受けたと信じている生母が、新たに現れた息子あるい

は娘が自分を苦しめた男を探していると考えて恐怖を感じることもあるというのは理解できる。生父の捜索を喜んで手助けしたり、場合によっては段取りしてくれる生母もいる一方で、何年も前に自分にひどい扱いをした男に対して未だに怒りを覚えている生母もいる。彼女たちは密かに、あるいは明白に捜索をやめさせようとする。キムは生母について次のように語った。「彼女はジムについて、彼がどれほど彼女の人生を台無しにしたか、また、もし彼女が再び彼に会ったら彼をどうしてやりたいかということを長い時間私に話しました」。

　生母と生父との関係性を調整することは、忠誠心が引き裂かれるような、難しい状況の離婚に巻き込まれた子どもの状況と少し似ている。養子になった人の中には、生父を探すことを真剣に考える人がいるかもしれないが、それが新しく構築した生母との関係にどのような影響を及ぼすかを気にし、捜索を諦めてしまう場合もある。ウェンディは当初、養子縁組記録から生父に対して大変批判的な反応を示したのだが、生父は物事を違う視点で見ているかもしれないと気付いた。しかし、両方の話を聞くのは難しく、そうすることで、新たに築かれた忠誠心に影響が及ぶかもしれない。彼女は結局、生父を捜索しないと決めた。

　　「どんな話にも両側面からの見方があるのだから、私の中では彼に会いたいという気持ちもあります。このできごとに関して彼の話も聞いてみたいです。でもそう考えはじめてみたものの、アイルランドはとても離れた場所なのです。生母と私が出会って５、６年になります。折り合いをつけなければならないことがたくさんありました。新たな傷口を開くか、別のパンドラの箱を開けることになるのです。そして心の奥では、生母についておそらく聞きたくないことを聞くことになるだろうとわかっています。そしてそれを受け入れるのに時間がかかるでしょう。とてもそんなことはしたいと思いません。とりあえず、おそらくそれはそのままにしておくのが一番いいと感じました。でももし誰かが私の所にやって来て、『彼を見つけたよ』と言ったら、また違ってくるでしょうね」

5　生父との再会　101

要約すると、生母と再会を果たした人の多くが、生父との再会を求めない決断をする。養子縁組記録の中で生父について読んだ時に初めてその人の存在が現実になる人もいる。ところが、養子縁組記録の情報や生母の反応などから、生父を捜索しないと決断する人びともいる。この理由は、一つは彼が自分に必要なものをほとんど提供しないと感じたからであり、もう一つは生母に対する忠誠心があるからだ。もしあなたが生父を捜索するかどうか迷っている段階にいたら、わたしたちは広い心を持って判断するように勧めたい。あなたが彼について持っている情報と、その時の行動や約束についての彼の説明は一致しない可能性が高いからだ。さらに、今持っている生父に関する情報は今の彼に当てはまらず、今何ができるかの判断材料にならない可能性が高い。彼は若いときにひどい振る舞いをしたかもしれないが、たとえそれがその当時、結果的にひどいものになったとしても、誰でも後で後悔するような過ちを犯す。あるいは、彼も生母と同じように、当時の状況をコントロールできなかったかもしれない。生父に自身の立場で話をさせる機会を与えることに価値があるかもしれない。たとえ生父と関係を築かなくても、あなたの来歴のもう半分を知る機会が得られるため、自分が何者で、どこにいるのかというイメージを完成させる手助けとなるかもしれない。

（4）捜索と発見

　捜索を行うとき、生父と関係を築こうと期待している人もいれば、生父がジグソーパズルの最後のピースになる、「ルーツ」探しの最後の舞台となると期待する人もいる。たとえばルーシーは、捜索をしようと思ったのは、「自分の『やるべきこと』リストから削除するためです。リストから削除するために彼に会った、そういう物理的なことはとても大事なのです」と語る。
　生母の捜索からはじめるのが一般的なパターンだが、状況によっては逆に、いくつかの理由から捜索や再会が生父からはじまることもある。養子縁組記録にある情報が、生父を追いかける方が、生母を見つけるよりはるかに簡単であることを示すかもしれない。時として、養子縁組記録は、生父は子どもと一緒に暮らしたかった（そして生母と結婚したかった）が、生母は子を養子

として託してどこかに去ることを望んだ、という事実を指し示す。もしくは、生母が亡くなっている、あるいは連絡や再会を拒んでいることなどがありうる（交流を拒んだケースについては、下記と第8章参照）。

　しかし、生母よりも生父の捜索の方が本質的に重要だという特殊な人びともいる。両親のエスニシティが異なる人びと、つまり白人の母とアフリカ系の父を持つ人びとにとって、生父との再会は彼らのアフリカ系としてのルーツとアイデンティティを探し当てる主要な方法である。たとえば、ウナは白人の生母の捜索を考えるはるか前に、アフリカ系の生父を探しはじめた。彼女はこのように説明した。

　　「自分の母親がイングランド人で、自分はエスニシティが混ざっていると知っていても、それだけでは、自分の肌の黒さがどこから来たのかを教えてくれません。実際になぜ肌が黒いか、その由来がわかったとき、自分という存在が完全なものになります。自分の由来がわかったことで、他の人の文化でなくて、私が実際にそこから生まれ出た文化に関わりはじめることができるようになりました。地に足を付けることができて、次に、私はガーナ人だという事実に焦点をあてられました。私の歴史、私の国のことを理解したいと思います。食べ物とかも。つまり、すべてのことですよ。もちろん、それは母がイングランド人だということを否定している訳ではありません。この国に住んでいるのだからイングランド人の側面は常に持っています。ですからその側面はサポートされる必要はありません。いつもそこにあって、いつもその面を持っていますから。もう一つの側面は、サポートがなかったし、私の成長期にポジティブなこととして捉えられなかった側面です。だから、自分の由来がわかったことでこの二つの面のバランスが取れるようになりました。私に自信を与えてくれるきっかけになったのです」

　生父の捜索を最初に行おうが、二番目に行おうが、生母に接近するのと同じように注意深く、慎重にすることが大切である（第3章参照）。わたしたちの研究によると、生母や母方のきょうだいとすでに再会を果たした人は、生

父と連絡をとる時に仲介者を使わない傾向がある。自分たちは再会に対して慣れていると感じ、あまり助けを必要としなかったと言っていた。しかしあなたの生父にとって、連絡や再会は初めての経験だということを忘れてはならない。彼にも心の準備が必要なことが多い。

(5) 捜索と発見：その現実

生父と連絡をとる人びとは、希望や期待が実現したのだろうか。わたしたちの研究によると、連絡を受けた生父のうち、養子になった人からの最初の連絡を拒絶したのはたった3%だった（生母の場合は9%）。しかしながら、捜索に成功した人びとの大多数は、生父との連絡の頻度や交流の持続時間が生母に比べて若干少なかった。しかしこの差は顕著なものではない。たとえば、生父を見つけ、再会を果たした人のうち53%が5年経っても連絡を取り続けているのだが、それと比較して生母の場合は69%である。

統計学の範囲を超え、生母（そしてあとで見ていくように、きょうだい）との交流と同様に、生父と交流するという経験は多岐にわたる。まず、すぐに終わってしまった交流とその理由を見てから、うまくいった交流を見てみよう。

一度限りの再会

生母に比べると、生父が最初の連絡を拒絶することは比較的少ないが、交流がかなり早い段階で消滅してしまう確率は比較的高い（養子になった人の13%が交流1年以内に生父との連絡が途絶えた。それと比較して生母との交流では6%であった）。わたしたちのインタビューを受けた一人であるハリーは、生母とはとても前向きで劇的な再会を果たしたが、生父とは情緒的なつながりを感じなかった。ハリーはジグゾーパズルが完成したことは嬉しかったが、彼を好きにはならなかったと語った。

　　　「彼が僕の父だということはすぐわかりました。でも彼はなんだか変わった人で、本当にうさんくさいタイプで、感じが悪い人でした。会っ

てからしばらくの間、僕は父と連絡を取っていなかったし、彼もわざわざ連絡してきませんでした。そう、彼はわざわざ連絡を取ろうとすることはなかったのです。だから、よく考えて、父がわざわざ連絡を取ってくるか確かめるために、少し長めに連絡を取らないでいました。やはり、彼は連絡してこなかった。そしてそれが最後でした。僕もわざわざまた連絡したりはしなかったし……でも会えて良かったと思います。いわば幽霊を退治して眠らせたようなものだし、今自分のことがわかります。そのお陰で、今の父、いや、昔の父といった方がいいかな、とは正反対の人になろうと努力しています」

　連絡を取り合うことがすぐ終了してしまう確率が比較的に高い理由は、単に生父が難しい人だからだろうか、それとも他の要因が含まれているのだろうか。ケースの中には、養子になった人びとが生母により強い忠誠心を感じたり、彼女を守ろうとするという要因があるのではないかと、わたしたちは推測している。このことが、生父と連絡を取り続けたいという願望を遠ざけてしまうことにもつながりかねない。生母と密な再会を果たしたジェイコブがこの影響が確かにあったと考えていた。

　「私は彼に会いましたけど、それ以上のことは追求しませんでした。彼は私に喜んで会ってくれて、何回か会ったり数日を一緒に過ごしたりしました。彼は十分に素晴らしい人でしたが、私は彼のことをあまり好きにはなれなかったように思います。生母が言っていたことや彼がしたこと（捨て去ったこと）からすでに彼のイメージが私の中ででき上がっていたからなのか、または私が単に彼を気に入らなかったからなのか、よくわかりません。おそらく彼を気に入らなかったからだと思います。なぜならその段階で人を判断することはなかったからです。彼と少し付き合って人物を知るようになるまでは彼に関する判断は下さなかったと思います。私は彼に『すまなかった』と言ってほしかったのだと思いますが、彼は言ってくれませんでした。おそらくそれが私のイメージに少し影響していると思います。彼に情緒的な愛着はありませんでした。彼が尊敬

すべき人物だとは思いませんでした。彼のことを少しずつ知るようになってから、生母には多くの敬意を抱いているのに対し、彼にはほとんど敬意を抱いていないことに気が付きました。　私たちはあまりそりが合いませんでした。私たちは全く異なる考え方の人間なのです」

前向きな連絡を取り続ける

　わたしたちがもっている生父との再会に関する詳細な知識の大部分は、わたしたちが研究の一環として行った74人への入念なインタビューから得られたものである。よって、総数は非常に小さいものの、具体的なエピソードが豊富にある。したがって、総数は少なくても、いくつかの傾向を見出すことができる。わたしたちは現在進行形の生父との再会と交流について、3つの異なるタイプを見出した：

・生母と生父の両方と別々に再会・交流することに成功したタイプ。
・生母との交流がなかったか、交流が終了しているタイプ。
・生母と生父が今も一緒に暮らしていたか、よりを戻したタイプ。

　調査規模は小さいが、私たちの研究によれば、生母と生父の両方と完全に独立して再会することは非常に難しいようだ。インタビュー協力者の範囲では、前もって生母と良好な関係を確立した場合、生父と密に交流した人はとても少ない。しかし、第2章でふれたパトリックは、数少ない例外の一人だ。最初に生母に会ってから3年後にはじまった生父との交流について、彼は次のように語った。

　　「非常にうまくいきました。私はおそらく彼に年に3回くらい会っているでしょう。それは神経がすり減るものでしたが、彼らは私たちよりも緊張していたと思います。なぜなら私は以前、生母と彼女が生んだきょうだいに会ったことがあったからです。生父には他に3人の子どもがいます。彼はいつも冗談を言って実に面白く、あと何人くらい子どもがいるかなぁと私に言いました。彼はとても面白い人で、幸いにもいいユー

モアのセンスを持っています」

　生父との交流がより緊密になった例がある。それは生母が亡くなった場合、生母が連絡を拒否した場合、生母を探すのを後回しにした場合、あるいはタラの事例のように、生母との交流に問題があった場合である。

　　「生父との関係はとてもよい。本当にとてもよいです。私たちが最初に
　　連絡を取り合ったとき、『親子関係を求めているのではありません。ただ、
　　あなたに会いたいだけです。あとのことは成り行きに任せます』と彼に
　　言いました。私はいつも『彼は父らしくないから、多くを期待するな』
　　と言われていました。しかし、彼はスピリチュアルなところがあり、『君
　　が私を見つけるということはわかっていたよ』と言いました。私たちは
　　数週間ごとに話をします。彼はとてもスピリチュアルで、まさにヒッピ
　　ーそのものです。私たちは冗談を言うような関係で、楽しいです。私た
　　ちの個性がどれだけ似ているか、彼は驚いていたのではないかと思いま
　　す。彼にその準備ができていなかったとは思います。『本当の親』と私が
　　呼ぶような関係とは違い、私と父はお互いに気楽に話をすることができ
　　るし、一緒に育った一般的な父ならおそらく話せないようなことも気軽
　　に父は私に話してくれます。逆もまたしかりです。それが私にとっての
　　特典だと思います」

　両方の生親が今も一緒に暮らしていて、双方と密接な関係を築いた養子になった人の成功事例もわずかながらある。イアンがそうだ。

　　「本当におとぎ話のようです。私は本当に、とてもラッキーです。一番
　　よかったのは、私がこの経験でもっといい人間になったんじゃないかと
　　いうことです。前より安定しました。それから生みの親にも利点があり
　　ます。彼らの関係はより強くなったようです。唯一不都合があるとしたら、
　　養親がこの関係をかなり悪いことだと捉えているようです。彼らは、私
　　のようにその状況を受け入れなければならないし、それに実際に慣れて

5　生父との再会　107

いかなければなりません。私は自分のやり方を変えることも、その状況
を変えることもできないのだから」

　生父との交流についての三つの成功事例の簡単な概要から、重要なポイン
トがいくつか浮かび上がる。多くの人は生母との再会や交流を成功させるこ
とを優先しているようで、それによって生母への忠誠心を持つようになり、
それがのちの生父との再会に影響を与えることがある。生母と交流しなかっ
た場合、あるいは生母との交流がうまくいかなかった場合、生父との関係が
より密接になる傾向がある。しかしながら、交流の特質でもあるのだが、パ
ターンにはいつも例外がある。
　他の人が成功しない中で、パトリックと生父との交流が上手くいったのは
なぜだろうか。一つパトリックの話からわかるのは、彼が生母と生父との間
に引き裂かれた忠誠心というものを全く感じていなかった点だ。さらに、彼
は養子縁組に関して、いずれかの生みの親が非難されたり責任を取ったりす
べきだとも感じていなかった。興味深いことに、パトリック自身、独身の妊
娠した若い女性が子どもを育てていこうとするのに眉をひそめる 1950 年代、
60 年代の社会の雰囲気に強い怒りを感じる少数派の一人だった。彼は特に
教会と教会の態度に怒りを感じていた。パトリックの感情は理にかなってい
た。彼の中には、子どもを養子として託すということは、世の中のあるべき
姿に反していることであり、養子になった人はなぜそうなったのか、その理
由を見いださなければならないという思いがあった。生母と緊密な関係を築
いた養子になった人は、養子縁組に関して何かしら生父を責めずにいること
は難しい場合がとても多い。今まで見てきたように、これは生父との前向き
な交流を妨げることになる。言うまでもなく、協力的でない生父も存在する。
しかし、生親に課せられている現代の社会的制約を認識することで、パトリ
ックのように、気軽に生親と別々に前向きな関係を築けるだろう。

友人か、それとも父か？
　生母の場合と同じように、生父との関係の整理が簡単にいく人もいる一方、
難しい課題になる人もいる。生父と養子になった人との関係はどのようなも

のであるか正確に理解することは必ずしも容易でない。幼少期ではなく大人
になってゼロから関係が構築されているということを考慮すると、驚くべき
ことではない。ジェニーのように、ほとんど問題なく対処することができる
人もいる。

> 「これまでで最高だったできごとは、父を見つけたことでした。彼との
> 最初の出会いがその後の私の人生を変えました。私たちはとても特別な
> 関係を築いています」

　生父が交流に消極的で、養子になった人がすべてを進めなければならない
ような関係の場合もある。そして、生父が前のめりすぎる交流もある。バ
ランスの取れた、快適な関係を築くためには、生母との交流の多くと同じく
らいたくさんの交渉が必要だ。同様に、満足のいく関係が構築できるかどう
かは、生父と養子になった人双方の姿勢、態度および感情にもかかっている。
親子関係は諸刃の剣なのだから！

主導権を握る

　生父との交流の中で、困難に遭遇することがある。その関係が友情なのか
父子役割なのか、混乱するメッセージが存在する可能性が常にあるにも関わ
らず、関係を継続させるために、養子になった人自身が何もかもやっている
ように感じる。これは特に父娘関係で起こり得る。ヤスミンの例では、生父
との関係はとても穏やかなものだが、生父は自分が行っているのと同じ位の
交流努力をしていないと不満を抱いていた。しかし、彼女自身は、父に何を
望んでいるのかはっきりとしなかった。「私は彼に父になるよう頼んでいる
わけでもないし、彼に私の父になってほしいわけでもありません」。コーラ
が生父との関係で経験したことも似たようなものだった。熱烈なハネムーン
期の後、彼女は次第に不満を増幅させていった。彼女は関係づくりにおいて
何もかもすべて自分がやっていると感じていた。彼女は連絡を取り続けるか、
親子関係を友人関係に変えるかの間で揺れていた。

5　生父との再会　*109*

「私たちはとても似ていて、彼は何かに真剣に取り組むことが苦手ですから、ますます状況が難しくなっていると思います。一方で、私はとても真剣だし、真剣に考え続けても何も見返りがないなら私はキレます。彼は自分のやり方を曲げないし、私がいつも彼に電話をすべきだと思っているし、彼はすべてのことに責任があるのは私だと思っています。2、3年続けて、年の初めに私は彼にこう手紙を書きました。『私はあなたと本当の親子関係を築きたい、もしあなたが私と本当の親子関係を望まなくても私は全て理解するし受け入れます。でも、私はあなたが親子関係を望んでいると感じていて、もし本当にそうならば、それは双方向でなければなりません。電話して段取りを整えたりするのはいつも私の方だということにはもう我慢できません。私の父にはなり得ないと聞くのはつらいと思いますが、あなたは私の生物学的な父であり、そこから逃れることはできません。しかし、私の気持ちの中ではあなたは父ではないし、あなたが私を育てたわけでもありません。それでも私はあなたに対し深い尊敬の念を持っているし、うーん、そのことについては後で考えましょうか。友情を育みましょう。そのために私たちは時には手紙を書いたり、電話をして留守電に伝言を残したり何なりする必要があります』」

　激しさのない親子関係でも、そこまで不満を抱くことのない人もいるようだ。ジェマは、生母に関係を拒絶されたが、生父とはそれほど激しくない関係を築いた。

　　「私たちはクリスマスカードやイースターカード、誕生日カードを送り合い、これまで2回父を訪問しました。彼に会った時、その独特の状況のために自分が自分じゃないように感じました。なぜかというと、それは父が望んだことですが、私たちはカフェのような場所で会いました。私は、私ではない誰かがカウンセラーの知り合いの誰かと会っているような感じがしました。父との面会は奇妙なものでした。私たちは再び会いましたが、そこまで親しくないため、私は娘という感じがしていません。私たちは普通娘が父にするような電話はしないし、手紙も書きません」

避ける

　ゼロから父としての役割を務めることの難しさは、父が過剰に干渉したり、父らしく振る舞いすぎたりしていると養子になった人びとが感じた際にさらに際立ってくる。たとえばアリソンは、生母より先に生父を捜索することを選んだが、彼に飲み込まれてしまったように感じた。

　　「彼は私の『父』になると言い続けたので、私は『いいえ、あなたは私
　の父ではない。いかなる状況下でも決して私の父だと思わないでほしい』
　と言い続けました。すると彼は『でも生物学的には父だ』と続けました。
　私は『生物学的にそうかもしれないけど、結局のところ、あなたは私の
　父ではない』と返しました。彼は定期的かつ頻繁に、私と連絡を取り続
　けようとしました。それはまるで私を柵の中に入れ、私を彼の娘にしよ
　うとしているかのようでした。だから、私は拒み続けました。私は完全
　に飲み込まれていると感じました。好奇心はあったから彼に会うのに惹
　かれはしましたが、でも同時に『どこかへ行って』『あなたは私の人生の
　何なの？』とも思いました。私は彼に対してちょっとアンフェアな態度
　を示しましたが、私自身、何がしたいのかわからなかったのです」

(6) 親子関係を良くする

　生母との関係性がそうであるように、うまくいく生父との関係性にも様々なタイプがある。養子になった人の中には、近しい関係や深く関わってくる生父を望む人もいる。他方、より友情ベースの関わりを望む人もいる。これは生母との交流でも見た、ローピッチバランスとハイピッチバランスの形と同じである（第4章参照）。しかし、生父の関与が強すぎる交流と弱すぎる交流の話を見ると、よいバランスを取るのがいかに難しいかがわかる。養子になった人びとが明確に父子関係よりも友情関係を求めている場合は特にそうである。しかし、これらの問題を避けようとしたり、たんに不快で、不満を覚える方向へ交流を進めるよりは、生父との関係の形を整理するのに必要な議論や協議をすることで、緊密で、より誠実な関係を築き上げられるかもし

5　生父との再会　111

れない。

　父としての役割は繊細であることを考慮すると、父親役割を遂行できるかのように振る舞うよりはむしろ、友情を提供するというのが、父が取りうる方策の一つである。バランスを取るのは難しいが、わたしたちのインタビューを受けた一人に対して書かれた手紙が示すように、極めて上手に対処できる生父もいる。

　　　「私にとってあなたの父として振る舞うことは不適切で道徳的に間違っ
　　　ていることかもしれないが、私はあなたを心から大切に思う友人にはな
　　　れると思っています。もしあなたが泣きたいとき誰かの肩に寄り添いた
　　　かったり、腹が立ったときに誰かに八つ当たりしたりしたいときはいつ
　　　でも、私はあなたのそばにいると約束します」

　フィリッパの生父は、父親役割を引き受けない前提で、彼の真剣な気持ちを示した。その結果、交流は極めてうまくいった。

まとめ

・生父を探す人は生母を探す人より少ないが、生父との交流は、生母の場合とほぼ同じくらい頻繁かつ永続的に連絡を取るという結果になり得る。
・養子縁組記録やおそらく生母もしくは母方の祖父母の言い分から、生父に対する否定的な印象を抱くことが多いだろう。生父は滅多に養子縁組の協議に加わっていないことも忘れてはいけない。生父は、生じた事態について違った見解を持っているかもしれない。また、遺伝的構成や家族の来歴の半分に関しては生父は実質的に唯一の情報源である。常に広い心を持ち続けるようにすること。また、あなたが望むなら、自分自身で生父を探し出すとよい。
・自分が生父との交流に何を望んでいるのかを考えること。あなたはただ本当に写真や家族の歴史に興味があるだけなのか、それとも彼をもっと知りたいと望んでいるのか。どうしたら確実にこのメッセージを伝えることが

できるのか。

・仲介者を使うことは、他の再会と同様に生父との再会にも重要である。

・人によっては、生父との交流は、生母との交流よりもかなり重要で、長続きする。しかし、生母との交流が成功した場合、彼女に対する忠誠心により、生父と前向きな関係を築くのが難しくなる場合もある。やはりこの場合も、彼の態度や振る舞いに対して広い心を持ち続けるようにすることだ。生父と生母の両サイドの家族とよい関係を築くことは可能だが、それには慎重な対処が必要となる。

・生父とよい関係を築くためには、生母に対するのと同じくらい多くの努力が必要かもしれない。たいていの養子になった人びとは、よい友人関係を築くことを希望して交流をスタートするようだ。生父が友達としての役割に馴染むことができ、同時に関与が強すぎたり、または弱すぎたりすることがないように心がけてくれるとしたら、とてもありがたいと感じる人もいる。

・生父との交流も、他の交流と同程度に感情的で複雑なものになり、多くの問題をもたらす可能性がある。たとえ他の生みの親側の親族との再会を果たしていたとしても、これに対応する心の準備をしておくこと。

6 生親が同じきょうだいとの再会

この章で伝えたいメッセージは、きょうだいとの再会は、いろいろな意味で、いちばん気楽でもっとも率直に取り組めるということである。

(1) イントロダクション

多くの養子になった人びとは、その捜索の中で、生みの親の一人あるいは二人ともが、養子縁組の前後に別の子どもをもうけていたことを知る。ほとんどの人は、生親を同じくするきょうだい（full brother or sister）、または生親の一人を同じくするきょうだい（half-brother or sister）との再会を期待して胸躍らせる。この章では、生父や生母との交流に関する前章と同様に、きょうだいとの交流がうまくいくさまざまな方法をみていく。まず、きょうだいとの再会や交流が複雑にならない理由、さらにきょうだいとの再会や交流に特有の課題や、それらを解決するために人びとがとった戦略について考察する。

(2) プレッシャーを減らすこと

きょうだいとの交流は、うまくいくことが多いし、長続きする傾向にあることはすでに示唆した。わたしたちの研究では、きょうだいを探した人たちの85％が、最初の交流から3年以上も継続してきょうだいと連絡をとりあっていたことがわかった。これと比較すると、生母と連絡をとりつづけている人は76％で、生父の場合は70％だった。きょうだいと会うことがどんな雰囲気なのか、ロジャーが妹[1]と会ったときの話からわかる。

「ええ、僕たちはそれまで電話で話していました。どうなることだろうと考えましたよ。でも…… ああ、ただ素晴らしかった。僕たちは強烈なショックで放心状態だったと思います。約10分間、何もしゃべらなかったと思います。僕たちはすぐに仲良くなって、あっという間に絆を築きました。それから絆はたぶん強くなっていったと思います。彼女とはとても仲がいいです」

　もちろんすべての交流がそんなにうまくいくわけではない。しかし、概して、きょうだいとの交流は、生母や生父との交流より簡単で、それほど複雑ではないようだ。その主な理由は2つ考えられる。

　第一に、きょうだい関係は通常、親子関係のように感情的な緊張をはらむことはない。これは、養子縁組に関わらない家族関係に一般的に当てはまることだが、養子縁組に関わる交流においても適用できるようだ。きょうだい間の絆があまり強くないとか、きょうだいの再会が感情的なものではないというわけではなく、生母や生父との交流にみられるような喪失や拒絶の問題をめぐる怒りや傷心の強い感情が、きょうだいとの交流では存在しないようである。きょうだいの発見と再会の経験では、好奇心や興奮といった単純な気持ちが生じるようだ。

　怒りや喪失、拒絶の感情がないのは、母や父とは違って、おそらく妊娠や養子縁組のいずれかに関わる責任や非難が、きょうだいたちにはないからだ。なかには、きょうだいとの再会の方が、生親とくに生母との再会よりはるかに想像しやすいという人たちもいる。わたしたちのインタビューを受けたバリーは、彼の兄たちととても親密な関係を築いたが、生母に会うと最終的に決断するまでに数年かかった。その時でさえ、彼は感情面で完全に自己防衛し、生母との間に距離を保ちながら、とても慎重に生母に近づいていった。きょうだいを喜ばしく受け入れる一方で、生母に対しては用心深いという対

1　監訳注：原文では、きょうだい順位（兄か弟か、姉か妹か）が示されていることはまれである。インタビュー対象者が養子縁組された時代を鑑みると、また本書で書かれているように、未婚で学生の10代の女性が（そしてほとんどの場合、男性側も10代で）、若すぎるために養子縁組の決定をした（させられた）ケースが多いと思われる。したがって、本書では、順位がわからないケースについては、養子になった人が下のきょうだいと再会したことを想定して訳した。

6　生親が同じきょうだいとの再会　*115*

照性は、彼が生母のさらなる拒絶から自分自身を守る必要があったということを示しているのかもしれない。

　　「突然、手紙が届きました。『あなたは3人兄弟の末っ子です』と。大きな衝撃でしたが、僕らはみんな、会ったまさにその瞬間から、本当にとても仲良くなれたのです。ピーターと私は、振る舞いや言動とかがそっくりなのです。サイモンも同じです。それ以上うまくいくとは思えないくらいうまくいって、皆お互いに仲がよいです。私たちはまったく、よくいるきょうだいのようです。お互い躊躇しないで何でも言えるように思います。ちょうど親友のように。でも、来月、生母に初めて会いますが、何か関係が生まれるようなことはないでしょうね。『ああ、長いあいだ行方知れずだった僕の母さん、これからは二週間に一度、週末に母さんに会いに来るし、母さんもクリスマスには僕たちのところに来てくれよ』なんてことはないでしょうね。そうなるにはもう遅すぎる。それは彼女も分かっているし、同意してくれました。僕は娘を連れて会いには行きません。なぜなら、娘が『やった、もう一人おばあちゃんができた』なんてことを言って走り回ってほしくないからです。だって僕の親の気持ちを乱すことになるから。僕は、生母への愛着から会いたいと感じているのではありません。今までの人生で一度も彼女に会ったことがないので、そのような人になんの愛着ももっていません。[実際には、生母との再会は、とても前向きなものになった]」

　わたしたちのインタビューを受けたほとんどの人は、新しいきょうだいを探し出し、再会することをとても楽しみにしていた。しかし、なかにはこうしたことには無関心で、生親との再会をはるかに重視していた人もいた。きょうだい関係をめぐって「複雑」な感情がないことは、再会がより直接的な仕方で進むことを意味するか、もしくは、人によっては、再会を追求することにたんに興味がわかないということにもなる。
　きょうだいとの再会が生親との再会よりも簡単になりうる第二の理由は、社会には、一般的にきょうだいに対して「追加的」な認識があるからだ。つ

まり、きょうだいが一人以上いる人や、きょうだいが増えていくことに、わたしたちが慣れているということである。きょうだいは複数人いることが多い。その一方で、わたしたちは、母親や父親の役割は一人の人間が担うことに慣れている。したがって、ちょうど継親と同じように、すでに存在する養父母のかたわらで、「余分」な（生）父母が果たすべき役割を決めることはもっと大変なことになるだろう。また、複数の親をもつと競争や忠誠心をめぐる問題が生じる。これらの問題は、きょうだい間でまったくないわけではない。養子縁組先のきょうだいが、生親方のきょうだいにとって代わられてしまうことを心配するケースもある。しかし、全体的にみれば、複数の母や父を持つことで生じる問題ほど一般的なものでも、難しいものでもないようだ。

（3）親しくなること・仲良くやっていくこと

　ここまで、きょうだいとの交流のポジティブな面に焦点を当ててきた。それでもまだ、悪い方向に展開することもあるし、切り抜けなければならない困難もある。はじめにとりかかるべきことの一つは、お互いに好意があるかどうか、または何か共通点があるかどうかをはっきりさせることだ。

　ほとんどの人にとって、新しいきょうだいとの再会は、初めからうまくいくようだ。これまででもっともよくみられた気持ちは、興奮と期待だ。たとえば、ドーンは、彼女が 10 代の弟たちにはじめて会いに行ったときのことについて、彼らが学校の友達に次のように話したと思い出してくれた。「『わーい、僕らの姉ちゃんが来るんだよ』と言って、友達たちが『お前らに姉ちゃんはいないだろ』と返したら、彼らは『いるんだ！』と言ったの」。実際のきょうだいたちによる受け入れは、「すぐに仲良くなった」や「くつろげるものだった」というようなポジティブな言葉でよく言い表される。この歓迎は、時には喜びに満ちあふれていたり、時にはくつろぎと安心を同時にもたらしたりする。それはたとえきょうだいたちが、兄や弟、姉や妹であるあなたのことを聞かされたのがほんの最近であったとしても同じだ。オリーブの場合のように、とくに男きょうだいの場合は、リラックスした方法で歓迎

する傾向が強いようだ。

　　「彼らはすべてのことに対して、肩肘を張らない感じなのです。彼らが
　　初めて私に会った時は、『やあ、姉さん、やあ、母さん、はい、洗濯物』
　　みたいな感じでした。私はとても緊張していたのに、彼らは『こんにち
　　は』、そして『母さんに 30 年分のクリスマスプレゼントの借りがあるっ
　　て言ったらいいよ』と言ったのです。それが彼らの態度でした。それは、
　　まるで私がずっと家族の一人であったかのようでした。母がすべての話
　　をきょうだいに打ち明けるとき、泣き崩れながら何が起こったのかを説
　　明したそうですが、彼らはそれを素直に受け入れたそうです」

　きょうだい関係には、初めからとても親密で活発なものもある。例えばウ
ナは、すぐに妹と強い関係を築いた。彼女と定期的に会い、週に何回か電話
をした。彼女と似たような好みや人生観をもっているとも話した。こうした
種類の交流では、新しく見つかったきょうだいはすぐ生親側の家族に取り入
れられ、生親方のきょうだいは養子縁組先の家族に歓迎されることも多い。
　関係性は幅広く前向きなものでありながら、必ずしも活発ではないケース
もある。ポーラは妹とはとても親密な関係を持っていたが、弟とはより限
定的な関係だった。彼女いわく、「彼は私と会う時はとても喜んでいますが、
私たちは 5 分ごとに電話するような仲ではありません。彼は結婚したばかり
で、いまは自分の人生があるのです」。
　きょうだいからほんの少しでも嫌悪や敵意が示されることはそうあること
ではない。ハリーと弟の再会はの交流はそれほど活発なものではなかった。

　　「僕は弟に会いましたが、彼はあまり僕のことを知りたがりませんでし
　　た。僕たちの間に問題があるわけでもなく、普通に話したりはしますが、
　　彼が僕について本当にただ関心がないだけです。僕がそこ（訳注：生母
　　のところ）にいるときに、彼がいても別にいいですけどね。もしかしたら、
　　弟は僕が兄であるいうことに対して、年上の男がやってくるぞみたいな
　　感じで脅されている気がしているのではないか、と母は感じていたのだ

と思います。僕はそれが理解できるし、それからは何も無理強いはして
いないし、何もしていません。僕たちは一応うまくやっているし、憎し
みやそういうものは確実にないです」

　ハリーが取り上げた点の一つは、きょうだいグループにおける出生順への
影響だ。新しいきょうだいが現れると、普通はきょうだいの出生順における
自分自身の立ち位置の見方が変わり、通常は一段階下に降格する。これは自
分が一番年上だと思ってきたきょうだいにとっては、おそらく他のきょうだ
いよりも大きな問題となる。あるいは養子になった人の方が、きょうだいよ
りこのことを意識しているだろう。再会の前にこのことを心配する人も少数
いるが、実際にはそれほどの頻度では起こらないようである。
　ハリーのケースでは、きょうだい二人のあいだに多少の競争と不安の要素
があった。しかし、わたしたちの研究では、生親が生んだきょうだいが新し
いきょうだいにあからさまに敵意を示すことはまれであった。ロシェルの再
会は、敵意が表にあらわれたとても数少ないケースの一つである。

　　「私が家に着いたら、そこにきょうだいが皆いました。そして私の出現
　　は、ある意味で、彼らの積年の憤り、不安、そして彼らが感じる自分た
　　ちの扱われ方への怒りをかきたてました。私の妹は、長い間、私に本当
　　につらく当たりました。彼女がいい人だとは分かっていますけど、あま
　　りに長い年月、あまりにも多くのことを言われました。『自分の居場所へ
　　戻ったら？　もし私に別の家族がいたら、こんなところにやって来ない。
　　私たち家族に何を求めているの？　あなたは私の姉じゃない』とかなん
　　とか」

　大多数のきょうだいたちが仲良く、ときにはきわめてうまく付き合う一方、
だれがもっとも強い関係を築くのか、あるいは築かないのかというはっきり
とした予測はできない。女性の場合は女きょうだいと素晴らしくうまく付き
合うことができるが、男きょうだいとはそれほど親しくなれないこともある。
その逆もまた当然ある。他の場合では、新たに再会した男と女のきょうだい

6　生親が同じきょうだいとの再会　*119*

では強い関係が築かれるかもしれないが、二人の女きょうだいの間では築かれないかもしれない。また、養子になったきょうだいについて、生親が生んだきょうだいが長いあいだ知っていたか、最近聞かされたかで、大きな違いが生じることはないようだ。時々、生親と交流しないで行うきょうだいとの直接的な再会や交流はうまくいくことがあるが、実際にはそのような交流は進展しないことがある。あるいは、生親との力強い交流とは独立したかたちで、きょうだいの二人がとても強い関係を持つこともある。

　きょうだいの交流が予測できないのはおそらくそれほど驚くことではない。多くの人がきょうだいとの身体的な類似性に衝撃を受けるが、彼らとうまくやっているのかどうか、また、何か共通点を感じるかどうかということが重要になってくる。絆は強いものになりうるが、その絆は「仲良くする」ことから始まり、さらにそこから関係を築くことが基盤となる。これは養子になった人がきょうだいの一人やグループと会うときにもっともわかりやすい。すべてのきょうだいとよい関係を築くことはありうるが（先述のスチュアートの例で言及したように）、新しく入ってきたきょうだいが生親が生んだきょうだいの全員と仲良くなるよりも、一人か二人のきょうだいとより親しくなることもよくあることである。実際、複数のきょうだいと会うことの強みの一つは、共通の背景や興味を持っているきょうだいを少なくとも一人は見つける可能性が、より高くなることである。これは多くの場合において、非‐養子縁組のきょうだい関係にも当てはまることである。つまり、他のきょうだいよりも互いに仲のよいきょうだいがいるということだ。

　個人レベルでは、ほとんどのきょうだいとの再会はうまくいく。一人のきょうだいと親しくない場合、他のきょうだいとの再会がそれほどうまく受け入れられなくてもさほど心配しない傾向にある。しかし、きょうだいが一人しかいない状況では、養子になった人はある程度の親密さが育たなければ心配になるかもしれない。ローレンスは自分の経験を振り返って次のように語った。

　　　「どう感じるべきなのか、よくわかりません。というのも、彼女は二週
　　　間前に僕に電話をしてきて話し始めたのですが、沈黙があったものだか

ら、僕は会話を続かせようと、いろんなことについて何でもない話をしました。僕たちは全然似ていないから、彼女とは少し気まずいと感じますね。最終的には、僕たちは共通点を見つけ、絆をつくり、何かが起こったのをきっかけに僕たちは話し始めるか何かして、だんだんと落ち着いていくでしょう。僕はそうなるだろうと思います。僕たちは、ノッティンガムに住んでいるいい友達ができたと思うことになるでしょう。たまには僕たちが彼女に会いに行くし、彼女もたまには僕たちに会いに来るでしょうね。僕はこの機会を手放すつもりはないし、彼女も同じだと思います。だけど、そんなに強い絆はありません」

　ローレンスはこの状況について明らかに心配しているにもかかわらず、その後の成り行きを見るのに時間をかけるという現実的な態度を示した。強いつながりをつくれる可能性があるきょうだいを見つけて多くの人が大喜びするが、すべての事例でそれが起きるというわけではない。それでも、ローレンスの場合のように、控えめな関係であっても自分のルーツへの重要なつながりを与えてくれる。
　このほかに難しくなりうる状況は、きょうだいが飲酒や薬物などの重大な個人的問題を抱えている場合である。これも非常にまれなことだが、起こりうることである。この問題については第9章で詳しくみていく。

（4）自分の居場所を見つける

　生親との間に比べたら、生親方のきょうだいとの間では一対一の個人のレベルで大きな問題が生じることははるかに少ない。しかし、関係が発展していくと、次に問題になるのは、きょうだいグループやより広い出生家族のなかで自分の位置付けはどこなのかを理解することである。この領域はかなり扱いが難しい場合がある。端的にいえば、あなたは血がつながっているというだけで他のきょうだい、息子たちや娘たちと同じように扱われることを期待してもいいのだろうか？　それとも、ともに過ごした時間が少なく、共通の歴史がないために、あなたはつねに異なる扱いを受けなければならないの

か？　養子になった人は、生みの親側の家族の正式かつ同等なメンバーにな
れるのか、それとも常に違いがあるのか？　直観的なレベルでは、養子にな
った人びとは他のどの息子たち、娘たち、きょうだいたちとも同じように扱
われるべきだと、ほとんどの人は考えるかもしれない。確かにこれはわたし
たちのインタビューを受けた人の多くが期待したものだった。また、これは
多くの場合、彼らの生親方の親族が達成しようとしていた、あるいは達成し
ていると思っていたことだった。しかし、現実には、共に過ごした時間がな
いために、養子になった人のほぼ全員が、ある程度の相違と疎外感を感じて
いた。これは交流の初期では必ずしも明確ではないものの、時間が経つにつ
れてより明白になる。違いを感じることへの自覚はめずらしいことではない
が、人びとがどのように対処するかには違いがある。これについてもう少し
詳しくみていこう。

類似点および相違点

　養子になった人びとの少数だが、生親（たいていは生母）が再会や交流を
自分の家族に秘密にすることを選択したために、生親方の家族の完全な一員
になることがほぼ不可能な場合がある。例えばゲイルの場合、彼女の生母は、
養子縁組と交流の事実を彼女の家族全員に秘密にしていた。生母はゲイルを
彼女のきょうだいに紹介することはできないと感じたのである。またタラの
場合は、生母が他の子どもたちを動揺させることを恐れたため、母との再会
後にきょうだいとの交流が実現するまで長い時間がかかった。そのように秘
密にすることはまれだが、実際に起こると気持ちのよいものではない。この
ような状況では、あなたは生親の希望にあわせなければならないと感じ、生
母が家族に対してあなたの存在を認めることができるようになるまで少しず
つ信頼を築いていくことをあなたは望むかもしれない。皮肉にも、養子にな
ったきょうだいについて聞かされた生親方のきょうだいのほとんどは、わく
わくしたり興味をそそられたりして、なぜもっと早く聞かされなかったのだ
ろうと思う。

　ところが、生親との再会のあとそれほど長く間を空けずに、きょうだいと
前向きに会えた大多数の人たちでさえ、自分はやっぱり違うのだと感じる。

たとえば、家族のニュースをいつも教えてもらえるわけではない、家族の集まりに毎回招待されるわけではない、他の息子や娘ほど定期的に連絡をもらっていない、などと感じることである。これは養子になった人に共通する経験であり、ここでいくつかの事例を紹介する。ヘレンは、生母がきょうだいに連絡するほど頻繁には彼女に連絡していないと感じ始めていた。

　　「私は彼らの一員とは思えません。最初はそう思っていました。なぜ
　　なら、彼女のおかげでとても歓迎されていると感じたし、さっきも言っ
　　たように、彼女は手紙を書き、電話をくれましたが、それがどんどん少
　　なくなっていったのです。母は私を娘のように扱うことを望んでいたし、
　　家族全員にも私を他の人と同じように扱って欲しいと思っていましたが、
　　彼女はもう私に電話をしようとしなくなったのです。私からいつも電話
　　をしました。そして、妹と話した時に、彼女は２、３週に一回は母と電
　　話していることを知って、『どうして私には電話してくれないの？』と思
　　いました。母はクリスマスとお正月にしか私に電話をしてくれません」

　養子になった人は連絡されることが少ないと、病気や通院などの家族の重大なニュースを聞く機会を逃してしまうことがある。たとえばタラは、こうして「家族の一員として関われていない」ことが、交流の最も難しい側面だと説明している。連絡の頻度や共有の程度の差異を自覚することは、他のきょうだいのほうがもっと好かれていると認識することにつながる。ジェイコブの認識は次のようなものであった。

　　「どれだけ愛を公言されても、時間が経つにつれて、僕たち、つまり
　　僕と生親方のきょうだいのあいだにある違いが分かるようになりました。
　　僕の生母に会えば、僕がいま言ったことがどれほど重い断言かわかるで
　　しょう。彼女はとても母性的な人で、僕がいま言ったことにとてもショ
　　ックを受けるからです。だけど僕は本当に、自分が皆と同じではないと
　　わかっています。そのうち僕はそう言ってしまうかもしれせん。緊張が
　　高まったときとかに、その言葉が出てくるかもしれないからです。時間

6　生親が同じきょうだいとの再会　123

が経つにつれて、どんどん考えるようになってきたことなので」

違いに対処する

　もしかすると、養子になった人の大多数は、生親方のきょうだいと微妙に区別されていると感じているかもしれない。その状況にどう反応するかは人によってさまざまである。それを不公平だと感じる人もいれば、それは避けられないもので、理解できると感じる人もいる。競い合うことで違いに対処する人もいれば、引き下がることで違いに対処する人もいる。そして、これはよりうまくいく方法のようだが、別々に生きてきた年月を考慮すると、その違いは避けられないと単純に認めなければならないという境地に達する人もいる。それぞれのアプローチを順に見ていこう。

競うことで違いに対処する

　他のきょうだいとは違うという気持ちへの対処の仕方の一つは、共有する歴史がないにもかかわらず、出生親族といっそう親密になろうと試み、競うことである。ベロニカが経験した生母と二人のきょうだいとの交流は複雑だった。彼女の場合は、妹の一人がもう一人に比べてより歓迎してくれることがわかった。さらに彼女には、家族の中で自分の居場所を主張する必要があるという強い気持ちもあり、もしかするとそれが彼女を今まで以上に競争的にしたのかもしれない。

> 「私たちが実際に初めて彼女（訳注：生母）の夫に会った時、『他の二人よりも君の方がメアリー（生母）の性格に似ているな』と彼は言いました。『君はとても似ている』って。そしてメアリーもそれを感じていると思うし、それが私たちがこんなに早く親しくなった理由だと思います。私がルーシーやジャネットよりもメアリーの性格を持っているから、もしかしたら私たちはより親密になれたのかもしれません。だけど家族の人たちにとって、自分たちの母親が遠い昔に生き別れた人のことで大喜びするのを見るのはつらいと思います。私だったら好ましく思いません」

新しい家族に加わることは大変なことだろう。生まれた時からあなたの親と暮らしているきょうだいと会う時はとくにそうである。みんな、自然に「新しい」家族とつながりをもとうとする。共通点を見つけることと、現在の関係性と競合するあるいは動揺させる脅威とならないことの間には、微妙なバランスがある。あなたが会うきょうだいは、自分の家族にあなたが関わるようになることについて、不安を感じているかもしれない。あなたが自分の居場所をうまく見つける必要があることと同様に、彼らの不安も理解できる。このように生じる困難は時間が経つにつれて徐々に解決し、皆が落ち着きはじめ、新しい習慣や新しい家族のリズムに順応しはじめる。

折り合いをつける

　少数だが、自分たちも他のきょうだいとまったく同じように扱われるだろうという考えからスタートする人もいる。人がそれぞれ異なる歴史をもつことを考慮すると、この可能性はほとんどない。扱われ方に小さな違いが生じたときには、失望、幻滅し、あるいは傷つき、拒絶されたと感じる人もいる。しかし、ほとんどの人は、自分たちは他の家族とは違う歴史をもつため、あなたを「新しい」家族からわずかに遠ざけ、彼らとの融合をさまたげるような疎外感や相違点がつねにいくらか存在しつづけるという考えに折り合いをつける。思い出が違う。ならう風習も、生活習慣も、儀式的な行事もさまざまである。たとえそれを認めて理解していても、そうしたことを思い知ることは痛みを伴う出来事だと感じる人もいる。ウェンディは次のように説明する。

　　「私たちはみんなお互いを笑わせることができて、共通していることが多くあったから、私は『家に帰ってきた』と思いました。この人たちは私の家族だと… でも、つい最近まですごく疎外されていると感じていました。私は彼らと一緒に育てられなかった。私には彼らの考え方が分からない。去年の一年間、私はそのことをずっと考えていて、ついに彼らとは決して仲良くなれないという事実を受け入れるようになりました。私の弟が結婚したとき、妹は花嫁の付き添い役で、下の弟は花婿の付き添い役だったけど、私は何の役でもなかったのです。そのときは『なぜ私は選ばれな

いの？』というような小さな不満があったと思います。困難を感じるとき
もあるということを受け入れなければなりません。でも山ほどたくさんよ
いときがあります。悪いときが実際に、物事と折り合いをつけるのに役立
つと思います。私ははっきりと物事や考えを見つめ、『どうして私はこう
感じるの？　どうして私は仲間はずれにされていると感じるの？』と考え
ました。そうすることで、私は物事についてもう少し考えさせられました。
彼らは私に何の借りもないし、私のことは分からない。母の子どもたちに
仲間外れにされることは苦痛で、本当に苦痛ですが、たいていそれはとて
も些細なことなのです。いま私は自分にこう言いきかせることを学びまし
た。『楽しみにしていることは何？』と」

　ウェンディの理解の水準に、いつも簡単に到達できるというわけではない。
彼女が疎外感を感じる気持ちを受け入れるようになるまでには時間が必要だ
った。自分の扱われ方における些細で意図的でない違いは、依然として彼女
を傷つけることもあるのだが、彼女の期待はより現実的なものになっていっ
た。彼女は、違う種類ではあるが正式な家族の一員だということを、だんだ
んと理解するようになった。

引き下がること
　違う扱われ方を経験したら、大多数の人がどのように感じるかを説明して
きたが、状況が逆になることもある。養子になった人が、完全な家族の一員
になるのは受け入れられないと気がつく場合である。ときに、生親はそれぞ
れのきょうだいを同じように扱おうと本気で努力し、そしてその家族はあな
たを家族の完全な一員として受け入れる。そのような状況に置かれる資格が
ないとあなたが感じるとき、居心地のわるいような気持ちが生まれる。シェ
リルは次のように述べる。

　　「一番悲しかったことは、私の生父はあらゆる努力を惜しまなかったの
　　ですが、『僕は君を入れるように遺言書を書き変えた』なんて馬鹿なこと
　　までしたことです。私は気にしないけど、だけどそれが、『君は存在し

▼ アドバイス・ボックス

違いがあることに対処する

　全員が誠心誠意で向き合っていても、生親側の家族の中で育った他のきょうだいと比べると、あなたの見られ方や扱われ方には、おそらく何らかの違いがあるだろう。とくに、そのことをゆっくりと時間をかけて理解しはじめたら、とまどってしまうかもしれない。交流がうまくいっているのなら、こうした感情に対処する方法を見つける必要がある。そこで、あなたに覚えておいてほしいことをいくつか提案しておこう。

・たとえ実際に違う扱いをされているのが自分でも、個人的な拒絶とはとらえてはいけない。それはあなた個人に対するものではなく、その家族の中で育っていないということから生じる当然の結果である。あなたがどんなにやさしくて、面白くて、魅力的であるかに関係なく、他のきょうだいとまったく同じには決してなれないのである。

・家族のグループ全体とつながろうとするよりも、家族のそれぞれのメンバーと個別に過ごすようにするとよい。どの家族も集団としてのアイデンティティがあるのだか、個々のメンバーの間に確立した関係性もまた存在する。もし、あなたが各々のメンバーと心地よくいられれば、そして彼らがあなたといて心地よいのであれば、あなたは全体の一部であることをより感じやすくなる。また、このことは、あなたの出現を脅威だと感じているきょうだいを安心させることに役立つかもしれない。

・自分が他のきょうだいたちとまったく同じように扱われたいと本当に思っているのか考えること。違うということは、あなたが家族の生活のよい部分をいくらか取り損なうかもしれないことを意味するが、それは同時に、あなたがいつも家族の大変な仕事をすべて引き受けなくてはいけないわけではないという意味にもなる。

・現実的でいること。すべての家族に、他のメンバーより仲の良いメンバーたちがいるものである。すべての親は、各々の子どもに個人として関係している。全員がともに生きていく居場所を見つけるための時間を、あなた自身とあなたの新しい家族のメンバーに与えること。あなたが定期的に会う相手もいれば、ほとんどまったく会わない相手もいることがわかるだろう。これは多くの家族で起こることである。

・あなたにも別の家族がいるということを忘れないこと。養子縁組先の家族である。ほとんどの人は、交流の後、養子縁組先の家族と強い関係を維持するか、あるいは以前に増して強い関係をもつ（第7章参照）。ケニスいわく、「今では私はいつも彼女(生母)を母と呼びます。僕は家族の一員ではあるけれど、ぴったりとはまってはいない。なぜなら、生母には彼女自身の家族がいるし、僕には僕自身の家族がいるから。彼女は僕を自分の息子と呼び、兄弟たちは僕を兄弟として扱います」。

・家族のメンバーの何人かに、あなたがどう感じているか、話してみたくなるかもしれない。そのときは、非難めいた言い方をしないこと。相手に自己防衛させたり、罪悪感を感じさせたりすることになるからだ。

6　生親が同じきょうだいとの再会　127

ているんだ、君は私の娘だ、何とかしてそれを証明する』と伝えるため
の一つの方法だと彼が感じたんだと思います。長い間、私は彼を突き放
しました。長い長い間、何年も。彼のことを必要ないと感じていました。
そして、彼らの視点からみると、私はもはや目新しいものではなくなり
ました。それは結構いいことでした。なぜって、自分は完全に家族の一
員だということだから。だけど、家族の葬式で、霊柩車の後についてい
く車の中にいる自分に気づいて、『ちょっと待って、私はここにいるべき
ではない、ここにいられるほど重要な人ではない』と思いました。そし
てお墓を前にしたとき、私はまっすぐ後ろに下がって、立ち去りました。
私は時々、いるべきではないところにいるように感じて、そこにいる権
利がないと感じるのです。彼らは、私にその権利があると感じていました。
私は、ないと感じていました」

　家族の完全な一員になるように求められていることが明らかな場合、最初
はすこし圧倒されるように感じるかもしれない。このような反応には多くの
理由がある。あなたが期待していたよりも多くを与えられているから、もし
くは、どういうわけか養子縁組先の家族を裏切っていると感じるからかも
しれない。また、いまだにこの先いつか拒絶されるのではないかとおそれて、
そのため少なくとも今はまだ、家族の完全な一員になる決心がつかないから
かもしれない。あなたは自分の居場所を見つけるための時間をもたねばなら
ない。自分がいつ完全に関わるようになるべきか、そしていつ一歩退けば
いいかを学ぶだろう。オリーブは、生母ときょうだいととても前向きな交流を
したにもかかわらず、家族の問題に干渉しない方が賢明だと考えたよい例で
ある。「私はまだすこし慎重に進んでいるし、おそらくこれからもずっとそ
うするでしょう」。

まとめ

・きょうだいの交流は、養子縁組に関わるすべての種類の交流の中で、最も
　感情的に単純なものであることが多い。交流は、かなり高い頻度で連絡が

あり、長期的に続く傾向がある。

・新しく見つかったきょうだいについて、興味をあまり示さないきょうだいもなかにはいるが、たとえその人のことを聞いて知ったのが最近のことでも、歓迎する人がほとんどのようだ。きょうだいの交流で問題が生じることは比較的少ないが、養子縁組された人びとがきょうだい全員よりも一人や二人のきょうだいとより強い関係を築くことはよくあることである。

・きょうだいの交流において現実にある数少ない問題の一つは、その人が他のきょうだいと全く同じように扱われているかどうかということである。他の息子や娘と何の違いもなく扱われることを期待していた、あるいはそう約束されていた人もいるが、現実には、それを達成することは難しい。これは単に、彼らが一緒に育ってきていないからだ。これに失望し、多少傷つく人さえいるが、しかし家族の歴史が大きく異なることを考慮すると、ほとんどの人はそうならざるを得ないと理解する。

7 養子縁組先の家族との再会

> 養子縁組先の家族のかかわりがあるかないか、また彼らがどうかかわる
> のかは、捜索と再会・交流のもっとも繊細な部分の一つである。

(1) イントロダクション

　捜索と再会とはおもに、養子になった人と、出生時の生親側の親族をつな
ぐことである。しかし、多くのケースで、捜索や再会のプロセスがどう展開
し、いかにうまく運ぶかという点において、養子縁組先の家族もまた重要で
ある。養子になった人の多くは、「他の家族」や「他の親」の捜索を打ち明
けることで、養親を傷つけてしまうのではないかと心配する。しかし同時に、
秘密にしたまま捜索を行うことは間違ったことだと感じる。打ち明けるか、
打ち明けないかの葛藤に注目することが、この章の重要な目的の一つである。
章の前半では、養子縁組先の家族に捜索や再会を打ち明けることの是非をみ
る。そして、養子になった人びとが用いるさまざまな方法を概説し、さらに
それらがどう進展するかを検討する。章の後半では、再会の最初の段階から
もっと先へ進んで、養子縁組先の家族との関係への長期的な影響、さらに養
子縁組先の家族や生親方の家族とのやりとりでバランスを保つために人びと
がとるいろいろな方法をみていく。

(2) 打ち明けるべきか、打ち明けるべきでないか？

　捜索や再会について考える人が直面する重要な問題の一つは、養親に打ち
明けるか、打ち明けないかということである。この問題は、とても簡単に解
決する場合がある。養子縁組は、家族によってはいつでも気軽に話せる話題

であり、養親が生親方の家族の捜索に協力するつもりだと明らかにしていることがある。あなたが行う捜索に好意的で、実際にあなたに捜索するよう勧めさえするかもしれない。こうした親は、捜索の早い段階もしくは捜索が始まる前に、打ち明けられていることが多い。

すでに第2章でみたように、養子になった人の大多数にとって、養子縁組は口に出すのも難しいような繊細な話題である。このことはつまり、多くのケースで、捜索したいというあなたの願望に対して養子縁組先の家族がどう反応するか、予測が困難なことを意味する。養子になった人の多くは、養親が裏切られたとか脅かされていると感じるにちがいないと思い込む。しかし、捜索について打ち明けなければ、養親に隠して捜索を行っていることになる。そこには葛藤がある。養親に知らせて、彼らに動揺、脅威、そしてあなたからの拒絶を感じさせるような危険をおかすか（養親からの拒絶があなたに返ってくる可能性もある）、もしくは打ち明けずに、彼らがあなたの二重生活を後になって知ってしまうかもしれないという危険をおかすのか、というジレンマにおちいる。

あなたが置かれた状況でどうすることが一番よいのかは、誰にもわからない。養親との関係の強さも含め、起こるかもしれない物事に影響しうる要素がたくさんある。わたしたちがさまざまな交流について聞き取りをした上で検討した結果、あなたに勧めるのは、捜索を養親に伝えることを真剣に検討することだ。それがうまくいくかどうか、あるいは、長期的にも短期的にも最善の方法なのかどうか、もちろん保証することはできない。しかし、わたしたちがそれを最善だと考えるには多くの理由がある。

1つ目の理由は、私たちの研究結果から、多くの人がある段階で養親に打ち明け、ほとんどの場合にそれが功を奏したということが明確に示されたからである。養子になった人のうちの4分の3が、捜索について養親に打ち明けていることがわかった。養子縁組先のきょうだいに打ち明けた人が半数強だけだったにもかかわらずである。そして、捜索や再会について打ち明けなかった人は、わずか21％だった。

2つ目の理由は、心を開き、正直であることにかかわる。捜索や再会を養親に打ち明ける重要な理由は、それがとても秘密にしてはいられない重大なことだと感じるからだ。わたしたちは養親に伝えるべきだと信じているが、

彼らが不安をおぼえず、まったく苦痛を感じない、というわけではない。ザラはそれに気がついたときのことを次のように述べている。

> 「養親は、私の捜索と再会は、私が傷つくようなものではないけれど、難しさがあるとわかっていました。二人は私を助けたいと思ってくれていたけれど、それは彼らにとってとても難しいことでした。でも、私の母が養子縁組仲介機関への電話番号を教えてくれました。それで私は自分の記録を見ることになったのです。そのあと母（訳注：養母）に会いに行きました。親には何の隠し事もしたくなかったからです。彼らはすべてを知っています。いまの私は十分大人になり、彼らがただ最善を望んでおり、私が傷つくのを見たくなかったのだと理解できます。それで、私は彼らを傷つけたり、知らせないままにしたりしたくない、と思いました。私は電話をかけて、自分の記録を受け取ったこと、その記録を持って週末に会いに行くから、彼らにも記録を見てほしいということを、かなりオープンに伝えました」

　打ち明けるべき三つ目の理由は、単純に、何も言わないことが必ずしもより安全で簡単な選択とは限らないということである。養子縁組をめぐる秘密とそれを打ち明ける難しさで板ばさみになり、好ましくない結果をまねく可能性がある。打ち明けた結果に対処することは危険なことに思えるが、打ち明けない場合についても同じことがいえる。ひとたび捜索や、とくに交流がはじまってしまうと、秘密を保持していくことはとても困難である。そうと知らずに秘密を話してしまう小さな子どもがいる場合はとくに難しい。人づてに、あるいは偶然に、交流について知った養親は、その発覚の仕方に、交流の事実そのものに対するのと同じくらい腹を立てることがありうる。二重生活を送ることや、発覚後の混乱に対処することの難しさは、ジェイコブの証言からはっきりとみてとれる。

> 「私は嘘をつきました。とてもたくさんの嘘をつくことになりました。あるいは、事実を歪めて伝えました。私は行き先については正直に話したでしょうが、詳しいことは言わなかったでしょう。もし詳細を話すよう求め

られたときは、多少の嘘をつく必要がありました。嘘をつくのは気分のいいものではなかったし、状況は悪くなっていきました。二重生活というのはまったくいいものではありません。私の養母は、2年ほど経った後に事実を知って、ひどく落ち込んでしまいました。彼女にその理由を聞いてみれば、私が生みの親側の家族に会っていたという事実よりも、その事実の知らされ方が悲しかったのだと言うでしょう。どんなふうにしたら『大丈夫』なのか、まだ作戦はたくさんあります。でも現実はそうではないのです」

打ち明けることをすすめる最後の理由は、感情面での承認、もしくは進展への「賛意」を親から得るためである。養親からの協力と感情面で承認を得ることは重要であり、軽視できない。ここで例として紹介するアリソンは、彼女の養母の答えに感動を覚えたという。

「私は生母の捜索について母に話しましたが、彼女はとても協力的でした。私が18歳になる頃、母の方から私に『ソーシャルワーカーに相談して、何か情報をもらえるよう頼んでみたら』と言ってくれたのを覚えています。それはこれ以上ない母からのサポートでしたし、素晴らしいことだと思いました。こんなサポートをしてくれた母は最高です」

この方法の利点は、アリソンのように母から協力を得たことでプレッシャーから解放されることだ。彼女は捜索に関して、養母からの感情面の承認を得ており、入手した情報を母に共有することができていた。すべての養親がこのような力強い支援ができるというわけではないが、後に述べるように、多くの養親は、たとえ生親側の家族との交流が自分たちを脅かしかねないと感じていても、できるかぎりのサポートをしようとする。

最後に、多くの、おそらくほとんどの養親は、自分たちの息子や娘が生親側の家族について知りたがるのは当然だと考え、もしかするとすでに捜索したのかもしれないと思っているが、実際に尋ねることはためらう。こうした状況では、親に何も伝えずにひどく不安にさせておくよりも、むしろ打ち明けて彼らを安心させる方が、気が楽かもしれない。

7　養子縁組先の家族との再会　*133*

▼ アドバイス・ボックス

養親に打ち明けることの是非

肯定的な点

・養親のサポートを得られることは、たとえそれが最初はためらいがちなものであったとしても、貴重なありがたいものである。ほとんどの人が感情面での承認を必要とするようであり（あなたはそれを主張することはできないのだが）、承認を得ることは実際にとても大きな意味をもつ。

・養親に打ち明けることは、もしも再会がうまくいかなったときに、養子縁組先の家族からもっとたくさんのサポートが得られるということである。お菓子は食べればなくなって両方ともとることはできないが、再会は家族を取り替えようとするものではない。

・養親があなたを失うことはないと理解するなら、たいていの場合、打ち明けることは最終的に養親との関係をより強固にする。養子になった人も同様で、再会後には、養子縁組先の家族へ感謝が増すことはあっても、減ることはないと言っている。

・秘密を抱えて生活することは、とくに養親が偶然に知ってしまった場合、非常に難しくてストレスが多いだけでなく、意思に反してひどい結果になりうる。

否定的な点

・ほとんどの養親は、あなたと生親の再会後の自分たちの立場について不安を感じる。しばらくはあなたと親の関係が試されているようなものであり、養親は多くの安心感を必要とするかもしれない。

・あなたが捜索を決心すると、養親のなかには怒りや裏切りを感じる人もいる。もしそのような状況が生じたら、彼らの恐れを理解し、辛抱づよく彼らに寄り添い、できる限り安心感を与えるよう努めること。

・生親との再会であなたが傷ついたり、拒絶されたりすることを恐れて、捜索をやめるように説得する養親もいるだろう。それはあなたの幸せを心から思っているからなのはもちろんだが、なかにはあなたを失うという彼ら自身の恐怖心が起こさせる行動である場合もあるかもしれない。

打ち明けるか、打ち明けないか、それを決められるのはあなただけである。親のことをいちばんよく理解しているのもあなたである。もし伝えることであなたと親の関係が崩れてしまうようなら、もう一度考え直す必要がある。打ち明けることは、ほとんどのケースにおいて難しいことだが、それが最良の選択肢である場合が多い。しかしながら、その保証はない。

（3）打ち明けた後のこと

　すでに言及したように、ほとんどの場合、養親に打ち明けることはかなりうまくいく。長期的にどのようなことが起こるのかは章の後半で詳しく解説するが、大半の養母や養父は、はじめて捜索や再会について聞かされたときに協力的な反応を示す。しかし、わたしたちの研究結果では、養親の約3分の1はそれを聞いて心配し、約10％は怒りを表した。養子になった人の約4分の1が、養親との関係が最初はぎこちなくなってしまったと話し、約60％の人がはじめは彼らの関係に何も変化がなかったと話した。少数ではあるが、その後の関係が以前よりもよくなったと答えた人もいた。

　打ち明けることが養親に与える影響はおおむねポジティブだが、その中でもさまざまな反応がみられる。養親の反応について詳細にみていきたい。まずは最もポジティブな反応からはじめよう。

落ち着いた協力的な反応

　養子になった人のなかには、捜索の進捗について養親に気軽に話すことができる人もいる。養親が以前から養子縁組について隠さず話してくれているなら、再会について打ち明けると心を決めやすい。親が捜索に喜んで協力することを示すことさえあるかもしれない。落ち着いた協力的な反応をする親のなかには、実際に捜索するのを手伝ってくれる親もいる。ケネスには次のようなことが起きた。

　　　「彼ら（訳注：養親）は、私が生母を探したいと思うならいつでも手伝うと、いつも言っていました。だから私はあらためて彼らに、私が母を探し出そうとすることについてどう思うかと尋ねたのです。彼らは『気にしないよ、私たちにできることであれば何でも力になる』と言ってくれました。そして彼らはそうしてくれました。いつも私の力になろうとしてくれました。それで私は、彼らに『お母さんとお父さんが私の母で父であることは、これからもずっと変わらないからね』といつも伝えて

7　養子縁組先の家族との再会　*135*

いました。私は起きたことをすべて、ありのままに、何から何まで話しました。常にそのときの状況を伝えるようにしていました。彼らは、いつだって私を助けてくれて、どんな情報も聞き逃すことはなく、私が話したことすべてを事実として受け止めてくれました。両親は、本当にとてもわくわくしていて、私の生母にも会いたがっていました。素晴らしいことです」

　養親が寛容であれば、こちらも心を開きやすくなる。ケネスの場合、養親は捜索を始めることをすでに認めていたが、それでも彼もまた捜索の前にはっきりと承認を得ることに慎重だった。また、親として大切な存在であることは変わらないと伝えることで、養親を安心させていた。すべての養親が捜索に協力したいと思っているわけではないし、その進捗状況を全部把握したいと思っているわけでもない。また養子になった人の全員が、養親に深くかかわってほしいと望んでいるわけではない。しかし、親が自分にとってこれからも大切な存在であると伝えることは、彼らを安心させるのに効果的な方法だといえる。

心配し、傷ついている反応

　しかし、養親の一般的な反応は、目前にせまった捜索や再会を知り、最初はすこし傷ついたり、心配したり、怒りを感じたりするものである。ときに自分たちが「本当の」親ではないという古く根深い感情を思い起こさせる可能性もある。子どもが自分たちを拒絶し、生親のところへ戻ってしまうことを恐れているのだろう。実際、養子になった人たちの多くは、自分の養親がそのように感じるだろうと想定するようだ。この不安や傷つきの感覚は、養母の反応についてコーラが説明したことがよく示している。

　　「私の養母はただとても傷ついていました。傷つきたくはなかったはずですが、そうなりました。彼女は脅威を感じていました。あとで聞いたことですが、彼女は、私が生母に会って仲が深くなることで、養子縁組先の家族を必要としなくなり、一緒に過ごしたいとも思わなくなること

を心配していたようです。そして母の心配は、私に拒絶されることでした。もちろん私はそれを十分理解していましたが、心のどこかで憤慨してもいました。しかし、それを十分に尊重し、理解していました」

　傷つきや心配といった感情を持つのは、当然のことである。養子縁組が成立したとき、養親のほとんど全員が「本当の」親のように振る舞うようにと言われているはずだ。とはいえ彼らは、子どもとの生物学的結びつきがない自分たちの立場に不安を感じていることだろう。生親があらわれるかもしれないという状況に対して、このような感情を抱くのは驚くことではない。多くの養親にとっては、長年の愛情、育てたこと、共に過ごした思い出よりも、生物学的な結びつきの方が力をもつのではないかと心配しているようである。後述するが、共に過ごした歳月というのは生物学的結びつきよりも強いものである場合が多く、少なくとも生物学的結びつきと同じくらい強力なものである。
　多くの養親は、心配と脅威を感じると同時に、「正しいこと」をしなければならないと感じている。たとえ自分の息子や娘を失ってしまうかもしれないと感じていたとしても、捜索を促したり、協力したりしようとする。たしかにデイビッドの養母もまた、恐れを感じていたにも関わらず、平静を装おうとしていた。

　　「私は養親がどんな反応をするか確かめるために、前もってきいてみました。父は、本当に、これ以上ないくらい協力的でした。彼は『何の問題もない、おまえが子どもだった頃、私たちは自分たちにできることをおまえにしてきた。これからもおまえを支えるためにここにいるのだよ』と言ってくれました。また、母はとても静かでしたが、父とまったく同じことを言ってくれました。私は、母を動揺させてしまったのではないかと思いました。すると母は『そんなことないわ、そのまま続けていいのよ』と言いましたが、母の声のトーンや仕草からそうは思っていないことは明らかでした。そして最後に母は『あなたがやりたいようにやりなさい。私たちはあなたを育てて、あなたはいま立派な大人になった。

7　養子縁組先の家族との再会　137

一人の大人になったの。それにあなたの生母がどんな人であれ、私たち
からあなたを連れ去ってしまうことはない。私たちはいつでもあなたの
味方よ』と言ってくれました。だから私は捜索をやり通したのです……」

　デイビッドのケースは、他の養子になった人の場合と同じく、養親の反応
がどれだけ複雑かよく表している。養子になった人たちができる限り自分の
親を守ろうとするように、コーラとデイビッドは養親を安心させて彼らへの
ダメージを最小限に抑えようとした。だから養親も動揺を表に出さないよう
にすることで子どもを守ろうとするのだ。
　あなたの養親が必ずしも同じように反応するとは限らないということもま
た指摘しておかなければならない。デイビッドのケースのように、養母は
とても不安になるかもしれないが、養父は比較的落ち着いていることが多い。
それとは逆で、養母が協力的で、養父の方がもっと恐れている、ということ
もある。これまで養親に注目してきたが、養子縁組先のきょうだいにも、生
親方のきょうだいとの交流によって、あなたが自分たちよりも別のきょうだ
いを必要とするようになるのではないかと恐れる人がいる。

怒り、黙らせる反応

　不安を感じながらも自分の息子や娘の捜索に協力的な養親がいる一方、怒
りを覚えて裏切られたとさえ感じる親も少数ながらいる。彼らは、捜索や交
流がすすんでいる事実を認めないことで、自分たちの怒りを表現するかもし
れない。キムの話は次のようなものだった。

　　「私の養母は、捜索それ自体に全く前向きではありませんでした。母
　は『私はそんな女のことなんて知りたくない、なぜ私が彼女について知
　らなければならないの？　彼女があなたのために何をしてくれたってい
　うの？　二度と私の前で彼女の名前を出さないで』と言い、決して生母
　について尋ねませんでしたし、写真も見たがりませんでした。彼女は私
　の生母のことを自分の心から消し去ってしまったので、もう二度と生母
　に私を会わせないと思っているのです。養母に言わせれば、私と生母の

再会は自分勝手なことだそうです。『彼女はあなたを私に託したんだから、いまさら戻ってくることなんてできない』というのです。どちらにせよ養母との関係は最悪なので、どうでもいいことです」

インタビューをした家族のなかには、怒りのあまり息子や娘と縁を切るような養親はいなかった。しかし、ジョアンナの養親のように、初めに怒りの感情が爆発してしまい、それ以上話を聞くのを拒否してしまうことがときどきある。

「私は父に、手紙を受け取ったこと、そして自分が前に児童協会に行ったことがあり、そこで自分の養子縁組について知ったことを話しました。すると父から『それ以上調べるつもりか』と聞かれたので、私は『まだ決めていない』と答えました。本当にまだ決めていなかったのです。それから父は『よし、もしもこれ以上捜索するつもりだとしても、私には言うな。それから母さんには絶対に何も話してはいけない……』と言いました」

ここまであからさまな怒りはかなりまれだが、実際に起こりうると指摘しておかなければならない。それでも、あなたは決して養親を見捨てるわけではないということをきちんと伝えることで、彼らの怒りは時間の経過とともに小さくなるかもしれない。

（4）打ち明けない

わたしたちの研究では、捜索や再会を養親に打ち明けなかった、あるいは再会からかなり時間が経過してから打ち明けたという人や、あとになって養親が気づいたという人が20％を占めていた。なぜ打ち明けられないと感じるのか、あるいは打ち明けることを先延ばしにすべきと感じるのか、いくつか理由があるが、おもな理由は、養親がひどく傷ついたり、拒絶されたと感じたりすることを恐れるからである。また、自分たちの関係が耐えられるか

不安に思って打ち明けたくない場合もある。たとえば、アヴァは交流について数年間秘密にしていた。それは彼女の養親を守るためでもあったが、養親が交流について知ってしまうことで、彼らの愛情や支援を失ってしまうのではないかと悩んでいたからだ。

　　「私が彼ら（訳注：養親）に話せなかった理由は、彼らとこれまで一度
　　も再会について話をしたことがなかったので、彼らがどんな反応をする
　　かまったく想像できなかったからです。いちかばちか話してみるなんて、
　　私はできません。それに『知らぬが仏』って言うじゃないですか。だか
　　ら私は言わないでおこうと決めたのです。私は母や父を傷つけるような
　　ことはしません。私は自分自身の行動についていくらでも説明ができま
　　す。でも、もし私が彼らの立場だったら、『なぜ娘はそんなことする必要
　　があるのか？』と思うでしょう。とくに父は。私は、どんなことがあっ
　　ても、自分の親を遠ざけるようなことはしません。あまりにリスクがあ
　　りすぎるから、親には絶対に話しません。すべてのことの中で唯一、ネ
　　ガティブなことは罪悪感です。母と父には打ち明けられないと感じます
　　が、それができるならどんなにいいかと心から思っています。なぜなら、
　　家を出てからずっと、母と父は、私が彼らを必要とする時はいつもとて
　　も大きな支えになってくれたからです」

　養親に内緒で交流をしようとする人たちは、二重拘束（ダブルバインド）の状態に陥ってしまう。アヴァは養親に話さないことに対して罪悪感を覚えただけでなく、話すことによって起こりうる結果を恐れていた。こうした状況は、養親の方がもっとオープンになり、自分たちが捜索をサポートするという姿勢を見せることで改善されるかもしれない。しかし、それでも養親に伝えたいと思わない人がいる。これはエレノアの例である。

　　「私は今でも、母が何か『それっぽい話』をしようとすると気まずさを
　　感じます。母は何回か私に『もしあなたが探そうとするのなら、私は了
　　解するつもりよ』と言ったことがあります。でも、私はそのことについ

▼ アドバイス・ボックス

打ち明ける決心をする

　捜索と再会の可能性に対して養親がどのように反応するか、それを正確に予測するのはむずかしいことが多い。たとえ養子縁組や捜索について話し合ったことがなかったとしても、親がそうしたことを考えたことがないというわけではない。養親のほぼすべてが現在では捜索と再会が可能だと知っていることを忘れないでほしい。そして、あなたがそれをするのかどうか、したのかどうか、と彼らが考えをめぐらしている可能性が高いということを。

　以下のようなことから、養親が示しうる反応について、何か手がかりや示唆を得られるかもしれない

・養子縁組や捜索についてのメッセージ。子どもの頃、養親がどれくらいオープンだったか。そしてもっと最近では、養子縁組や捜索について、どれくらいオープンなのか。
・テレビ、新聞、会話のなかで、そうした話題が出たときに、養親がどのように反応するか。
・捜索をしたことがあるきょうだいはいるか、そのとき親はどのように反応したか。
・養親との関係はどのようなものか。繊細な話題について気軽に話すことができるか。

話題として取り上げるためのアイディア
・捜索と再会は、再会の実話を伝えるメディアや、ドラマや映画のフィクションの物語でよく出てくる。これらは会話を始めるよいきっかけになりうる。
・「もしも」の話として、取り上げることができるかもしれない。たとえば、捜索についてあなたが考えてきたことを話し、もしそれを現実にすすめたら両親がどう感じるかについて尋ねてみることである。

ほかに考えておくとよいこと
・理想をいえば、あなたはどんなことが起こってほしいのか?
・もし、あなたが親の立場なら、どんなことが起こってほしいと感じると思うか?

て話したくなかったのです。すると彼女がもう一度同じことを言ったので、私は『今が母に話すベストなタイミングだ』と思いましたが、それでも私は勇気を出すことができませんでした。そして当然、私はずっと打ち明けないままでいました。そうすることで、打ち明けることがどんどん難しくなっていきました。私は親を傷つけたくなかったのです。私は、本当に親を傷つけてしまうと思っていたし、親には私の行動を理解してもらえないと思っていました。現実には、私の弟が自分の出生について調べて、彼がぜんぶ養母に話すと決めたときに、そのタイミングがやってきました。弟がしたことを母から聞いた時、私は『へぇ、実は、私も同じように調べていたの』と言いました。すると母は『そうじゃないかと思っていたのよ』と答え、私は『それだけじゃなく、実際に彼らに会ったわ』と言いました。母は私が話したことに理解を示してくれました。彼女は、私が打ち明けてくれたことがとても嬉しかったようですが、言うまでに長い時間がかかってしまったことに傷ついてもいました。可能ならすぐに打ち明けることをお勧めします。少なくとも私のように7年も8年も黙っているべきではありません！」

　打ち明けるか、打ち明けないかという問題に、簡単な解決策はない。多くの養親や養子になった人が、再会によってお互いの関係が崩れてしまうのではないかと感じているのだからなおさらだ。しかし長い目で見れば、心を開き、打ち明け、協力を求める方が賢い選択であろう。

（5）みんなが楽な気持ちで生きられるようにする

　養親が養子縁組について比較的オープンであれば、彼らの反応を予想し、捜索について打ち明けることはずっと容易になる。しかし、たとえ養子縁組に関して話しづらい環境であったとしても、捜索や再会について話すことは、必ずしもお互いの関係を悪化させ、壊すことを意味しない。養子になった人の大多数は、もともと養子縁組についてあまり話しやすい環境ではなかったと言うが、最終的には捜索について親に報告することができ、概してうまく

いったということがわかった。しかしながら、寛容でいることはいつも簡単にできるわけではなく、ときにはお互いの関係を試すことになるかもしれない。

あなたが養親の抱く感情に敏感であること、そして自分が必要とすることに素直になること、この二つのバランスがきちんととれていることが、あなたの助けとなる。再会を広い心で歓迎してくれる養親は多くない。傷ついたり怒ったりする養親は、「理性的でない」振る舞いをすることもある。あなたが養親の協力を一番求めているとき、これは受け入れがたいことである。そうしたときは、なぜ養親はそのような態度を示すのかを理解しようとすることが大切だ。ほとんどの場合、養親の苦痛や怒りの感情は、自分の子どもを失うかもしれないという恐れから生まれる。また、再会をするということは、あなたや養親、そしてあなたの家族にとって、拒絶の可能性を高めることになる。養子になった人にとっての一番の恐れは、生親側の親族に拒否されることであるが、養親もまた彼ら自身が拒絶されたり、生親に取って代わられたりすることを恐れている。その結果、養親は傷けるようなことを言うかもしれず、もしかしたら少しよそよそしくなるかもしれない。これに対処する最善の方法はおそらく、彼らの立場に立って、なぜ彼らがそのように振舞うのかについて考え、できるだけ彼らを安心させることである。ウナが以下に述べていることからそれがわかる。

　　「実父を探し出すことで、私の親との関係は変わりました。養親は、私
　が自分たちのことを完全に忘れてしまうだろうと思っていたので、養親
　は試されることにもなりました。そして、私は、自分はそんなことをす
　る人間ではなく、養親が私のためにしてくれたことすべてに感謝してい
　るということを、養親に証明しなければなりませんでした。私は養親の
　立場に立って、彼らの恐れを理解しようとしました。それで今までより
　養親のことがはるかによくわかるようになったのです。まるで、養親が
　突然、生身の人間として現れたようでした。一緒に住んでいた時よりも
　そう感じました。彼らが本当にものすごく恐れていることが分かったの
　で、真剣に配慮しなければなりませんでした」

敏感であることは、ある意味、養親たちが自分たちのペースで前に進むことを許すということである。多くのケースで、時間の経過と、養子になった人が養子縁組先の家族を捨てられないという事実から、緊張が和らぎ、養親の恐れは軽減する。より多くの再会の情報をできるだけ早く得たいと思う親もいれば、もっとずっと慎重に物事を進めていきたいということを明らかにする親もいる。もう一度、ウナの言葉を引用しよう。

　　「私の養母は、情報の断片を少しずつ、段階的に受け入れることができ
　　ました。私が父を見つけた当時、彼女はそのことを知っていましたが、私
　　はあえてそれ以上のことを説明せずにそのままにしておきました。すると
　　彼女は私に「きょうだいはいたの？」と尋ねました。だから私はその質問
　　に答えました。まるで彼女に質問されたことに答えているだけのような感
　　じでした。その情報だけなら彼女が処理できると感じていたからです。今
　　では私の妹に会ってくれるほどになりました。私が話すと、母はいつも私
　　の妹について尋ねてくるし、妹に手紙も書きます。彼女は私の父にはまだ
　　会っていません。でも、心の準備ができたときに母は私に知らせてくれる
　　とわかっているので、そのときまでそっとしておきます」

　養親に対して思いやりをもち、公平に、敏感であることがどれだけ重要だったとしても、あなたが自分自身と自分の欲求に対して正直であることも同じくらい大切である。あなたが望む限り、あなたには出生親族を捜索する法的な権利だけでなく、道徳上の権利もある。それにもかかわらず、敏感性、サポート、寛容性を合言葉にしなければならないし、生じる感情の強さや複雑さを考慮すると、問題が必ずいくつかある。捜索に直接関わっていない相手と話すことで、あなたは感情のもつれを解いたり、物事をもっと簡単にする方法を考えたりしやすくなるだろう。養親も、自分たちが捜索や再会の影響を直接受けており、物事の展開をほとんどコントロールできないと感じるときは、話し相手になる人がいることをありがたく思うかもしれない。ほとんどの養子縁組機関は養親にサポートを提供する。カウンセラーに話すことは完全な解決策にはならないかもしれないが、それによってコントロールの

▼ アドバイス・ボックス

養親が怒っている、または再会をとても不安に思っている場合に考えること

・養親は傷ついたり、怒りを感じたりする可能性がある。ほとんどの場合、彼らは単に理性的でないのではなく、恐れを抱くからこそ傷つき、怒るのである。

・彼らに時間を与えること。再会が進展するにつれて、彼らは自分たちが代わりのきかない存在であることに気づくだろう。

・言葉と行動でもって、彼らを安心させること。

・カウンセラー、同じ経験をした人、きょうだい、他の家族のメンバーといった、養親が自分の感情をさらけ出すのを助けてくれそうな人と話をするように、養親に勧めること。

・養親がサポートしないか、励ましてもくれないときには、あなたは怒りを感じるかもしれない。養親と対立する危険をおかすのではなく、誰か他の人と話すことで自分の怒りに上手く対処することが、おそらく最善である。

・たとえ難しくても、何らかのかたちのコミュニケーションはとっておくよう努力すること。もしあなたが彼らから遠ざかれば、彼らに最悪の恐れを感じさせるだけだろう。

・彼らのペースに合わせて情報を与えるように心がけること。可能なら、再会と交流がどのように進んでいるかの現実的なイメージ、つまりうまくいっていることとそれほど簡単ではないことを教えるとよい。彼らが最も心配することは、自分に取って代わるかもしれない「完璧」な生みの親とあなたが素晴らしい交流をしている、ということなのかもしれない。交流の現実的なイメージはそんな幻想を打ち砕き、同時にあなたの交流が間違いだったという誤った印象を彼らに与えずにすむのである。

・あなたが養親で、不安や心配がある場合は、はっきりとそう言うこと。それはあなたの息子や娘に、あなたを安心させる機会を与えるだろう。また、自分がなぜそんなふうに感じているように思うのか、理解しようと努力すること。あなたは養子になった人の立場に立ち、彼らがなぜ自分の出自を知りたがっているのか、考えることはできないだろうか？
大多数のケースで、養子縁組先の家族との関係は変わらないか、むしろより強くなるということを忘れないように。あなたが交流をサポートすることができた場合にはとくにそうだ。

7 養子縁組先の家族との再会 *145*

感覚をいくらか取り戻すことができるかもしれない。このことはウェンディの報告に示されている。

> 「彼らはカウンセラーに話していくつかアドバイスをもらったり、実際にカウンセラーに会いに来てもらったりしましたが、私はそれが助けになったのだと思います。母が言うには、そのおかげでいくつかの点が明確になり、さらに、次の数カ月間から数年間にわたって起こるだろうことに対して準備ができたようです。そして私が彼女と一番最近話したとき、彼女は『ほら、今のところぜんぶカウンセラーの言ったとおりだわ』と言いました」

　何よりも、初めの頃はすべてがスムーズに順調にいかなくても、焦らないようにすること。実際に、養子になった人とその親の絆は強いため、関係が壊れることはめったになく、それどころか大多数は再会がもたらす試練に向き合った結果、より強固なものになる。次節ではこれを詳しくみていく。

（6）家族のバランスをとる

　ここまで捜索や再会を知らされた養親の反応をみてきた。本節では話をさらに先へすすめ、人びとがどのように養子縁組先の家族と生親方の家族の両方とうまく関わっていくのか、また再会が養親との関係に与える長期的な影響をみる。まず統計をいくつか見て、養子になった人が二つの家族をもつことに対処するさまざまな方法をさらに掘り下げてみよう。
　わたしたちの研究では、再会が、養子になった人と養親の関係に大きな損害を与えることはほとんどなく、むしろ多くの場合、その関係が強化されるという重要な事実がわかった。養子になった人の半数以上が、再会の後、養子縁組先の家族への感謝の気持ちが増したと話した。これはどんなときも順調にいくという意味ではない。ほとんどの養親は、自分たちは取り替えのきかない存在なのだという大きな安心感を必要としている。場合によっては、このことが関係性を試すことになる。しかし、ヴァルとザラが発見したよう

に、最終的に絆は強くなる可能性がある。

　「実際に実親の捜索をすすめるという道を選択したことで、自分の親を裏切ってしまったように思うことがあります。そのせいで養親にかなりたくさんの苦痛を与えてしまったときがあることもわかっています。しかし、動揺やトラウマがあったにもかかわらず、そうしたことは皆にとって、親と兄弟にとってさえも、本当に良い影響をもたらしたと思っています。なぜなら、何年にもわたる対話を通して、もしかしたら新しい見方で私をみて『そうだ、彼女（訳注：ヴァル）は、私たちを本当に、本当に愛しているのだ』と思えるのかもしれないということに、彼らが気づいたからです。だって、これは試練で、彼らはそれを切り抜けてきたのですから」ヴァル

　「それは養親を動揺させるもので、彼らが心で感じることと頭で考えることは同じではありませんでした。このまま何年も経ったら私を失ってしまうのだろうと、養親は思っていました。つまり、養親は何が起ころうとしているのか、わかっていませんでした。予想外の出来事だったのです。母は『まあ、あなたはこれから、流行に敏感で、はやりのジーンズをまだ履いているようなお母さんを愛していくのね！』と思っていたのです。最終的に養親は落ち着きを取り戻しました。それから私の生活にさほど変化はなく、彼らとの関係も、強くなったのではなかったとしても、それほど変わっていません」ザラ

　わたしたちの研究でわかった重要なことの二つ目は、養子縁組先の家族との関係は強く、生親方の家族との関係よりも活発な状態が維持される傾向があるということである。確かに血縁のもつ意味は大きく、生親方の家族との交流が継続することが多いことをここまで見てきた。しかし、家族の中で育ち、歴史を共有することもまた重要であり、もしかしたら血縁よりもさらに重要かもしれない。

・捜索を行う人のうち、最初の交流から5年以上が経過しても、生母と毎週連絡を取り合っている人は24％なのに対して、養母と毎週連絡を取り合っている人は67％である。
・養子になった人の60％が、養子縁組先の家族の中で過ごす方が「家にいる」と感じる。

　ところが、ほとんどの人にとって養子縁組先の家族との絆がより強いものである一方で、養子縁組先の家族と生親方の家族のあいだのバランスがうまくとれなくなったケースもいろいろある。わたしたちの研究では、養子になった人の半数強が、再会のあとの8年間は、おもにまたはもっぱら、養母とだけかかわりをもっていると答えた。20％は養母と生母の両方と等しくよい関係をもっていると答えた。しかしながら、13％は、現在おもに生母とかかわっていると報告しており、そしてわずかではあるが、養親とはもう定期的に連絡を取り合うことはなくなったというケースもあった。
　ここで、養子になった人が二つの家族との関係を同時にうまくやっていくさまざまな方法と、この二つの家族との間にあるつながりの有無とその強さについて、もうすこし詳しく見ていこう。

家族が拡大する
　このタイプの交流においては、養子になった人が、養子縁組先の家族と同様に、生母（とその家族）とあたたかく前向きな関係をもつ。養親はその交流をサポートする。すべての関係が最初からゆったりと寛容なものであり、生親と養親のあいだに競争心や衝突がないように思われる。再会によって家族の定義は拡大し、生母とその家族が招き入れられ、両方の母にはほぼ平等な地位が与えられる。生親と養親はお互いに対してともにおおらかであり、それぞれが息子や娘ともつ関係を認めサポートしている。たとえば、ドーンは交流がうまくいった喜びを次のように述べている。

　　「養母と生母は話をしますし、養母は『あなたのお母さんとお父さんは
　　元気にしてる？』と聞きます。生母は、私に電話をすると『あなたのお

148

母さんとお父さんによろしく言っておいてね』と言います。彼らはお互い会ったことがあるし……お父さんとお母さんがやってきて、母に会いました。そのあと彼らは、私の結婚式でもう一度会ったのです。私はそうなることをいつも夢見ていました。いつの日か結婚して、彼らにそこにいてもらえることを夢見ていたのです。それが叶いました。素晴らしいことでした」

ハリーもまた似たような状況を語った。両方の親たちのあいだに競争がなかったので、どちらの側を選ぶのか、強要されずに済んだというのである。

「二人の母は実際に電話で話しました。それは二人にとってかなり感情を揺さぶられるものだったと思います。母は私を生んでくれたことへの感謝の気持ちを彼女に伝えたようで、彼女は私を世話して育ててくれたことやその他のすべてのことに対して母に感謝の気持ちを伝えていました。そのあと、最初のクリスマスに養母は、私の赤ちゃんの頃から大人になるまでの選りすぐりの写真でフォトアルバムを作って、彼女にクリスマスプレゼントとして渡しました。彼女は私の写真を持っていなかったのですが、これまでの私の写真をすべていっぺんに手にしたのです」

このタイプの交流はきわめてうまくいく可能性が高い。双方の親が、自分も関わっていると感じることができ、養子になった人も忠誠心の葛藤に直面せずにすむ。このような比較的幸せな状態は、簡単に達成されるものではない。そのためには、もう一方の親を歓迎できるほど十分な安心感を、両方の親があなたとの関係で得ている必要がある。すべての親が、養親でも生親でも、このように一緒になることを心地よく感じるわけではない。養親あるいは生親のどちらかが心地よく感じていない場合もある。また、養子になったすべての人がこのタイプの交流を望むわけでもない。

現実的にあきらめる
　養子になった人びとが、生親方の家族と養子縁組先の家族を引き合わせる

機会を望んでも、可能ではなさそうな場合もある。「現実的にあきらめる」というパターンの交流においては、養子になった人と生親方の親族の交流はうまくいっているが、養父母の少なくともどちらかがその交流を脅威に感じている。このような場合は、養子になった人は、すべての関係が円満あるいは理想的なわけではないと受け入れるようになる。養子になった人は養親がとった態度に失望したり、時には腹を立てたりするが、理解はしている。彼らは両方の親に会ってもらい、一緒にいて心地よく感じてほしいと思うが、おそらくそれは起こらないということ、あるいは将来的に一度きりの面会以上のことは起こらないだろうということを受け入れられるくらい現実的である。ウェンディは次のように回想している。

> 「私の親は、ふだんはとてもおおらかな人たちですが、母はこれ以上ないくらい動揺していました。実際に彼女は、この間6月に私の生母に会ったときは体を壊しました。養母は『私はなんてバカなの？　彼女を見るたび、彼女は同じ生身の人間で、おそろしい怪物ではないと自分に言い聞かせるの』と言いました。実際に、同じ部屋に入れると、彼女たちは何の問題もなくうまくいくのです。ただ、彼女たちに友達のように仲良くなってもらうのは、いい考えと思えません。結局、彼女たちの唯一の共通点は私なのです。彼女たちには彼女たちの人生があり、そっとしておくのが一番よいと思います」

　同様に、ヴァルも養親を交流に参加させたいと思いながらも、彼らが本当は参加したくないことを知っていたので、慎重に物事を進めなければならないと感じていた。

> 「私の母は、実母を脅威とみなしていました。それで私たち（訳注：ヴァルと弟）は、みんなを会わせようと何度も試みましたが、母はただ、自分にそんなことができるとは感じていませんでした。でも時間の経過とともに物事はだんだんよくなってきて、今では私が『そうだ、夕方彼女と過ごしてきたよ』と言っても、母に電話をガチャンと切られた

り、突然泣き出されたりすることはなくなりました。私は現実的なので、彼らが決して親友のような何かになることはないと十分認識しています。たぶんいつの日か彼女たちは偶然会うかもしれないけど、私は二人のあいだに本当に前向きな関係ができるとは思えません。お互いの存在を認めるくらいにとどまると思います」

　もしあなたが人生の二つの部分を一緒にしたいと望んでいる場合、片方が敵対心を持っていたり渋っていたりすると、とてももどかしいだろう。しかし現実には、うまくいきそうにない人や会いたがっていない人を一緒にさせることは、逆効果になる可能性が高い。物事は時間の経過とともに変化するかもしれないが、そうならなければあなたは事実を受け入れ、二つの関係を分けたままにしておかなければならないだろう。

別々の世界

　実際に養子になった人の全員が、それが可能かどうかにかかわらず、養子縁組先の家族と生親側の家族を引き合わせたいと思っているわけではない。養子になった人でも、それぞれの家族と別々の関係をもち、その間にはっきりと境界線をもうける人は、二つの家族を分けておく方がずっと居心地よく感じるのである。この「別々の世界」で行われる交流では、このはっきりとした境界線が、感情的で熱心になっている生母から、養子になった人だけでなく養母を守る一つの手段になっていることがある。デイビッドは次のように語る。

　　「私の生母は一週間のうち毎日でも私に会いたがる人ですが、それは失われた時間を取り戻すためだと思います。でも、私は『いや、それはできない』と言っています。私はここでの生活を維持したいと思っていて、彼女といる時は彼女の息子になりますが、ここにいる時は母と父が私の親なのです。私には本当に二つの別々の生活があるのです。両方を幸せなまま維持するよう努めていますよ、本当に。私の父はとてもオープンな人で、生母に会いたがりました。でも私の母はとても控えめで、『いや

7　養子縁組先の家族との再会　　*151*

よ、私は彼女に会いたくない』とは言わなかったものの、『ええ、ぜひ彼
女に会いたいわ』とも言いませんでした。母が本当に会いたがっている
とは思えないので、一度も会わせたことがありません」

　ニコラのやり方もよく似ており、少なくとも養母を守るために、二つの家
族を分けていた。

　　　「生母が私の親に会いたいと言っていて、母は私がそれを望むならかま
　　わないと言いました。彼女は会ってくれるでしょうが、それにどう対処
　　したらいいかは分かっていません。メアリー（訳注：生母）ですが、彼
　　女は私の母と父に会いたいと言いましたが、私もそれを望まないので実
　　現することはないでしょう。私は母と父をメアリーに会わせるようなこ
　　とをしたくありません。私は母のことがわかっています。もしそうなっ
　　たら、彼女は終始、守りをかためて身構えているでしょうね」

交流における「固い結束」

　これまで、養子縁組先の家族と生親方の家族の両方で強力な関係が維持
されるような交流をみてきた。しかし、わたしたちがすでにみてきたよう
に、いつもこのようにバランスがとれるわけではなく、どちらか一方の家族
との関係が不安定だったり、存在しなかったりする。一般的には、それは生
親方の家族との関係であり、具体的には生母との関係である。生母との関係
が難しい場合、とくに「綱引き」あるいは試すような状態では（第4章参照）、
養子になった人びとの中には、生親方の家族と築く関係を犠牲にして、養子
縁組先の家族との間にそれまでよりはるかに強い関係を発展させる人もいる。
ジョアンナの場合がそうだった。

　　　「養親は再会を知らないのだから、養親との関係に影響するはずありま
　　せん。そのおかげで自分はもっと養親と親密になったと思います。私は
　　養親を前よりもっと大切に思うようになりました。ひどいことを言うよ
　　うに聞こえるでしょうが、私が受け入れられるはずもないような生活か

ら、養親が救い出してくれたようなものです」

　これらの「固い結束」をともなう交流では、生親方の家族との関係はたし
かに継続はするが、それは養子縁組先の家族との関係よりも難しく、積極的
ではない。生親方の家族との関係がまったく発展しないような、別の「固い
結束」をもつグループもある。それは、生親方の親族が、仲介サービスを通
して養子になった人に連絡を試みるものの、そうした接近がまったく歓迎さ
れないという状況である（第8章も参照）。この場合、養子になった人は養子
縁組先の家族との一体感が強く、生親方の親族からの接触が自分たちの生活
に対する侵略であると感じている。こうしたケースにおいては、連絡のやり
とりがあったとしても、つながりがほとんど確立されず、むしろ養子になっ
た人は脅威を感じることで養子縁組先の家族とさらに親密になる。たとえば
シャーロットは、養子縁組先の家族が集まって、皆で戦略を決めたのだが、
結局生母とのたった一度の不満足な面会で終わったことについて、次のよう
に述べている。

　　「親ときょうだいと私で何時間も話し合いました。さらに、週末をま
　　たいで何度も話題に上がりました。家族は『それがあなたのしたいこと
　　なら、ぜひやりなさい』と言ってくれました。それで手紙を書くという
　　ことに決まりました。私たちはたくさん話し合ったのです。そして実際、
　　どうやら私たちの関係は、いずれにしてもすごくいい関係だったのです
　　が、もっとよくなりました」

交流における「乗り換え」と「漂流」

　ここまで明らかにしてきたさまざまなパターンは、再会後の養子縁組先の
家族と続いた関係性をもとに分類している。あるときにはとても前向きで、
あるときには少し緊張関係があり、またあるときには防衛的である。養子縁
組先の家族との関係が、非常に緊迫したものになったり壊れてしまったりす
るケースも少数ある。「乗り換え」が生じる交流では、生親方の家族と新し
い関係が築かれたあと、養子縁組先の家族との関係が壊れてしまう。一方、

7　養子縁組先の家族との再会　*153*

「漂流」をまねく交流では、養子縁組先の家族と生親方の家族、これら両方との関係が崩壊してしまう。どちらのパターンもまれである。

　イアンの交流は、「乗り換え」が生じた関係性の数少ない例の一つである。彼は、生親（養子縁組の後に二人は結婚した）と長い間とても親密な交流をしていたが、やがて養親にそれを伝えると、彼らはとても憤慨した。養親との関係は完全に崩壊したわけではなかったが、生親との関係に比べると、まったく活発ではない。

　　　「生物学的な親を知ったことが原因で、自分と、私を養子に迎えてくれた父母の間に、衝突がたくさんあったように思います。彼らは私と会うのにいつも壁をつくりました。養親はいつもすごく忙しいので、もし彼らに会いたければ、基本的に会う約束をしなければなりませんでしたが、それがさらに状況を悪化させました。なぜなら、ジーンとチャーリー（訳者注：生親）であれば、私はただひょっこり顔を出すだけでよかったからです。養親は怒っていると思います。私には理解できない理由で、生親との関係について不満があるのです。しかし、ある意味、彼らは最初に私を養子として受け入れて、自分たち自身でこの状況を作り出したのです。彼らはそういう選択をして実行してきたのだから、その結果を私が受け入れるのと同じくらいこれを受け入れなければならないし、実際にこれに慣れていかなければなりません。私は自分のやり方を変えることはできないし、この状況を変えることもできないのです」

　イアンの養子縁組先の家族との関係は難しいものだったが、彼は生親方の家族ととても強い関係をもった。「漂流」のケースでは、両方の家族の関係がともに壊れやすい。たとえば、ロシェルと養親の関係は、生親との再会の前からかなり問題の多いものだった。生親との交流もうまくいかず、彼女に残されたのはとても脆弱な家族の絆やサポートだった。

　　　「私は（養子縁組先の）家族とそんなに連絡をとり合っていません。なぜなら、彼らの愛は、他に適当な言葉が見つからないのでそう言ってお

きますが、私には実際なんの役にもたたないし、ぜんぜん私のためにも
なりません。私を気分よくしてくれることはないのです。役にも立たな
いし、そもそもそこに愛なんてないのです。本当に自分のプライドをか
けて、交流のことを彼らと話し合いました。本当に、生親方の家族との
交流は養親と関係ないと思っていたので、養親にかかわってもらう必要
もなかったのです。でも実際に関心をもった人は誰もいませんでした。
……そして実は、生父の家族との関係は、自分の養子縁組先の家族との
関係にかなり似たものだと思いましたし、今もそう思っています。自分
がそんな家族を二つももっていることが信じられませんでした。そし
て、生母の家族は、実はもうかなりメチャクチャでした！ 私が現れたら、
彼女が自分で解消していない感情や、対処しきれていない物事が、喚起
されたのだと思います。私がこの厄介な問題の蓋を開けたので、支えに
なろうとして、自分にできることはすべてしなくてはという気持ちでし
た。でも結局、生母といると息が詰まるようでした。慎重に行動し、自
分の要求や繊細さを犠牲にして、彼女の要求や繊細さに応えなければい
けないような、とても難しい関係で終わりました」

　養子縁組先の家族と生親方の家族、どちらの関係もうまくいかないという
状況に直面せざるをえない人は多くはない。もしも、このような状況になっ
たときは、どちらかの家族と何らかのかたちのコミュニケーションをとり続
けておくことが、やはり重要である。あとからもっと多くの共通点が見つか
るかもしれない。そのときまでは、状況への対処に役立つサポートを、でき
るだけたくさん得るようにしておくとよい。

まとめ

・養子になった人のほとんどが、捜索や再会を養親に伝えて傷つけることに
　なるのか、あるいは養親に隠したまま進めて秘密の生活を送るのか、とい
　う難しい選択に直面する。きびしい選択かもしれないが、打ち明ける人が
　ほとんどだ。親が示す最も一般的な反応は、たとえその捜索や再会が彼ら

自身や養子になった人にとってどんな意味を持つのか心配や不安を感じていても、できるだけ協力的でいようというものである。

- たいていの場合、最初に「打ち明ける」局面が最も難しい部分である。長期的に見れば、ほとんどの人の養親との関係は変わらないままか、むしろ実際には、捜索によって課される試練を切り抜けることで、その関係はよりよいものになる。

- 養子になった人びとは、生親よりも養親ともっと親密になって終わるのが一般的であるが、さまざまなケースがある。

- 二つの家族とかかわるにはたくさんの方法がある。家族を引き合わせたがる人もいれば、そう望みつつ実現できない人もいる。さらに両方の親たちや家族を別々に維持して満足する人もいる。養子縁組先の家族とはるかに強いかかわりをもつ人もいれば、生親方の家族とそうする人もいる。ときには、両方の家族との関係が壊れてしまうこともある。

- 捜索と交流のプロセスは、ほとんどの養親にとってつらいものである。生親方の親族の登場に、大きな脅威を感じるかもしれない。ほとんどの養親は、たとえ自分たちが不安を感じていても、正しいことをしようとし、交流をサポートしようとする。なかには、とても腹を立てたり、あなたを避けたりする養親もいるだろう。理想を言えば、あなたが再会の道へ歩み出すとき、養親はあなたを支えるべきだが、恐れを感じるために支えることができない場合もある。そのときあなたにできることは、可能なかぎり忍耐強くいることと、彼らをできるかぎり安心させることである。

8 拒絶及び失敗に終わる再会

> 本章で提示されるデータによって、養子になった人びとは、拒絶や失敗
> に終わった再会を意味づけられるようになるかもしれない。

（1）イントロダクション

　養子縁組やその後の交流に関わるほとんどの人は、いずれかの時点で、拒
絶を感じたり拒絶を恐れたりするだろう。もちろん、すべての関係において
（友情、夫婦、仕事での人間関係においてさえも）拒絶の感情は人を傷つけるが、
養子縁組やその後の交流には、拒絶される恐怖を特に顕著にするような、と
ても強力な何かがあるようだ。養子になった人びとの多くは、生母から養子
として託された時から、多かれ少なかれ拒絶されたという感覚を持っている。
生母の多くは、養子になった人びとが、拒絶されたように感じるのではない
かと心配している。もし、あなたが再会を検討している段階なら、生みの親
側の親族はあなたのことを知りたいと思わない可能性があるとか、再会の最
初の連絡はただ無視される可能性があるとか、もし会ったとしても、相手は
もうあなたとは会わないと決めてしまう可能性があるなどと心配しているか
もしれない。時には、生みの親側の親族に会いたいと思っていても、拒絶さ
れることを恐れるあまり、捜索をやめてしまうこともある。

　フェンスの反対側では、生みの親側の親族が拒絶されることを恐れて捜索
を躊躇しているかもしれない。あるいは、実際に出生親族からの接近は、既
に拒否されてしまったのかもしれない。生母、生父との再会の章では、拒絶
に対する恐怖がどのように親子関係の展開に影響を及ぼすかをみた。そして、
第7章で検証してきたように、拒絶は、出生家族に取って代わられるのでは
ないかと心配する養親にとっても、重大な問題である。

この章では、決して成就しない再会に焦点を当てる。そういった再会では、当事者の一方が連絡を拒んだり、あるいは再会してもすぐに破綻したりする。わたしたちは、この両方のタイプの拒絶を考察するが、両方とも一般的ではないということを強調しておこう。そして、連絡を拒んだり、急に連絡を断ってしまったりする養子になった人びと・出生親族の両者の視点から、可能な限り深く探り、なぜ拒絶が起こるのかを検証していく。このデータを公開する目的は、拒絶を受ける側にいる人たちが、それを意味づけられるようにするかもしれない考え方を提供するためだ。本章の後半では、人びとが拒絶に対してどのように反応するかをみる。また、この必然的に非常に辛い経験となるものをどのように受け入れていくかも提案する。

（2）初っ端での拒絶、あるいは連絡後の拒絶の可能性

　最初に述べておくべきなのは、拒絶はそれほどよく起こることではないという点だ。養子になった人びとから接近された生みの親側の親族の大部分は、連絡を取りたがるものだ。同様に、出生親族の代理の仲介者を通して連絡を受けた養子になった人びとの大部分も、再会へと進んでいく。最初に連絡を受けた人が、情報交換や再会を拒むケースは、ほんの少数だ。わたしたちの研究では、出生親族（ほとんどが生母）と連絡を取ろうとした養子になった人びとのなかで、即座に拒絶されたのは、たった７％、274人中19人であった。出生親族から連絡を取ろうとした場合でも、同様の状況だった。出生親族との連絡を拒否したのは、養子になった人びとのわずか10％である。つまり、全体としてみれば、再会が出生親族、養子になった人びとのどちらから開始されようとも、最初から拒絶されて再会が成立しないという結果になるのは、10％未満に過ぎない。

　また、1、2度の手紙のやり取りや顔合わせで終わる再会もある。そのような再会は、生母とは７％、生父とは10％、生親が同じきょうだいとは12％の割合で発生している。出生親族から開始された再会でも、顔合わせをしてすぐに終結しているのはごく少数だ。

（3）拒絶と早期終結の明白な理由

　わたしたちの研究によると、即座に拒絶されたり、一度会ったあとで連絡が途絶えたりするというのは、極めて稀だ。あなたが生みの親側の親族とこれから連絡を取ることを考えている場合は、これで安心できるだろう。しかし同時に、実際に拒絶されたり、1、2度のやりとりで連絡が途絶えてしまった人びとにとっては、ほとんど何の慰めにもならない。もしあなたがこの状況に陥ったら、拒絶が非常に稀なのに、なぜそれが自分に起こったのか、と疑問に思うだろう。拒絶や連絡がすぐに終わってしまった理由を見ていこう。

初っ端での拒絶：明瞭なメッセージ

　連絡したら直ちに拒否された経験を持つ人たちにとって、最も難しいことの一つは、なぜそれが起こったのかを正確に理解することだ。連絡をした側の人が、その接近を歓迎しない、あるいは反応したくないというメッセージを相手から受けとった事例がいくつかあった。一方で、ただ沈黙が続くだけの事例もある。最初に、連絡された側が否定的な反応を示す例を、出生親族が連絡された例と養子になった人びとが連絡された例の双方についてみてみよう。

　拒絶がわかりやすくはっきりしている場合、多くの場合、互いに関係した二つの主な理由がある。一つ目の理由は、連絡をした側の人に対する感情や興味が欠如しているからであり、もう一つは、連絡した人が自分の世界を脅かすのではないかという思いがあるからである。

　養子になった人に対して生親、特に生母が何の感情も持たないということは、ほとんどの人にとってはかなり理解しがたいものである。仲介者を介した接近に対する生母の「冷淡な」反応について、ジェマがこう語っている。

　　「彼女は返事を書いてくれましたが、関わりを持ちたくないと言いました。彼女が私を知りたくないというので、私は傷つきました。とても傷つきました。私は、彼女の気持ちが変わるかもしれないと思っていました

が、そうではなかったようです。彼女は18歳のときに私を手放し、今は
新しい生活を送っている、と言いました。そして、彼女は私に対して愛情
はないとも言いました。私が生まれてから養子になるまでの間、祖父母が
私の世話をしていたので、私に対して何の感情もないと言いました。そし
て未だ何の反応もありません。最近も、何通か手紙を書いたのですが、戻
ってきました。彼女が、まだ私を拒絶していることに、今も傷ついていま
す。私に会うことさえしない、ただ会って話すことさえしないことに、私
は怒りを感じています。会って話をするだけでいいのに。そして、なぜ私
は養子になったのか、そして自分の過去を少しでも知りたいです。しかし、
彼女は手紙にこう書いてくるだけです。『何が起きたのかはもう話しまし
た。私は会いたくありません。あなたに対して何の感情もありません。も
し会ったとしても何の感情も生まれないでしょう』。彼女は、手紙の書き
だしにスミスさんへと書いて、ジェマへとは書いてはくれません。しかも
彼女はいつもアダム夫人と署名して、メアリーとは書きません。彼女の書
き方は冷淡で、彼女は本当に何の感情も持っていません」

　同様の感情が、以下に示す、生母から娘と仲介者にあてて書かれた2通の
手紙にも記されている。生母は手紙の中で、娘に対して母であるという感情
はまったくないため連絡したくないと書いていた。また、生母は、再会する
ことで彼女の生活に影響が出るのではと危惧していると述べた。

Box 1.　養子になった人宛に書かれた手紙

アニーへ

　これは私があなたに書く初めての手紙であり、また最後の手紙です。
お手紙ありがとうございます。できる限りあなたの質問に答えましょう。
　あなたの父の話からはじめましょう。彼は魅力的な人でした、少なく
とも私が妊娠するまでは。彼は私を捨てて、私が一人で何もかもしなけ
ればなりませんでした。私は、子どもをもつつもりはなく、母性らしき

ものはないと認めなければなりません。実際、赤ちゃんを好きになったことはなく、今も好きではありません。私が取った行動に関して何のためらいもなく、誰にも言わずに行動しました。私は家を出て、事を進めました。すべての女性が母になるようにできているというわけではないですよね。私は自分がそうでないと知っていたのです。妊娠したことを憎み、どうしようもない9カ月のうち、7カ月具合が悪かったのです。あなたの父からは何の連絡もないし、してほしくもなかったのですが。

　あなたと養親にとってすべてがうまくいっているよう望んでいます。あなたを育て、あなたを気遣い、あなたのために何でもしてくれた彼らがあなたの本当の親なのです。私は何もしていないし、私はあなたにとって名ばかりの母なのです。

Box 2.　カウンセラー宛に書かれた手紙

拝啓

　私はただ単に、彼女に対して何の感情もないのです。当時も私は泣かなかったし、その時からずっと、何も違う状況を望んでいません。もしあの時、父親に対して感情があったならば、何か違っていたかもしれませんが。振り返ってみると、妊娠を終わらせるように助言されるべきだったのです。私がなぜ彼女をもっと早い段階で養子に託さなかったのかはわかりません。私はあの子を愛してなかったのですもの。もし彼女を愛していたら、後に何の後悔もなく彼女を養子として託すことはできなかったでしょう。これはきついことだとわかっていますが、でもそうなのです。何の感情もわかないのです。未だにありません。彼女をまったく愛していなかったし、今から愛し始められるようなことではないのです。

　あなたは彼女側の人間ですから、彼女に私を放っておくようにと伝えてください。何もいい事は起きません。彼女にとって苦痛なだけです。彼女が望むような幸せな家族にはなりません。私は、電話口にいるのは誰なのか、ドアの所にいるのは誰なのか、ポストに何が入ってきたのか

を考えながら生きたくないのです。私は、自分のプライバシーに対する権利を持っています。私は専門家へ問い合わせをしました。私の家族を守るためにできることをしていきます。

　私は連絡を取る気もなく、写真を送る気もありません。まして何かを取り戻すということに関心がありません。彼女にまったく関心がないのです。彼女の人生に何が起きようと、未来も過去もどうでもいいのです。

　こうした手紙、あるいは仲介者を通して伝えられる、生親があなたに対して何の感情も興味もないというメッセージは、心を打ち砕くようなものである。私たちの誰もが、その人を冷淡かつ残酷だと捉えてしまう。しかし、多くの生母にとって、養子縁組を取り巻く状況はトラウマ的で、彼女を支援してくれる人は誰もいなかった可能性があることを気に留めておく価値はあるかもしれない。これに対処する一つの方法が、手放した子に対する感情を消去し抑圧しようとすることなのだ[1]。何年も経った後での、養子になった人びとからの接近は、まさに、生母がその状況に対処しようとした方法への脅威と見なされるかもしれない。　彼女は感情を葬り去り、その感情がよみがえることを恐れているのだ。

　いくつかのケースでは、脅威という感覚が、家族や友人、そして隣人に養子縁組の事実を長い間隠してきたことによってもたらされていたようだ。かつて未婚の母は、密かに子を生むために遠くに送られ、そして子どものことは忘れなさいと言われるのが普通だった。もし生母や生父が養子縁組について誰にも話していなかったら、縁組後は連絡できないと思っているかもしれない。長い間包み隠してきた秘密が明らかにされてしまうという絶対的な恐怖は、ローレンスの連絡に対する生母の反応に強く表れている。彼はこう話した。

1　生母の経験を知るにあたって役立つ本として、『50万の女性——養子縁組によって子どもを失った母たち（*Half a Million Women: Mothers Who Lose Their Children By Adoption*）』（デイビッド・ホー、フィリダ・ソーブリッジ、ダイアナ・ヒニング［David Howe, Phillida Sawbridge, Diana Hinings］著、ペンギン社［Penguin］刊行、1992年）がある。現在、ロンドンのトリアノミューズにあるポストアドプションセンター（Post-Adoption Center）で利用できる。

「生母は仲介者に電話をかけて、私には会えないと言いました。とても怯えた声で『誰も知らないんです。このことについては、誰もまったく知りません。ずっと私だけの秘密でした』と言いました。そして、彼女がすごく震えた手書きの手紙を送ってきました。それは、ただの紙きれのようなものに、住所もなく、二、三文が書かれただけでした。そこには『これをローレンスに渡してください。お願いだから、これで終わりにしてください。これ以上進んだら、私は終わりです。お願いだから』と書かれていました。本当に終わりでした。そして、その中には、私への手紙と何枚かの写真が入っていました。手紙には、『あなたから連絡があったことはショックでした。申し訳ありませんが、もうこれ以上連絡を取ろうとしないでほしいのです。お願い。お願いだから（下線が二本引かれていました）。私の家族はあなたのことを知らないのです。もし、家族が知ったら、私の人生はめちゃくちゃになります。写真を何枚か同封しています。お願い、お願いだからこれで、このことは終わりにして下さい。お願いします。ごめんなさい』」

ローレンスの生母の反応は、どんな感情も否認する人たちよりも若干理解しやすいものだ。ローレンスはたしかに、母の窮状に対してある種の同情を感じたが、にも関わらず、それは折り合いをつけるのが厳しい経験だった。

「私は拒絶とは感じませんでした。彼女は怖がっていると感じただけでした。彼女は、この秘密を誰にも言えず長い間隠していました。それがとても苦しかったのでしょう。しかし、義理の母にこのことを話すと、彼女はその気持ちが理解できませんでした。義理の母は私の生母と同じくらいの年です。義理の母には、どうして自分の子どもを手放せるのか理解できないのです。『自分にはそんなことはできない』と彼女は言いました。『自分にはそんなことはできない』と。だから、拒絶ではないのですが、彼女が私と会ったり話したりできたらな、と思います」

これまでわたしたちは、拒絶する側として生母を捉えてきた。しかしなが

8 拒絶及び失敗に終わる再会 *163*

ら、養子になった人びとが生みの親側の親族からの接近を拒絶する理由にも、同じ問題が見られる。実際、どれほど多くの養子になった人びとが生みの親側の親族と強いつながりを感じていたかを前の章で見てきた。しかし、このことはすべての養子になった人びとに当てはまるわけではない。出生親族に時折みられるのと同じように、養子になった人びともまた、出生親族に何の興味もつながりも感じないと言い、養子縁組した家族のみに自身を重ね合わせることもある（第9章参照）。スチュアートは、次のように述べている。

　　「僕は、自分を養子になった人だなんて思っていません。そんなことは、僕には起きてはいません。親に会うたびに慎重に吟味して、『ああ、彼らは僕の養親です』などと言うわけではありません。彼らは僕の親です。そう、それだけです。僕が養子だと認識するのは、何かが僕が養子になったということを思い出させるときだけなのです。それ以外のときは、僕は彼らを実の親だと思っているのです」

　同じように、シャーロットは次のように述べている。

　　「最近よく新聞とかに出る自分の『ルーツ』を理解する必要や知る必要性を感じたことがまったくありません」

　この人たちにとっては、出生家族との再会はチャンスとみなされない。むしろ一部の生母ととてもよく似ているが、出生親族は自分たちの自己意識や家族に対する大きな脅威と位置づけられる。グレアムは妹の代理である仲介者から連絡を受け、ひどく動揺し心が乱れるように感じ、もう連絡はしないと決めた。

　　「この手紙が（仲介者から）届いたのです。僕は現実に直面しました。オフィスで涙が止まりませんでした。彼らが、僕を永遠に変えてしまいました。彼ら（養子縁組協会）が僕に素晴らしい生活を用意してくれたのに、今その生活を壊そうとしているのです。きょうだいかもしれない

人を、突然序列のナンバーワンにしようなんて、僕はまったく思わない
のです。彼らは、私の家族や友人と同じくらい大事な人にはなれません。
僕には、僕の家族がいます。他の家族は必要ありません」

　生母たちの場合と同じように、多くの人びとにとって、自分の生い立ちに
本当に興味を持たない人がいるということは信じがたく、理解しがたいだろ
う。養子になった人びとの中には、未知のものや逆に拒絶されることに対す
る真の恐怖によって、そのような強い防御をしなければならない人もいるか
もしれない。あるいは、単純にそう感じるのかもしれない。しかし言うまで
もなく、こういった感情は尊重されるべきである。

初っ端での拒絶：不明瞭なメッセージ

　拒絶された人すべてが、連絡を試みた相手から反応があったわけではない。
最初の連絡に対して何の反応も得られないことは信じられない程の挫折感と
なり、簡単に受け入れられないものだ。とりわけ、反応がなかったら、なぜ
そうなったのか受け入れるのが非常に難しい。インタビューを受けた一人が
次のようにコメントしている。「完璧に拒絶される方が、無視されるよりも
対処しやすいですよ！」。

　なぜまったく反応を示さない人がいるのか、わたしたちにはその理由を推
測することしかできない。それは上述した理由、つまり感情がまったく湧か
ない、あるいは恐怖を感じているといったものかもしれない。事例によって
は、もっと明確な要因があるかもしれない。生母と生父が養子縁組後に結婚
している事例では、拒絶が若干多いようである（一方で、こういった親への接
近が非常にうまくいく場合も多いことも指摘しておく）。こうした事例では、養
子になった人びとは生親が喜んで連絡を取り合ってくれるだろうと期待して
いた。拒絶は、生親が最初の子どもを放棄したと、これから他の子どもたち
に伝えることに対する罪悪感と羞恥心、あるいは自分たちの子どもを手放し
養子に託すという決断をした時に感じたストレスを思い出すことから生じる
反応かもしれない。

連絡後の拒絶

　第4章では、最初の面会に対する反応は多岐にわたると述べた。ほとんどの人が、相手に対する肯定的な感情を報告している。しかし、捜索をした人の20%は困惑し、15%は距離を感じた、つまり相手側が見知らぬ人だと感じたようだ。すべての再会が失敗に終わったわけではないが、二度と会わなくなる事例も少数あった。

　関係が先に進まない理由は様々だ。生みの親側の親族が自分とあまりに違いすぎる、あるいは個人的な問題が多すぎるという場合もあるだろう。そうして、先の関係をもたないでおこうという決断がなされるのである。わたしたちのインタビューを受けた一人で、生母からの連絡を受けて一度だけ会ったシャーロットの事例がそうだった。シャーロットは再会のとき居心地が悪く、生母が風変りだと感じた。同様に、フレイザーは片方の親が同じきょうだいと一度会ったが、すぐに否定的な印象を持ち、もう連絡しないと決めた。

　　「私は到着し、ドアをノックしました。そして、彼はドアを開けました。彼に直接会うのは初めてだと思いながら彼を見ました。しかし瞬間的に彼を拒絶しました。私は恐怖心を持ってそこに行ったと言っても過言ではありません。そのとき自分が何をしているのかはっきりわかりませんでした。会わなければならないとわかっていましたが、内心会わなくてもいいのにと思いました。彼がドアを開けた時、瞬間的に彼を人として気に入らなかったし、しかも彼は目の周りに黒いあざがありました。私はすぐに、できあいの新しい家族は自分には合わないと感じました。そしてその瞬間、会いに行かなければよかったと思ったし、捜索の段階で止めておけばよかったと感じました。私は3時間半そこで過ごしました。私は何も言わずできるかぎり自然に退出しました。私は結局勇気を奮い起こして、彼に電話をし、私たちの関係には未来が見いだせないと伝えました。その後、彼からやや不愉快な手紙が届きました。その内容は、彼はその電話にすごく動揺したこと、彼は別に私を支配しようとしたつもりはないということ、私にひどく扱われたと思っていること、それに私にはもう連絡を取らないということでした。私は別に彼のことを悪く

思っていませんが、あのドアのところでもう一人の人間として関係を拒絶したのです。彼とは共鳴しないのです」

　すべての再会には未知の世界に飛び込むという部分がある。あなたがそこで出会う人はあなたが好きになれるかどうか、上手くやっていけるかどうか、または同じライフスタイルを分け合えるかどうかという保証もない。フレイザーとシャーロットの話からは、この段階に踏み出す前にしっかり準備する必要があることがわかる。両方のケースで、彼らはむしろ気が進まないでいた。完全に準備ができる前に、交流のプロセスにのめり込んで次の行程に進んでしまうような場合に、相手に拒絶される、あるいは自分の方から関係を発展させたくないと思うような事例がみられがちだ。先に進む前に、気持ちを整理するための時間を確保するのがよいだろう。

　しっかりと関係が確立されることなく、破綻したり、連絡がほぼ途絶えて曖昧な形で終わってしまう再会もある。わたしたちのインタビューを受けたケツィアとエレノアの二人は、最初の連絡を取り合ったものの、関係はそれより先に進まなかった。ケツィアは生母が白人で、父母のエスニシティが異なる。ケツィアは母に手紙を書き、返信を受け取った。しかし、それ以降やり取りはなかった。以下が彼女の話である。

　　「どう書けばいいんでしょう？　こんにちは、私です、かな。うーん。私は、どう書けばいいのかでとっても悩みました。何か形にする前に、何枚か下書きをしました。手紙を送ったら、彼女から返事をもらいました。彼女いわく、彼女は再会を期待して、私のことを考えていました。そして、私の成長を喜んでいました。でも、その手紙は『私に連絡してきて！あなたがどうしているのか、あなたが誰なのかを知りたいから』というようなものではありませんでした。本当に、連絡してきてねという感じではまったくなかったのです。まず、手紙を２、３回交換してから、実際に会う可能性を探しましょう、と彼女が言ったのはわかります。しばらく手紙を交換するという計画でした。私はその返信にとてもがっかりしました。こういうことだったら終わりにしようと思いました。私は自分

8　拒絶及び失敗に終わる再会　*167*

の写真を手に入れたしね。私は一件落着だと捉えました。私の捜索はすべて私の人種的なこと、私の肌の黒さがきっかけでしたが、もうこれで捜索は終わりだと感じました。私はあえて自分のことをアフリカ系として全面的に出さないでおこうと決めました。そもそも私と生母との間に壁ができていましたが、人種問題も絡んでいると思うとその壁を超えるのは難しいと感じました。私はその事実から影響を受けたくはありませんでした。母が私の事を知りたくないかもしれないと悩んだり、また拒絶とかをされたりしたくなかったのです。そんなことで悩みたくないからこそ、突如あのように連絡を止めたのだと思います。だって、彼女は、一体何者なのでしょう？　こんな言い方をすると聞こえが悪いかもしれませんが、彼女は私にとって何者でもないし、また生物学的な父も何の関係もない人です。彼らは、本当に私には関係ない人です」

　エレノアの生母と生父双方との交流は、1、2回の面会の後に途絶えた。生母との3回目の面会はキャンセルされ、それ以後手紙での連絡もない。

　　「手紙の中で、母に一度伝えたと思います。『もし私に会いたくないのなら、私はそれを受け入れますが、その理由を書いて教えてくれれば私は受け入れやすくなります』と書いたのですが、彼女は一度も返事をくれませんでした。今となっては、そんなことを書いたかも定かでないのですが。単に、私は母を動揺させたくなかったのだと思います。というのも、彼女は自分の家族に私の存在を伝えていなかったし、伝えたくもないことを知っていたからです」

　彼女は生父とも同様の展開を経験した。

　　「彼は私と会った後に、どれだけ私との面会が楽しかったかを手紙で書いてきました。そして彼は『もしそう望むなら、私はまたあなたに会いたいし、連絡を取りたい』と言いました。私は彼に旅行先から葉書などを送って、そして約2年後にたまたま彼が住んでいる地域にいたので、

彼に電話をしました。しかし、彼が私の電話を取ることはありませんで
した。それが、彼との最後の連絡になりました。彼らと連絡を取ったの
にまた失ったため、私は喪失感を感じているようです。私はたぶん拒絶
されたとは思っていません。というのも、母の場合も、父の場合も、自
分の中でしっくりこない点があるからです。その日の気分によって、自
分が考えたいようにしています。生みの親との連絡は二人とも、変化の
余地を残したまま消滅しました。もし将来何らかの形で連絡する場合、
たぶん私以外の人を通してした方がいいでしょう。仲介者がいたらきっ
と具体的な回答がもらえると思うのです。でも、私が連絡しなければな
らないとしたら、また拒絶されるリスクにさらされたくないと思います」

　エレノアとケツィア2人のケースで、生みの親側の親族が再会をどのよう
に感じたかはわからない。行間を読むと、生みの親は今後会うことについて
比較的積極的ではあったが、おそらく交流を熱望する気持ちより慎重になる
感情が勝ってしまったのだろう。再会するにあたり、最初に行動を起こす側
は勇気を要する。さらなる面会を望むことは、相手から拒絶される可能性も
あり、必然的に自分をリスクにさらしてしまう。ある意味では、個人として
面会を望むのは、さらに勇気が必要だろう。相手側にとっては、あなたはも
はや未知の人ではなく、既に話したことがある、あるいは会ったことがある
人として対応する。特にエレノアやケツィアのように、相手側も心配してい
たり慎重である場合、十分な自信が必要だ。また面会を望むことは、両者の
関係性、あるいはその家族内での自分の居場所を求めることになる。もしそ
の要求が正しいことと思わなかったり、関係性の構築にそれほど熱意がない
場合には、起こる必要のない拒絶から自分自身を守るために、あなた自身が
早期に手を引くか、もしくは退ぞくという選択肢もあり得る。
　もし、あなたが無条件に歓迎されれば、関係が継続するかどうかについて
のこの不確実性は、はるかに少なくなるだろう。しかし、あなたと同くらい
拒絶を恐れている出生親族もいる。彼らは、現在の自分や自分の家族に再会
が何をもたらすか心配しているのかもしれない。このような状況では、双方
とも、物事を進めたいと合図を送ると同時に、慎重に物事を運ぶ必要がある。

8　拒絶及び失敗に終わる再会　*169*

再会を始めるさいには、できる限り準備ができていて、精神的に安定している状態で、本当によいサポートを得る必要性がある。物事がうまくいっていると自分自身に思わせるために再会を希望するような、養子になった人びともいる。あなたが養子縁組をめぐって難しい状態にあったり、個人的な問題を抱えていたりしている場合は、できるだけ最善の方法で自分自身を守ることが重要だ。この先、困難が待ち受けるかもしれない再会のプロセスをはじめる前に、機会を見計らって、問題の一部でもいいから解決できるよう、カウンセラーなどと話しあう時間を設けるべきだ。

（4）拒絶に対する反応

初期反応

　当然ながら、拒絶を経験した人がその事実を受け入れることは非常に難しい。不満、傷つき、混乱、怒りの感情などが即座にわいてくる。連絡を取って直ちに拒絶された人びとが、出生親族がなぜ自分と同じようには興味を感じていないのか理解することは難しいだろう。クレアはこれに関して次のように語っている。

　　　「彼女（生母）が私を受け入れるのが難しいことはわかります。彼女には他に２人子どもがいることも、おそらく彼女の夫が事態を難しくしたのかもしれないことも理解しています。彼女は親の所にもどり、まるで何も起こらなかったように自分の人生を生きたと思うので、彼女はおそらく本当にこのことで辛い思いをしていたのだろうと思います。しかし、私はなぜ彼女が会おうとも知ろうとも思わなかったのか、理解できませんでした。特に、私が自分の子どもを産んでからは、彼女には私に会う機会があったのに、彼女が会おうとも、私について知ろうともしなかった、その心情が理解できません」

　拒絶した側の人が、拒絶した経験によってどんな影響を被るか、わたしたちはあまり知らない。上述したフレイザーは、弟と一回だけ面会したのだが、

その影響に明らかに困惑していた。生母と一回だけ面会したシャーロットも、「それ以来、私はずっと罪悪感に苛まれています。なぜ私が罪悪感を感じないといけないかがわからなくて、とても腹立たしいのですが、その気持ちを取り除くことができません。私は今でもまだ罪悪感に苛まれています」と語るように、その後ずっと罪悪感を抱き続けていた。拒絶した出生親族の中にも、同じような感情を持っている人がいる可能性はかなり高いと考えられる。

初期に傷ついたり混乱したりするように感じるのは一般的なことだが、養子になった人びとが長期的にどのように拒絶に反応するかという点については、様々なパターンがある。ある人は争うことで反応し、ある人は他の事柄に集中して逃避しようとする。引き続き連絡を取り合うことに積極的ではない出生親族とどのように折り合いをつければよいのか検証する前に、争いと逃避の反応を見てみよう。

(5) 争いと逃避

拒絶は傷つく経験だ。誰かが傷つけられた場合の自然な反応は、相手にやり返すというものだ。多くの人は怒りによって拒絶に対処する。彼らはやり返して相手を傷つけたいと思う。シェリルは仲介業者を通して生母に連絡したが、生母は彼女とのすべての連絡を拒絶した。以下がシェリルの反応だ。

「私は彼女に対して『くたばれ』と思いました。私の中の幼稚な部分が、私の誕生日の度に、『今日が何の日か忘れてなんかいないでしょうねと』彼女に思わせるために、1日に5、6回も彼女に電話して、すぐに電話を切ったりしたものです。それを2、3年続けました。本当に情けなかったですよね。まあ、いいでしょう。私はある日、彼女の家の外に座っていました。私にはそれ以上のことをする勇気は残っていませんでした。私は、彼女にかなり怒っていました。今もまだ怒っています。私の中の理性的な部分は『わかる、でも……』と言いますが、同時に私の中の怒りの部分は『この野郎、許せない』と言っています。なぜ彼女は『一度だけ会いましょう』と言わなかったのでしょうか。誰かに知られるわけ

でもないのに。彼女には他の子どもがいて、おそらく夫の存在が状況を
より難しくしているでしょうから、彼女にとって、私との面会が難しい
ことはわかります。彼女はたぶん、本当に辛い思いをしていたと思います。
しかし、特に私が自分の子どもを産んでからは、なぜ彼女が私と会おう
とも知ろうとも思わなかったのか、私には理解できませんでした。だから、
私の気持ちは入り混じっています。生母との関係が終わったとは思えま
せん。今でも終わっていません。私は今、彼女を傷つけたいとさえ思っ
ています。本当に恐ろしいことですよね。でも、関係はまだ終わっては
いません。そのことが私を中途半端な状態のままにしているのです」

　シェリルは、自分の反応が「幼稚」だとみなされるかもしれないと認めて
いる。しかし、彼女が説明した怒りは、彼女が経験した傷つきに対する自然
な反応であり、理解できる。彼女には、それを抑える方法はなかった。彼女
は、拒絶に対する痛みと、それがなぜ起こったのか理解できなかったことに
反応し、その気持ちがさらなる不満と復讐したい気持ちをもたらした。怒り
は傷つけられたときの自然で、時に健康的な反応だが、相手を罰する措置を
講じることは必ずしも有用とは限らない。相手があなたに会わないこと、ま
たはあなたの連絡に反応しないことを選択した理由を考慮するとよい。これ
まで見てきたように、拒絶は、無情という感情からではなく、むしろ恐怖
から生じることがよくある。そこで相手側を傷つけようとしても、いい反応
がえられる可能性は低く、人生を前向きに生きる助けにはならない。むしろ、
相手側を傷つけようとすることはあなたを「中途半端な状態」のままにする
かもしれない。これはまさにシェリルの経験だった。重要なのは、あなたの
怒りの感情を遠くに向ける方法を見つけ、その感情を受け流すことだ。これ
には、時間がかかることがある。友人やカウンセラーなどの誰かと話すこと
が役立つこともある。これについては後ほど詳しく説明する。
　争いの代替策は逃避だ。前に、はっきり歓迎の反応がえられなかったとき
に、相手の近くに居続けて拒絶されるリスクにさらされるよりもむしろ、そ
の状況から逃避することを選択する人がいる、ということを見てきた。エリ
ザベスは、文字通り走って逃げるという行動に出た。

「彼女に手紙を書くことにしました。私はすべてがうまくいっていることを彼女に知ってほしかったのです。私は彼女と連絡をとり続けようとはしないと伝え、彼女を安心させようとしたことを鮮明に覚えています。このような手紙を突然受け取って、彼女が心臓発作で倒れでもしないかと、私は本当に心配していました。私は返事を期待してはいませんでした。返信を受け取るために手紙を書いたわけではありませんでした。と言いながらも、彼女は手紙を受け取ったものの、返事を書くつもりはないと伝え聞いたときは、気持ちを処理するのに苦労しました。何かを受け取るとはまったく思っていませんでしたが、彼女が何も書いてよこすつもりがないと知ったとき、つまり、それが本当の拒絶だなと私は思いました。論理的には、彼女がなぜ返事しなかったのか、そしてなぜそうしようとしなかったのかはわかります。おそらく彼女にとっては、返事をしないのが正しい反応だったでしょう。でも同時に、その事実で私はビンタを浴びたように思いました。私は、いつも彼女が私のことを思っているだろうと推察していました。本当はそうではなかったかもしれません。その点については私にはもうわからなくなりました。私は拒絶と感じたし、拒絶を感じることになるとは予想していませんでした。ひょっとしたら、私自身がそのことを認めようとしなかったのでしょう。もしかしたら返信が届くことを心の中で望んでいたのかもしれません。私が期待していたのは、おそらく、『あなたから連絡があるなんて何て素敵なのでしょう。私はいつもあなたのことを思っていましたよ、云々……』ということでしたが、もちろんそういったことは起こりませんでした。だから私は、走ることで拒絶に対処することにしたのです。冗談のように言っていますが、本当に、私は逃避しマラソンをしました。実際に、私は極めて真面目に走り始めました。しばらく走っていると、感情は消えていきました。おそらく、私は感情を抑制したのだと思います、ええ。それに、私には世話をしなければならない子どもたちもいましたし、人生は続いていたのですから。拒絶されたことが私にとって重大な危機のように思いたくないのです。それは確かに動揺させるものだし、予想外で、自分で折り合いをつけなければならないものではありましたが、そんなに重大な危機ではなかったので

す。私が思うに、拒絶されてもとにかくうまくやっていくしかありません。私は偉大な思想家でも偉大な人間でもありません」

エリザベスの対応は、シェリルとは真逆だ。彼女が言うように、怒りや憤慨するのではなく、また、その状況にこだわったり、そこに注目しすぎるのではなく、ほかのことに集中することで物事に対処するのは彼女にとって自然な方法だった。この方法の欠点は、傷心や拒絶の感情が埋もれてしまうことだ。その感情はまだどこかに存在し、覆い隠されているだけだ。わたしたちは皆が自分の怒りを開放することを勧めているわけではないが、自分の感情を押し込めてしまう前に、その気持ちを深く探るのに役立つ場合もあると考えている。

（6）拒絶に上手く対処するための戦略

あなたが拒絶を経験した場合、自分自身をケアする方法を見つけなければならないだろう。わたしたちの研究に参加した人の多くは、拒絶されたことに折り合いをつけ、先に進むことができたが、拒絶が痛みを伴うものであることに変わりはない。わたしたちの研究に参加した人びとがうまく活用できたという対処方法のいくつかを挙げよう。

心の準備をする

再会をはじめる前に、できるだけ心の準備を整えておくようにする。必ず自分は大丈夫だと感じられるようにしておく。あらゆる可能性を考え抜いておく。たとえば、相手側がまったく反応しない場合はどうするのか。たった一回だけの面会で拒絶された場合はどうするのか。あるいは相手側に一回会ってから、あなたの方がそれ以上先に進みたくないと思った場合はどうするのか。もしこういった可能性に対処する準備が整っていないと感じたら、もう少し待つことで自分自身を守るとよい。

怒りに対処する

万が一拒絶された場合、あなたの怒りを良い方向に表現して発散する方法を見つけることだ。怒りや傷つきをあなたの中に溜め込まないようにすると同時に、怒りから他の誰かを攻撃しないようにすること。

状況を理解する

このプロセスの一環として、なぜ拒絶が起こってしまったのか理解するよう努めること。既に相手側から理由を伝えられているかもしれない。その裏に何が潜んでいるのかを考える価値はあるだろう。拒絶した、あるいは拒絶された生母や養子になった人びとから寄せられたコメントを引用したが、そのいくつかが、相手側の動機を理解するのに役立つだろう。

もう一人の出生親族と会う

出生親族の片方から拒絶されても、もう片方と満足の行く再会や交流ができることもある。最終的に、生みの親側の親族のもう片方が受け入れてくれることは助けになる。しかし重要なのは、あなたは最初に拒絶されたこととまだ向き合わなければならないことだ。

肯定的な側面を明確にする

痛みを伴う経験ではあるが、拒絶されたとしても必ずしも捜索と再会のプロセスがすべて無駄になったわけではない。わたしたちの研究では、拒絶を経験した人の90%が、生親を捜索し、連絡を取ろうとしたことを後悔していないと言っている。これは、単に不幸な事態にも善処せよということではない。拒絶を経験した人の4分の3が、結果的には自分の生みの親側の親族と関係を構築することはできなかったけれども、捜索は自分の来歴に関する重要な疑問に答えを出すのに役立ったと感じていた。

同様に、再会がうまくいかなかったとしても、再会しようとしたことが大切だと感じた人もいた。コーラは次のように述べている。

「前にも言いましたが、もう一度言っておきます。実母を探し出そうと

8 拒絶及び失敗に終わる再会　*175*

したことに関しては、まったく後悔はありません。自分の出生時の出生
記録にアクセスして自分の情報をすべて入手したことに関してもまった
く後悔はありません。私は再会しようと努力しましたから、後悔はないし、
『もしあのとき、こうしていたら……』とか『もしかしたら彼女は…』と
いった感じはありません。おそらく、ずっと長い間、再会しようと努力
しないで過ごしてきて、やっと再会しようと決心したら、生みの親が前
の週に亡くなってしまったことがわかったとかいう人は、ひどく後悔す
るだろうと私は思います」

サポートを得る

おそらく最も重要なことは、拒絶に一人きりで対処する必要はないとしっ
かり理解しておくことだ。マイケルは生みの親の双方から拒絶されて二重に
対処しなければならなかったが、以下のように、彼は多くのサポートを受け
ることができた。

「いいえ、後悔はありません。拒絶されたときは確かに感情的に辛か
ったし、再び拒絶されたときはもっと辛かった。結果的には、母のとき
よりも、父とのときの方がはるかに大変でした。でも後悔していません。
辛かったけれど、それよりもたくさんの空白が埋まったし、自分自身に
ついてたくさんわかりました。私にとってはちょうどいいタイミングで
探せたと思います。私は妻、家族、そして養親と強い信頼関係で結ばれ
ているので、再会のプロセスでどんなことが起こったとしても自分はき
っと大丈夫だろうと思いました。何事もうまく対処できたと思うので、
私は後悔していません。もし挑戦しなかったら、きっといつか後悔する
ことになっていただろうから、むしろ、挑戦してよかったと思っています。
喪失はまるでジェットコースターのようです。しばらくの間はどん底ま
で落ちてしまいましたが、それ以上に得るものが多かったように思いま
す。私は実際に両親と会うことはなかったけれど、彼らがどこに住んで
いるかを知っているし、自分がこれまで知らなかったことをもっと知る
ことができました」

友人や家族はかけがえのない支えとなる。しかし、その他にも、同じ状況に置かれたことのある人、あるいは支援団体に属する人や経験豊かなカウンセラーからの支援など、さらなる助けが必要なときはあるだろう。コーラは次のように述べている。

　　　「母が手紙を送ってきました。その内容は、彼女は私のことを娘だとは思っていないし、また自分に連絡をしてこないでほしいというものでした。それで、私は仲介者にそのことについてよく話すようにしました。しばらくの間セラピストにも会うようにしました……私は彼女に対して怒っています。すごく、すごく、すごく怒っています……私は誰に対しても挑戦することをやめさせたりはしません。ただ、探し出そうと決意した人は専門家団体や、養子縁組先の家族や交友関係以外の人からの支援を受けることを強くお勧めします」

まとめ

・養子になった人びとで、生みの親側の親族に連絡したら即座に拒絶された、あるいは１、２回連絡を取った後で拒絶されたという人はほとんどいない。同様に、養子になった人で生みの親側の親族からの連絡を拒絶した人もほとんどいない。
・拒絶はそれほど頻繁に起こるものではないが、万が一拒絶されたら自分がどのように感じ、その感情にどう対処するかについて、実際に再会をする前にきちんと考えておくことが重要である。
・なぜ拒絶が起こるのかということについては、様々な理由が考えられる。主な理由は、養子として託した事実を周りに隠していること、既に気持ちを切り替えてしまっていること、あるいは相手に対して感情的な結びつきを感じないということだ。
・拒絶されたという経験は辛いものだが、その感情に折り合いをつけることは可能である。最も有効な対処方法は、なぜ拒絶されたのか理解すること、捜索のプロセスで得られた肯定的なことを明らかにすること、そして自分

の感情に対処する助けになるような支援を得ることである。

9　捜索と再会の道のり

> 本章では、捜索と再会で得られる可能性のある利益と課題に焦点を当てて、この道のり全体ついて議論する。

（1）イントロダクション

　ここまでの章では、再会に関するよい面と悪い面、喜びと不満の瞬間、成功と失敗、うまくいった再会とそうでなかった再会を見てきた。捜索と再会は、初めに連絡を取ろうと思い立つところから、（場合によっては）初めての対面を経て何年にも及ぶ長い道程になる。この道程は感情的なものにならざるをえず、どのようにしてどこまでたどり着けるか予測できないものでもある。本章では、捜索と再会に関する一連の道程を振り返る。私たちは、具体的な到着地についてふれないよう注意を払っている。ここまで見てきたように、すべての再会はそれぞれ異なっていて、捜索と再会のプロセスを行った人の経験はすべて個別的だ。しかし、どういったことが道程に影響を与えるのか、この道程から何を得られるのか、どういったことがあなたの道程で役に立つのかを見ていく。

　たいていの人にとって、捜索と再会のプロセスは、感情のジェットコースターだ。にも関わらず、私たちの研究に参加した大多数の人たちは、このプロセスを行ったことに喜びを感じている。実際に、捜索をした人の85％、養子になった人で捜索された人の72％は、再会はよい経験だったと述べている。私たちがここまでの章で取り上げてきた難しい問題の事例、とくに拒絶を経験した人の事例を考えてみると、この高い数字には驚くかもしれない。私たちの研究に参加した養子になった人びとの中に、自分に嘘をついている、または平静を装っているだけの人がいるのではないかと思うかもしれない。しかし私たち

は、そうではないと考えている。ほとんどの人は、十分に現実を理解して、再会にはおとぎ話のような結末はないと考えている、あるいは再会のプロセスを通してそのように理解するようになったのだ。再会には、最初から円滑に進んだものもあれば、大変な難局を潜り抜けてきたものもある。また、最初からひどい状態で終わってしまったものもある。そのプロセスでどんなことが起こったとしても、あなたはこの旅で3つの大切なことを手に入れられると期待できる。それは、あなたのルーツに関する情報、他者との関係、通過儀礼（自分自身についての新しい感じ方や考え方）、である。順に見ていこう。

（2）ルーツ

　再会においてどんなことが起こったとしても、ほとんどの人は、自分が誰なのか、どこから来たのかということがより強くかつ明確にわかるようになる。スーザンは、次のように述べている。

　　「今まで私は、ミステリーのように、過去も何もなく、地球上にすとんと落とされて育ってきたように感じていました。ですから、孤独に感じていたし、断ち切られているように感じていました。これが生みの親を探すことがこんなに大切だという理由の一つだと思います。というのも、それは自分に人生の始まり、途中、そして終わりを与えてくれるからです」

ケニスも同ように述べている。

　　「生みの親との再会は、いつも心に引っかかっていた失われた環（missing link）だったのです。今は、自分の人生がより完全に思えます。失われていたジグソーパズルのピースが、ぴたりとはまったように感じます」

　私たちの調査では、養子になった人のおよそ80％が、捜索と再会のプロセスは自分の起源や来歴に関する重要な疑問に答えを出すことに役立ったと語

った。出生記録にアクセスして、ほとんどの人たちは、自分の人生に関する
失われた部分が、具体的な情報、たとえば名前、特徴、状況などで埋められ
る機会を得た。養子縁組記録を読むだけで、出生のルーツと家族の歴史への
強い感情がわいてくる。しかし、多くの人にとって完全なイメージが浮かび
上がったり、つながりがあるという実感を確実にもつ機会になるのは、生み
の親側の親族に会うことだ。私たちは、インタビューを受けた人の中で自分
たちと良く似た誰かに初めて会ったことで、あるいは独特の癖、個人的な嗜
好や好き嫌いが似ている人を見つけることで、驚愕した人が多いことに驚い
た。出生親族と共に育った人は、そのようなことはすべて当たり前のことだ
と思っているが、養子になった人にとってそれは再会の道程の中で最も価値
のあるものの一つである。このことはまた、再会の結果にあまり関係がない
ことの一つでもある。つまり、出生親族との再会や交流が難しいものだった
としても、出生親族と会うことで、自分の来歴についてより明確なイメージ
を得ることが可能になる。

（3）他者との関係

　再会から手に入れられる二つ目のものは、生みの親側の親族との新しい関
係や、養子縁組先の親や家族との関係の重要性が再確認できることだ。しか
し、ここまで見てきたように、新しい関係が築き上げられるという「ご褒美」
は、ときとして、自分のルーツに関する知識を得ることよりもずっと到達が
難しいだろう。

　新しい親族の一人ひとりと関係を構築するのは、ときに困難を伴うことだ
ろう。生物学的な結び付きを共通して持ちながら、別の側面ではよそ者であ
る。再会は、子どもの時ではなく、大人になってから、短時間で「家族」関
係を構築するという努力を伴う場合が多い。関係をうまくいかせようとする
と、拒絶、喪失、怒りなどの感情によって複雑化してしまうこともある。

　養子縁組における再会が難しい道のりであるもう一つの理由は、再会によ
って多くの個人と、関係性を修正したり、関係性を発展させたりする必要が
あるからだ。あなたの生母、生父、生みの親が生んだきょうだい、その他の

9　捜索と再会の道のり　*181*

生みの親側の親族、養親、養子縁組先のきょうだい、そして場合によっては
あなたのパートナーやあなたの子どもとの関係がすべて対象になり得る。あ
なたはまた、このすべての関係が調和するように手を尽くし、さらにすべて
の関係が自分の生活に調和させられるか見極めなければならないだろう。だ
が、ケイトが述べているように、関係するすべての人に時間を与えることだ
けで、ある程度解決できることもある。

　　「最初の 18 カ月は、全員に会おうとして、すごく苦しかったです。生
　みの母を始め、異母異父きょうだいたち、（養子縁組先の）親、養子縁
　組先の親の家族、それに何が起きていたのかを知りたがっている友達も
　いました。私たちは、毎週末、何かしたり誰かに会ったりするのが義務
　のように感じていたようです。私たちはどこかに招かれたときも、『あ
　ぁ、行かなくちゃいけない。行かなかったら、彼らはどう思うかな？』
　と思うようになりました。結局、私は気力が尽きてしまいました。やり
　遂げようしても、最終的に『私にはもうこれ以上できない。もう、終わ
　りにしなければならない』と思うようになりました。私たちはそうでし
　た。この生活をやめたタイミングなどは特にありませんでした。ただ急
　にやめました。私は降参したのです。そして、もちろん自然な成り行きで、
　すべてがいい具合に落ち着きました」

　皆がどのようにつながり、どのように出会うかという問題について、時間
だけがすべてを解決してくれるわけではない。あなた自身が、それぞれの家
族に属していると感じるか、どのように所属していると感じるかどうかにつ
いて折り合いを付けなければならないのだ。折り合いをつけるにあたっては、
どの家族に属しているのかいないのかという問題や、忠誠心が葛藤するよう
な感情を味わうという問題にも直面する。あなたが所属する３つ、もしかし
たら４つの家族がどのようにお互いに調和したり、重なり合うのかという問
題もでてくるかもしれない。以下に、関係を構築するにあたって直面する可
能性がある困難についていくつか示す。

- 相手が再会に傾倒しない、あるいはあなたと同じ程度には傾倒しないため、イライラしたり、失望したり、または拒絶されたように感じる。
- 自分の気持ちが配慮されなかったと感じ、家族のメンバーに巧みに利用されている、あるいは見捨てられていると感じる。
- 生母や生父の家族の一員だと完全に感じることができない。
- 相手が再会に傾倒しすぎていて、あなたが精神的に参ってしまう。あるいはあなたが距離を置こうとしていることについて罪悪感を感じる。
- 生みの親や養子縁組先の親、パートナーやきょうだい皆があなたをめぐって競争していると感じる。あるいは同様にあなた自身が他の人と競争していると感じる。あなたの忠誠心が引き裂かれている、または自分が皆を喜ばせようとしていることに気が付くかもしれない。
- 出生家族の全員とは仲良くなれず、出生家族の一部としか円滑な関係をもてない。
- 再会によって引き起こされた、養子縁組、幼少期、再会そのものの扱いなどに関する激しい感情でひっかきまわされて、精神的に圧倒されているように感じる。
- 出生親族と共通点が何もなく、彼らを好きでもない、または再会に対する興味を失ったと気が付く。
- メンタルヘルスや依存症といった個人の問題を抱えている出生親族との再会。
- 単に新しい人を自分の人生の中に受け入れるための時間や感情的なエネルギーの余裕がない。
- 既に関係が確立されていた人たち(例えば、養親やきょうだい、パートナー、友達、など)が、あなたが新しい関係に熱意を注いでいることに対して憤慨している、あるいは拒絶されたと感じる。

　上記は決して問題になり得るものをすべて網羅した完全なリストというわけではない。それに、私たちはあなたの意欲をなくそうとしてこのリストを作成しているわけではなく、むしろこの先に待ち受けている問題に対して事前準備ができるように作成している。再会とは、あなたが会いたいと望む

人とやっていくのではなく、実在の人とうまくやっていくということなのだ。ほとんどの再会はいずれ、上記リストに掲げられた問題点の一つまたはそれ以上に直面するものである。たいていの場合、これらの問題点は、時間が経つにつれて回避されてなくなっていく。本章の残りの部分では、これらの問題のいくつかについてより深く見ていきながら、課題への取り組み方について提案をする。ただし、いくつかの問題は本質的に難しいものであって、それらを抱えたまま生きていかざるを得ないものもある。

関係構築における課題１：権利とその付与

　家族成員は、互いに対する様々な権利と義務を持っている。言い換えれば、家族成員は、多かれ少なかれ、相手に何が期待できるかを知っている。例えば、誰が誰にどれくらいの頻度で電話するか、誰が何の代金を支払うかといったことについて、養子縁組家族以外の人びとは互いに対する期待値を徐々に作り上げていく。あなたが新しい家族の一員となるとき、最初からこのような理解についてうまくやる必要があり、また期待値の食い違いや思い込みに出くわすことも必ずある。日常生活によくあるようなことでも混乱や緊張を起こす可能性がある。例を挙げると、どの程度お互いに会うか、休暇の計画や病気や事故について伝えられる権利があるか、あなたは生みの親の誕生日に「娘／息子から」としてカードを送るべきか、「私の娘へ」というカードを受け取るべきか、などがある。

　こうした「些細な」ことから、自分は部外者であるという気持ちをもつことになって、困難の種になることがある。あるいは、あなたはうまく利用されているだけだと感じるが、自分がどう感じているかを新しい家族へ表現する自信や安心感をもてないかもしれない。例えば、アンは最初の頃、妹との間に、明確な境界線を引くことに難しさを感じた。

　　「私は、利用されていると感じるようになりました。彼女は姉ができた
　　ので、私の服を借りたり、私の電話とかを自由に使ったりできると思っ
　　たようです。私はだんだん『このことから自分を守らなくては。彼女は
　　私の妹かもしれないけど、こんな風に私は扱われるつもりはない』と思

うようになりました。私が彼女たちを見つけたのだから、彼らに永遠に感謝すべきで、私がいつも妥協せざるをえないように思えました。一年目はとても難しかったし、辛くて悲しくて窮屈に感じました」

　権利と責任に関するこうした問題については、簡単な解決策はない。ほとんどの人の場合には、時間の経過とともに相手に対する関わり方がパターン化することで解決する。おそらく、これらの難問に対処する最も有効な二つの方法は、相手と話し抜くことと、この関係の最初の段階で、この関係に何が期待できるのかを現実的に考えることだ。例えば、ザラは次のように思い返している。

　　「私はあといくつか知りたいことがあって、彼女（生みの母）をもう一押ししたいのですが、一方で、再会して一年しか経ってないので仕方がありません。例えば、彼女は休暇で旅行に行く前に私に電話をしてそれを伝えたりしません。彼女は旅行先から葉書を送るのです。しかし、誰もが急に生活を変えることはできないし、急に他の誰かを完全に自分の人生に迎え入れることもできないのです」

関係構築における課題２：同等の関与
　互いの関係の重要性が双方とも同じくらいの位置づけであると、再会は非常にやりやすい傾向にある。その関係は、穏やかな場合もあれば、非常に激しい場合もある。しかし、生母や生父との再会において、片方が他方と比べて再会に傾倒して、熱意を傾けている場合には、問題が生じることがある。結果として、片方は傷ついたり、拒絶されたように感じたり、失望したりする。もう他方は抑圧的に感じたり、罪悪感を感じたり、つきまとわれていると感じたりする。しかし、親子関係で生じるある程度の熱意の差は、あなたが生みの親と少し話ができれば解決可能だ。

関係構築における課題３：役割と名前
　もう一つの課題は、あなたの人生で新しい家族成員がどんな役割を果たす

のか結論を出すことだ。きょうだいについては、「友達」になることも、単にもう一人のきょうだいになることもできるため、役割を決めることが比較的簡単な場合が多い。一方で、生父と生母に関しては、養子になった人のほとんどが養子縁組先の父母が健在であるため、必ずしも役割を簡単に決められるとは限らない。であれば、生父や生母は、どんな役割を果たすのだろうか？　もう一人の父母なのか、友達、または別の存在なのか？　そして、何と呼べばいいのだろうか？　このような疑問に答える必要がある。

　養子になった人のこの問題へのアプローチの仕方は様々だ。生みの親が「母」または「父」と見られているかどうか、あるいはそう呼ばれているかどうかは、養子になった人と生みの親の仲がうまくいっているかどうかとは必ずしも関係がない。例えば、サリーは生みの母と近しい関係を持っていたが、彼女が「母親」の役割を引き受けているとは思わなかった。

　　　「養子縁組先の母よりも生みの母との方が、いろいろな点でよい関係ですが、私たちの間に複雑な母娘関係がないからよい関係がもてるとも言えます。生みの母とはとても不思議で特別な関係です。しかし、別の意味では共有する経験が少ないから希薄な関係でもあります。そういう点では恵まれていませんが、別の点では恵まれています。そうしたければ、後ろを見るよりも前に進むことができるという点において恵まれていますよね」

　ドーンのように生みの母を「お母さん」や「母さん」と呼ぶのが自然に感じる人もいる。

　　　「最初は、『アンジェラ』と呼ぶことから始めました。その後、何かしっくりきて、僕は彼女を『母さん』と呼ぶようになりました。僕が友達に話す時は、特に混乱します。なぜなら、僕は義理の母や義理の父も『母さん』と『父さん』と呼ぶからです。結局、僕には3組の『母さん』と『父さん』ができました。友達は相当混乱して「えっと、どの『母さん』？」と尋ねて、僕は「あ、そうだ、ごめん」と答えます。それから、

説明しないといけないのです」

　呼称の混乱は大きな楽しみのきっかけになることもあるが、生みの親を何と呼ぶかは、難しい問題で、混乱することもある。生みの親が「母さん」や「父さん」と呼ばれることで、養親は時として、生みの親が元来の親としての立場や地位を得たと思い、脅威を感じ、傷ついたと感じる可能性がある。これが問題にならない人もいる。結婚すれば、義理の母や父となった人が、母さん、父さんと呼ばれる現象と似ているだろう。これは、細心の注意が必要な領域だ。理想的な状況は、皆が他人の気持ちや希望を尊重し、皆にとって快適と思う解決方法を見つけることだ。生みの母たちの中には、母さんと呼ばれたくない、また「母さん」と呼ばれることを期待もしていないことを明確にすることで、名前の問題を未然に解決する人もいる。オーエンは、以下のように説明する。

　　「私は、生母をファーストネームで呼びます。彼女は『アン』と言います。彼女は、最初に『あなたを産んだのは私だけど、あなたを育てたのはあなたのお母さんよ。だから、私のことを母さんとは呼ばないで。アンと呼んで』と言って、私は『よかった、まさに僕が聞きたかった言葉だよ』と返しました。やはり、私は母さんに、自分がとって代わられたと思って欲しくなかったのです」

関係構築における課題４：近親者同士の性的魅力

　再会に関して、これまでで一番やっかいで、かつ繊細な問題は、役割が曖昧になって、再会の当事者が性的に引き寄せられてしまうことだ。「近親者同士の性的魅力（genetic sexual attraction）」[1]については、新聞でも驚くような記事が報じられてきた。すべての再会について関係するので、これまで、

1　監訳注：genetic sexual attraction は、直訳すると、「遺伝学的な（遺伝由来の）性的魅力」であるが、ジェネティック・セクシュアル・アトラクション、ないしGSAとそのまま英語が用いられることもある。単に近親者同士（血縁のある親子やきょうだい）が性的に惹かれあうことだけでなく、長年会っていなかった近親者が出会った時に瞬間的に湧き上がる相思の魅力という条件があり、その条件が訳語に反映しづらいが、「近親者同士の性的魅力」はGSAの訳語として定着しており、その条件が含まれると考えている。

生みの母、生みの父、生みのきょうだいとの再会に関しての個別の章内では述べてこなかった。難しいテーマではあるが、事前の警告が必要であると私たちは考えている。

　万が一、近親者同士の性的魅力について始めて耳にするのであれば、おそらくあなたは驚き、衝撃を感じるだろう。しかし、私たちは再会が強い感情を引き起こすことを見てきた。たいていその感情は性的ではないが、とても激しいものだ。その感情は、理解するには難しく、名前も付けづらい。大人として私たちは通常、ロマンティックな関係にいる中でのみ、そのような強くて直感的な感情を期待するからだ。それゆえ、その状況を説明する他の言葉がないため、「ハネムーン期」などのように、再会に関する言葉は大人のロマンティックな関係を表す言葉を使用することもある。私たちの研究でインタビューを受けた人の中にも、親近感という突然込みあげてきた感情とパートナーとのロマンティックな経験を比較する人もいる。エレノアの生みの母との再会は、エレノアが、突然込みあげてきた感情を恋に落ちている時の気持ちになぞらえた例である。

　　　「とてもとても感情的になりました。私たちは、お互いに見つめ合い続けました。本当にとても不思議でした。磁石のようでした。私は彼女をじっと見つめて、彼女もじっと私を見ていました。そしてお互いについていろいろな事に気が付きました。私は彼女に対してとても親しみを感じました。この気持ちを表現するのは、とても難しいです。似ているとすれば、誰かと恋に落ちた時のようで、ある種の張りつめた気持ちと近しい感じだと思います」

インタビューを受けた人の中には、見知らぬ大人と突然親密な関係を確立したことの不思議さについて語る人もいた。ハリーは、次のように回想する。

　　　「あの夜、妹を家に呼び寄せ、そのまま一晩中、起きていました。妻は床につき、きょうだいであるこの見知らぬ女の子と座っていて、そのことが不思議でした。もう少しで腕を組むような近さです。でも家には床

についた妻もいて、『ちょっと待てよ、これは何か変な感じだ』と思いました。女性が家にいる、たとえ、彼女が妹だったとしても」

　エレノアとハリー、そして実際にインタビューを受けたほとんどの人にとって、この激しい感情を表現することは難しいが、必ずしも明確に性的要素があるわけではない。しかしながら、いくつかの事例では、その激しい気持ちに性的な傾向があったが、養子縁組カウンセラーからの事前警告により、再会の当事者がそれらにうまく対処し、功を奏した。デイビッドは、生母との再会を次のように語っている。

　　「私たちはそんな感情の入り混じった時期を経験したし、母は未婚だったので、私は彼女にとって自分は息子のような役割であり、同時に彼女の人生で唯一の男性でもあると思い込んだのだと思います。それで私は混乱しました。今では、お互いをよくわかっているはずなのですが、わかってはいなくて、私たちは他人同士です。カウンセラーに会いに行ったときに、カウンセラーがこのことに言及していたと彼女に伝えました。すると彼女は、『そう、何も言うつもりはなかったけれど、そんな気持ちになることがあったよ』と言いました。彼女は、私が本当は何者なのか混乱していたようです。そのあと彼女は、一年くらい経った後だと思いますが、『あなたが、そんな気持ちになるかもしれないって伝えてくれる勇気を持っていてくれてよかった。私にもそれと同じ気持ちがあったから』と言いました。これを話すのはとても難しいことだと思います。しかし、これ（カウンセリングで、そのことを課題として取り上げていくこと）は継続すべきだと思います。やりづらい内容であっても継続すべきです」

　なぜ近親者同士の性的魅力がおこるのかは誰にもわからないが、多くの様々な要因が関与しているようだ。例えば、再会によって芽生える強烈な感情、家族としての経験が共有されてこなかったことから明確な境界線が確立できていないこと、身体的な類似性や共通項からくる魅力、また生みの親が

今のあなたは身ごもった当時の父母にそっくりだと思うのかもしれない、などが挙げられる。また、絆をつくる機会を失ったことの埋め合わせをしようとして、赤ちゃんまたは親と身体的に接触しようするために、性的な感情が生じることもある。デイビッドの説明でも明らかなのは、まずもって、あらかじめ警告されていることが重要だということだ。もう一つは、魅力が芽生えてしまったときには、それについて認識し、どんなに変で気まずいと感じても、それについて一緒に話をすることの重要性だ。もしあなたがこの状況にいたら、難しいことだろうが、何が起こっているのか話し合ったり、あなたの気持ちを扱う最善の方法を考えたりすることによって、対応方法が見えてくるかもしれない。そして、もしあまりにも混乱して制御不能になったと感じたら、正直に話し合うことで、少なくともあなたと生みの親側の家族との間で発生している力が遮断できるかもしれない。

　近親者間の性的魅力がどれくらい一般的なことであるかは、まだよくわかっていない。人騒がせなメディア報道は、よくあることだと報じてきたが、私たちの研究では、そうではなかった。明確に性的魅力を持つというより、人は「自分に近い他人」をどう扱っていいか混乱するようだ。にも関わらず、完全な性的関係に発展することもある。私たちは、１件その事例に出会った。このような関係はどのように生じるか、実際に性的関係をもったきょうだいがどのような厄介な問題を経験したかを描くために、ここでその事例を紹介する。

　　「私が会った二番目の男きょうだいは、非常に魅力的でした。私たちは、
　　文通を始めました。その後、彼は離婚し、この近くに住むようになりまし
　　た。そこまでは、身体の関係はありませんでした。しかし、私は最終的に、
　　夫と別れることになりました。私たち以外、誰もいなくなりました。しか
　　し、数カ月の内に、私たちはお互いに、自分が何を感じているか認めまし
　　た。その次にきたのは「どうするか？」でした。児童協会が関与してきま
　　した。というのも、このことについて、私がそこに相談に行ったからです。
　　私が相談した相手は、私が捜索を始めたときに、誰も私に警告しなかった
　　ことに驚いていました。これは、起こり得ることの一つだったのです。私

のもう一人の男きょうだいについては、私は何も感じなかったので、それが起こり得るかもしれないという示唆はありませんでした。だから、それが起きたことがわかったとき、私はかなり驚きました。そして、私たちは半分きょうだい（half brother and sister）として見せかけを続けるか、もしくは恋人同士だと公表するか決めなければなりませんでした。同性愛者たちのように、公言するべきだろうか？　結局はそうなりました。そして、何が起こっているか私の前夫が知るとすぐ、彼は電話してきて、何としてでも私を刑務所に入れてやると脅迫してきました。やがて私の生母にも知れてしまいましたが、私たちとはもうこれ以上関わり合いたくないようでした。彼女は、私が皆を集めさせたのに皆をバラバラに引き裂いたと、私を責めました。そして生母もまた、私たちに刑務所に入ってほしいと思っていました」

関係構築における課題5：共通点を見つけること

　再会に関して、上述の課題ほど深刻なことではないが、やはり難しい課題は、共通点を発見しようとすることだ。養子になった人が生まれた家族と違った生活様式で育てられることは、よくあることだ。これは特に白人家庭の養子になった、父母のエスニシティが異なる人たちにとって、大きな課題である。もちろん、養子縁組をしていない人たち同士でも文化的かつ教育的な理由で家族から離れていく人は多いが、彼らは共有の歴史を持っている。身分や文化、世代さえも異なり、共通しているのは血の繋がりのみであるという見知らぬ人に出会うことは、ほとんどないだろう。しかし、違いがあっても前向きなことに目を向けることができれば、時間をかけて共通点を見つけるのは大いに可能だ。ザラは次のような例を挙げている。

　　「一緒に育った家族とはまったく違った家庭だったために、私は出生家
　　族の家にいても自分の家にいるとはとても思えませんでした。でも、彼
　　らがとても普通――好意的――で、努力していたのは知っていました」

　依存症やメンタルヘルスに問題を抱える血縁者と関係を築こうとすること

もまた厳しいものだ。そのような状況下で、意味のある前向きな関係を築くことはとても困難ではあるが、相手が持つ強さと同様に弱さにも受け入れることができれば、共通点を持つことができるだろう。例えば、キムは次のように説明した。

> 「生母は困難を抱えています。彼女は双極性障害です。彼女は私を手放したことからぜんぜん立ち直れていないし、彼女自身に聞いてもそう言うでしょう。私が産後うつになったとき、何時間でも彼女にその話をすることができました。今、私は鬱ではなくなりましたが、彼女はそうではありません。私は、彼女が一生吹っ切れることはないと思っています。私はそれを受け入れなければなりません。でも、そこには情緒的な絆があります。しかし、彼女が傷ついた一人の人間であり、彼女はかなり壊れやすいので、私は彼女に負担をかけないように注意しなければなりません。それでも、私たちはどんなことでも話すことができます。私たちは、生母のボーイフレンドの話さえできます。それに関して、私たちの意見が一致することはないでしょうが、それについて話すことはできます」

　生みの親族とは、ほとんど共通点がない、または単に彼らとは上手くやっていけないとわかるかもしれない。二人の関係をより困難にさせる要因がいくつかある。特に、環境が異なっていたり個人的問題があることが挙げられる。それでも、共通点を見つけられないわけではない。この関係があなたの人生の中で大切な一部となる可能性があるため、可能なら、あなたと出生親族との関係を深めるための時間を取るのだ。しかし、どんな家族にもあるように、仲良くやっていける人たちもいれば、そうではない人たちもいることがあなたにもわかるだろう。そのような場合には、事実や感情を共有したら、その人との接触は自然と少なくなる、またはなくなるだろう。

関係構築における課題６：怒り
　子どもが生みの親によって手放されることはよくあることではない。それは稀なことで、そして物事の「自然な」流れに反しているからか、私たちは

皆、なぜ養子縁組されたのかという理由を必要とする。理由を知りたいのはおそらく、誰かまたは何かを責めたいからだろう。再会前から、現在進行中の問題としてそれを抱いている人もいる。例えば、ヤスミンは彼女の生母に対して、子どもとして怒りと憎しみを感じている。

　　「私は、かつて生母が私を手放したことで彼女を憎んでいたと思います。私は確かに母に会いたいとか望んでいたのですが、それは母に怒りをぶつけたかったからだと思います。なぜなら、母は、私の人生を台無しにしたわけではありませんが、私の人生が今のようになった理由の大部分を占めていると思うからです」

　当初は生母に対する怒りを感じない（もしくは怒りという感情に気が付かない）が、後に怒りを感じ始める人たちもいる。養子になった子どもが養子縁組の理由を受け入れることが難しい、あるいは、生母が子どもを養子に託す以外に本当に選択肢がなかったとは考えられないために、怒りを感じることも多い。例えば、ジェイコブは、再会の後で自分に子どもが生まれたときから怒りを感じ始めた。彼は生母が自分を手放したことが受け入れがたかった。

　　「私は生母に対して、自分がそれほど怒りの感情を抱いていないことにいつも驚いていました。生母に初めて会った時、怒りを覚えなかったことについても、いつもショックでした。でも本当にそうでした。私の娘が生まれるまでは強い怒りの感情はまったく抱きませんでした。初めて心からの怒りを感じるようになったのは、まさに娘が生まれた時でした。僕は１、２カ月前に、母にその事を話しました。すると、母は泣いて、私が母に対して怒りを持っているに違いないと感じていたので、母は嬉しいと言いました。だから、今はちょっとした苛立ちというか、怒りというか、何というか、それはあります」

　人が怒りを感じる相手、または子どもを養子に託した責任の所在と感じる相手は、いつでも生みの母とは限らない。第５章で見たように、生みの母を

9　捜索と再会の道のり　　193

捨てたことに対する非難の気持ちや責任が生父に向かうこともある。ときには、娘を支えなかった母方の祖父母や、またあるときには養親に非難を浴びせることもある。ときには、特定の個人ではなく、社会に対して非難が向かうこともある。

　それでは、怒りをどのように扱えばいいのか。その鍵は、自分の気持ちに正直になることだ。そして、生みの親側の親族、もしくはカウンセラーに、何を感じ、なぜそう感じるのかを話すことだ。もしあなたが養子にならなかったら、どういうことが起きていたかについて考えるのも価値あることかもしれない（後述の「現実あるいは現実主義に到達する」を参照）。自分が置かれる環境はどのようになっていたのだろう。物事がどのようになっていたのか、正確に把握することは不可能だが、しかし、生みの親にとって、もっと簡単にできたかもしれないことや、もっと難しかったかもしれないことを考えることはできる。起こってしまった現実を変えることはできない。どれほどあなたの養子縁組がうまくいっていたとしても、出生親族に会うことはあなたが養子になったことに折り合いをつけるのに役立つかもしれない。

　あなたが生みの親と養子縁組について話そうとしているときに、生みの親があなたの疑問に答えようとしないことに気が付くかもしれない。あるいは、あなたの方が質問するのに抵抗を感じたり、受け取った返答を素直に受け入れられないと思ったりするかもしれない。そのときは、あなたの感情を信じることだ。ここまで見てきたように、再会は様々な質問をする絶好のチャンスである。これは、再会がもたらしてくれる利点の一つだ。ニコラは、たとえ質問の回答に満足できないことがあっても、質問をたくさんすることが必要だと訴えている。

　　「今も私はまだ（養子になった）理由を受け入れられません。将来いずれ、その理由を受け入れるようになると私は思います。彼女について知れば知るほど、彼女はいろいろなことをより詳しく説明してくれて、そのお陰でより多くの事がわかってきました。実際には、その回答を受け入れようが受け入れまいが、自分が尋ねたいと思ったことを尋ねられたのが、私の努力の成果です」

関係構築における課題7：拒絶への恐怖

　私たちが見ていく親子関係における課題の最後は、拒絶への恐怖だ。ここまでの章で、再会においては拒絶への恐怖が何年もの間存在し、そのような恐怖心が様々な仕方で親子関係の展開に影響を及ぼすことを見てきた。第4章では、最初は自分の感情を表さず、生みの母からの間接的な愛情表現を期待したり、愛情表現を引き出そうとすることによって、自分自身を拒絶から守ろうとする人の事例を見た。養子になった人びとが、自分がコントロールできる関係を維持しようとするケースもあった。ニコラは、次のように説明した。

> 「私は望み通りに手に入れました。生母との関係は私がコントロールしています。私はこれまでのやり方を彼女に押し付けました。もう一度拒絶されることから自分自身を守ろうとしたのかどうかはわかりませんが、私はこの再会を始めた時、親子関係をもちたいとは思っていませんでした。しかし、私は彼女を見つけたし、彼女は私が彼女を受け入れる以上に、私を受け入れました」

　他のケースでは、とくに生母との再会において、養子になった人びとは新しくて壊れやすい関係を壊してしまうことを恐れて、養子縁組にまつわる状況のような難しい問題について話すことを避けた人もあった。そして、最初は出生親族に歓迎されていると感じたが、後に「目新しさ」の価値が消えて、拒絶されたと感じて養親のところへ再度戻っていった人もいる。

　出生親族と新しい関係を築くには勇気がいる。関係を築くにあたり、あなた自身は身を切る覚悟で臨むことになるが、出生親族の方もあなたと同じ気持ちになってくれる、またはあなたとの関係を築くことに傾倒してくれるという保証もない。おそらく、関係を前に進めるための唯一の方法は、出生親族と話し合うことだろう。そのとき、相手には思いやりがないとか不十分だとか言って相手を責めるのではなく、もっと連絡を取りたいのになかなか頼めないと感じていると相手に伝えたり、どのようにこの関係を発展させたいか相手に尋ねたりするとよい。ときにはドーンのように、あなたが拒絶されたと感じた気持ちは、あなたの新しい関係に対する不安な気持ちや、相手は

あなたより重要なことで忙しいのだろうという思い込みから生まれた幻なの
かもしれない。

> 「私は時々、彼女は私と連絡を取ったからもういいと思っているよう
> に感じます。彼女はこれ以上私のことを知りたくはないのではないかと
> 時々、思うことがあります。しかし、彼女がまた電話してきて、とても
> 元気な声で話してくれると、自分も再び気分が浮き浮きしてきます。彼
> 女はなかなか私に連絡することができないし、私は仕事をしているし、
> それに彼女の家が遠いのですが、時々、彼女はこれ以上私について知り
> たくないのではないかと感じることがあります。しかし、これについて
> 彼女は『あなたは本当に馬鹿だね』と言います。本当は彼女はもうちょ
> っと強い言葉を言いますが、そんな言葉を私が言ってはいけませんね！
> その後、彼女は私を安心させてくれるので、私は『そうだ、彼女に拒絶
> されたと思い込んでいただけなんだ』とわかります」

　あなたがこのような話をする機会があって、相手側があなたとの関係にさ
ほど傾注していないことがわかったら、あなたの期待度を調整するとよい。
そのあと、相手とのと関係をどこへ、どのように発展させたいのかを決めら
れるだろう。

（4）通過儀礼（またはあなた自身との関係）

　ここまで、捜索と再会のプロセスから生まれる二つの可能性を見てきた。
捜索と再会によって、ほとんどの人は「ルーツ」の正確な理解が得られる。
他者との関係を構築または再構築する人も多い。この部分は、大きな困難を
伴う場合がある。しかし、おそらくあなたが構築する最も重要な関係は、あ
なた自身との関係である。すなわち、あなたの自己意識とあなたのアイデン
ティティを強くするということである。捜索と再会の旅を行うことにより、
養子になったということ、あなたのアイデンティティ、そしてあなたの養子
縁組先の家族や生みの親の家族を含む他の人との関わり方について様々な疑

間や課題に折り合いをつけることができるかもしれない。生みの親側の親族との関係がどうなろうと、あなたは人として変わらずにはいられない。ルーシーは次のように述べた。

> 「私は、とてつもなく莫大な学びの過程の一つにいるような気分です。私は捜索をしていてよかったと思うし、彼女を見つけられて本当に嬉しい。それにこれまで起きたすべてのことがよかったと思います。しかし、彼女との関係ができたよりもむしろ、個人的に、そして内面的に私に与えた大きな影響が嬉しいです。この旅のお陰で、養子になったことが私の人生にどのような影響を及ぼしたのかがわかるようになったし、私の養子縁組についてもっと多くの事がわかってきました。これが、生みの母との間の個人的なことよりも大きいです。この旅では、私がもっている感情を理解するのに役に立つ情報が入手できたし、私が自分のことをより深く理解できるよう、私の人生の様々な局面に光を当てられたと思います」

それゆえに再会の経験は、現実の通過儀礼として考えられる。それは養子として手放されたこと、そして異なる家庭で育ったことがあなたにとって何を意味するのかを理解させてくれる。あなたが誰であり、どこから来たのかという問いに答えられることに役立つ可能性がある。さらに、再会の経験は、あなたがどのように出生家族と養子縁組先の家族とつながっているのかということを明確にしてくれるだろう。これらのことは、捜索を始めるときに頭にあったかもしれない。あるいは、捜索の途中で初めて浮かんできたかもしれない。実際に、多くの人は、捜索や再会のプロセスを経て無意識に抱いていた多くの感情が呼び起こされたことに驚く。例えば、ケイは自分の養子縁組に関して特に興味はなかったが、生みの親が生んだきょうだいから連絡を受けて、生母が亡くなったと知ったとき、大きな影響を受けたと言う。

> 「この手紙が届くまで、私はこのことについて考えたことがありませんでした。私はずっと幸せを感じていました。しかし、この手紙で、『一体、

私はどこから来たのだろう』と考えさせられました。私の生みの母が亡く
なっていたという事実に、この二年間、ずたずたに引き裂かれてしまいま
した。そして、自分の感情が理解できませんでした。『生みの母を探しに
行こうという願望がなかったのに、なぜ私はこんなに泣き崩れているのだ
ろう？　なぜ、こんなにも感情を揺さぶるのだろう？』と思いました」

アイリーンもまた、捜索を始めたとき、彼女自身の感情の強さに驚いた。

　「私が最初に養子になった人びとのワークショップに行った時、私は本
当にそれまで自分の養子縁組についてほとんど話したことがありませんで
した。そのワークショップはとても感情を刺激するもので、とても疲れま
した。私は泣きました。私の中にどれほど感情的なものがあったか気が付
いて衝撃を受けました。私はその時まで、自分の養子縁組についてそれほ
ど深い感情を持っていたことに気が付きませんでした。グループで話すこ
とになったとき、自分の中に潜んでいるたくさんの感情が表に出るだろう
と思います。それは日々の生活では決してしないことです。このように感
情が出てくると、様々なことと折り合いをつけることになります。この経
験から、自分はなぜ捜索しているのか、それに何を求めているのかを立ち
止まって考えさせられます」

　捜索と再会のプロセスは、取り組まなくてはならないたくさんの感情的な
問題を浮き彫りにする。たいていの人にとって、これはやりがいのある旅に
なるだろう。私たちの研究に参加した大多数の捜索者は、再会後に、人とし
て「前より必要なものがそろった（more complete）」と感じたそうだ。しかし、
ときには険しい道を通らなければならないだろう。再会について前向きに感
じる人がほとんどだが、強烈で試練のような感情に対処する必要が出てくる
ため、手に入れた喜びが中和されてしまうと感じる人もいる。

期待の重要性
　あなたの旅の始まり方に多大な影響を及ぼすものがある。それは、あなた

の希望と期待だ。養子縁組のカウンセラーと一緒に、自分の期待が何なのか
はっきりさせようとする人は多い。しかし、自分が本当に探しているものを
予想することは、必ずしも簡単なことではない。ジェニーは次のように述べ
ている。

　「私が思うに、私の再会はおとぎ話のような喜ばしいものではなかった
　ことと、生みの母が私と完全に馬が合う人ではなかったことが最も残念
　なことです。このような期待を意識的に持っていたわけではないのです
　が、すべてが終わった今となっては、そのような期待をある程度は無意識
　にもっていたに違いないと思います。私の理想のシナリオは、まるでファ
　ンタジーのようなものでした。私の理想は、彼女がどんなに私のことを愛
　しているかとか、私を養子縁組に託した時どんな感じだったかとかいうこ
　とを素敵な手紙で書いてくれて、それで私は彼女にとても大事にされてい
　て、とても愛されていると感じることです」

　ジェニーの話からはまた、「ハッピーエンド」すなわち、あなたが必要と
するものすべてを与える「完璧な親」との完璧な再会を期待する人がいると
いうことがよくわかる。もちろん、みな自分の再会がうまくいくことを望む。
しかし、「素晴らしすぎる」期待、つまり実現することができない、非現実
的な期待または空想をもったままで旅を始めると、再会が行われたときに大
きな絶望につながる可能性がある。反対に、悲劇的な予想をしたり、最悪の
事態を推定したりすると、捜索と再会のプロセスを開始することや、再会に
傾注することが妨げられてしまう。
　期待は再会のプロセスに影響することがあるため、あなたの期待を可能な
限り明確にし、その期待が現実的かどうかを見極めることには価値がある。
ジェニーの例で見たように、自分の期待をあらかじめ正確に特定することは
難しい。それでも、旅を始める前にこういったことを可能な限り解決するこ
とが重要である。どのようにすべきかについていくつか提案がある。しかし
再会の旅の最も面白い（かつ困難な）ことの一つは、物事がどのように展開
するのか、あなたがどのように感じ、どのように成長していくのか予期でき

ないということだ。もしコツがあるとすれば、それは、好奇心と広い心で再会に挑むことだ。

（5）現実または現実主義に達する

　再会は、あなたの中で養子縁組、アイデンティティや家族について多くの課題をもたらす。同時に、再会はこういった経験と折り合いをつけていく手段にもなる。再会であなたの来歴についての情報を入手し、生みの親側の家族と関係を築くことで、あなたのルーツへの感覚がより強くなるだろう。さらに、再会はあなたのアイデンティティを強化する。しかし、出生親族との再会はあなた自身を完璧にしたり、あなたが求める感情を満たしたりするわけではないだろう。そういったことは、他の人に提供してもらうことはできない。最終的に、それらは、あなた自身の内面からしか得られないだろう。ところが、再会は、あなたが誰なのか、なぜ養子になるような状況に置かれたかなどの質問に答えをもたらすため、あなたが自分の養子縁組に折り合いをつけるのに役に立つ。オリーブは、次のように述べている。

　　　「私は母に会ったら、すべてがまるく収まるだろうと思っていました。私の不安はすべてなくなり、人生全体が整理されると思っていました。しかし、実際に会ってみると、答えが得にくい疑問が増えただけです。ほとんどの子どもは、完璧な家族をいまだに望みますが、完璧な家族なんて存在しないと思います。しかし、私が母に会う前から、私は自分が自分であるということに気づいていました。魔法の薬などないし、私に突然寄り添って私の感情を押しとどめてくれる魔法のような家族もいません」

　この旅、いいかえれば通過儀礼の大事な部分は、あなたが出生家族についての幻想を手放すことだ。幻想の出生家族が悪い人たちであろうと、救世主が現れるのであろうと、その幻想を手放さなければならない。あなたが養子にならなかったら、あなたの人生がどうなっていたかは何とも言えない。た

だ、キムのように、出生家族について知ることで、あなたの人生がどうなっていたか、より現実的なイメージを思い描くことはできるだろう。

　　「生母から聞いた話ですが、生母は帰宅したときに、祖母に『キムに会ってきたよ。キムは、医者よ。キムは賢い女の子よ。これって素晴らしいことじゃないかしら。キムを手元に置いておくべきだった』と言ったそうです。そして、祖母は母の方を向いてこう言いました。『もしあの子があなたのところにいたなら、あなたが彼女に与えられるものを考えたら、医者にはなってなかったでしょうね』。私は、医者になったかもしれないし、ならなかったかもしれない。でも、私の人生はきっととても困難だったと思います。しかもその当時、誰も子持ちの若い女性を相手にしたいと思わなかったので、おそらく次々と『おじさん』ができたでしょう。人生はいつもハッピーエンドではありません」

　再会のプロセスにおける困難のおかげで、自分の養子縁組先の家族に対して、より現実的で、バランスが取れたイメージをもてるようになるかもしれない。ほとんどの親と同様に、私たちの研究に参加した養親のほとんどが、必ずしも再会のプロセスにまつわるすべてのことにうまく対処できたわけではない。中には養子縁組については話していなかった人もいた。再会のプロセスに対して悩んだ人も少なくなかった。また、他の親と同様に、子どもに対して厳しすぎたり、距離を置きすぎたり、息が詰まりそうと受け取られてしまうのではないかと思っている人もいた。出生親族に会うことは、自分の養子縁組に向き合い、大変な部分とよい部分があったことを認識する手助けになるかもしれない。また、自分と養親との間に残っている問題を解決する機会にもなるかもしれない。
　ときには、一度出生家族と連絡を取り、自分の養子縁組に関する問題を説明すると、養親との関係がある一定の緊張や不安から解放される場合もある。例えば、ウナは父母のエスニシティが異なる子どもであり、アフリカ系の出生家族との間でとても肯定的な再会をした経験がある。彼女は、アフリカ系の子どもや父母のエスニシティが異なる子どもはアフリカ系家族の元にいる

べきだと強く信じているが、自身の再会の道程で、自分が白人の養子縁組先家族から得たものに感謝するようになった。

　「何の喪失かというと、出生家族について自分が築き上げたファンタジーの喪失だと思います。私はまったく見た目が違っています。私は、性格も外見も、自分の父とまったく違います。そして、きょうだいとは性格はまったく同じですが、外見はまったく違います。私は養子になっていなければ、自分が今の自分ではなかったと強く思います。自分の出生家族を知ってみると、自分が勉強して大学に行ったとは思えません。同じ人生観をもったとも思いません。私の育てられ方が私をじっくり考える人間、挑戦する人間、物事を深く見る人間にしてくれました。だから、もし私がそのまま生みの親といたなら、暮らし向きがもっと良かっただろうとは言えません。私は、今自分自身に、ありのままの自分に満足しています。やはりこういう辛いことを経験しないことには前へ進めません。人生はファンタジーではなく、リハーサルでもないという事実に、折り合いをつけなければなりません。それが私が得たものだから。自分が手にしたものに満足しなければなりません。私が、自分のアイデンティティが何なのかという問題に悩んでいた時、時々、『どうして、アフリカ系の家族に育ててもらえないの？』と思うことがありましたが、今その時を振り返ると『まぁいい、起こってしまったことだけど、もし起きなかったらあなたはウナでなかっただろうし、今の自分でなかっただろう、それに自分が今手にしているものを持っていなかっただろう』と思います。そして、今では自分が恵まれていると思います。私には、感謝すべきことがたくさんあり、それが、私が（養子縁組先の）母に『ありがとう』を伝えるために手紙を書いた理由の一つです。だから、自分の状況を受け入れ、起きてしまったことについて腹を立てていてはいけません。起きてしまったことは置いておき、自分の状況を冷静に考え、そこから前に進み、それから自分が得たものを受け入れなければなりません。それが、すべてだと思います。大事なのは受容とバランスを見いだすことで、私はなんとかうまくやれたと思います。まあ、なんとかでき

ればいいのですけどね」

「現実到達」の３つ目の領域は、再会そのものについてである。私たちの研究における再会はどれも完璧ではなかった。素晴らしかったものもあったが、何も問題がないものはなかった。再会は、困難を伴うものだ。起こりうる苦悩に自分自身を備え、理想と現実は滅多に一致しないということを受け入れることが大切である。例えばザラは、再会の最初の段階でいくつか挫折を経験したが、それは避けられないものだと気が付いた。

　　「生母は私が望んでいるほどオープンにしてくれていないことがあるのですが、それはただ時期尚早だからです。しかし、時々、そのことで私はイライラします。その時私のパートナーは『気楽にね』と言ってくれます。私のパートナーは、私に彼女が感じている方向から見させるのがとてもうまいのです。だから、私はこの調子で大丈夫だろうと思っています。私は養子縁組のカウンセラーへ電話をかけて、『時々イライラするのは自然なことですか？』と聞いてみようかと思うことがあります。でも、本当は、そういうものだとわかっています」

　また、ウェンディはもっと再会のプロセスが進んでいて、再会の成り行きには全体的に満足しているものの、いくつか問題を感じている。重要なのは、彼女は、再会は決して自分が望むとおりにうまくいかないものもあるだろうと受け入れていることだ。

　　「もしも願いがあるとするなら、私は、夫と生母が本当に仲良くやっていけることを願います。まあ、この問題を避けることはできるのでいいです。二人はあまり一緒に時間を過ごしません。一緒に過ごすときはけっこう仲がよいです。再会は決して完璧にはいかないと思っていますが、これが少し難しいのです。自分自身の感情を整理することがおそらく唯一難しいことです。しかしたぶん今では85％ぐらい整理できていると思います」

ザラやウェンディの再会より、はるかに苦戦する再会もある。拒絶を経験
し再会さえできない人もいる。しかし、あなたが自分自身とあなたの成長の
ために得られるものは、他の人との関係がどのくらいうまくいっているかに
依存するわけではない。反対の事例もあるだろう。当初は本当に苦労した再
会が、強い絆になっていくかもしれない。多くの感情を要した再会ほど、影
響力も個人的な成長も大きい可能性がある。だから、再会が誰か他の人との
関係を築くという点では「うまくいかなかった」、あるいは「うまくいって
いない」と思われるときでさえ、あなたが自分自身について非常に多くのこ
とを学べたプロセスかもしれない。あなた自身について多くのことがわかっ
て、かつ、生みの親側の親族と強固な関係を築くことが理想かもしれないが、
他人に自分の願いや期待をかなえてもらうのをあてにはできない。より現実
的な目標は、生みの親側の親族と理想の、ひかえめにいっても「よい」関係
をもつことを期待することよりも、できるだけ自分自身について知ることか
もしれない。コーラは生父と再会を果たした一方で、生母には拒否されたの
だが、自分の経験について以下のように振り返っている。

　「私は、自分が経験してきた逆境のおかげで、今の自分があるように思
　います。養子縁組をしていようがいまいが、私たちには自分自身につい
　て知っていることと知らないことがたくさんあって、しかも私たちは自
　分の人生を生きることによってしかそれを知ることができません。私は
　生父に会ったので、自分自身について以前と違う理解をしているけれど、
　もし、私が生母に会っていたら、また、私自身を違う風に理解するかも
　しれません。しかし，今の時点でそれは起こり得ません。『生母に会った
　り連絡を取ったりしなければ完璧な人間になれるはずがない』という考
　えを巡らせることに意味があるとは思いません。それが当てはまるとも
　まったく思いません。私は確実に、自分自身についてより多くの知識や、
　ある意味さらに深い理解と、養親とのはるかに親密な関係を手に入れま
　した。それは、私自身の道のりでしたが、私の道のりの一部に養親、特
　に養母がいたからです。だから、どちらかといえば、その道のりは、養
　親と私をもっと親密にし、大きなプラスになりました。さらに、私は自

分自身についてかなり多くの情報を得ました。それによって自己意識が
強まったかどうかはわかりませんが、おそらく、いくつかの点ではその
答えはイエスでしょう」

　コーラ、ウェンディ，ウナ、そして私たちの研究に参加したその他大勢の
人たちが到達した理解のレベルに達するには、努力が必要だ。時間もかかり、
たくさんの会話と熟考を要する。本書のような書籍のマイナス面の1つは、
あなたが他の人が達成したことと照らし合わせて、自分自身を評価しようと
してしまうかもしれないことだ。あるいは、皆に必要なものについて注意深
く考えたり、すべての人やものに対して適性かつ現実的になることによって、
再会全体を確実に正しいものにしようとするかもしれない。しかし、特に再
会の初期には、あなたが感じるべきと思う気持ちと、その時点で感情が実際
にあなたに感じさせる気持ちとの間には、大きな違いがあることが多い。再
会は通過儀礼だと考えられるため、再会によってあなたの心が頭に追いつく
だろう。再会を始める前に、理性的で現実的であるように、そして自分自身
にプレッシャーをかけすぎないようにするのがよい。

（6）この道程で役に立つものは何か

　以下に、再会の道程で、あなたの役に立つであろう3つの鍵を提示する。

1．タイミング
　自分の気持ちを信じ、自分が準備ができたと思ったら一歩ずつ進むとよい。
立ち止まってもよく、大丈夫だと感じたら進み続ければいい。私たちの研究
で適切なタイミングの大切さを強調した人はとても多いが、ウナもその一人だ。

　　「それがよい結果になったり、うまく収まったりすると、『なぜ20年前
　　にそれをしなかったの？』と思ってしまいますが、次の瞬間『だけど今
　　がその時だ』とも思うでしょう。私は、物事は適切な時や理由があって
　　起こるということを大いに信じるようになりました。あなたは、そのと

9　捜索と再会の道のり　205

きは理由が何なのかわからず、その理由を見つけようとして 20 年も過ご すかもしれません。しかし、物事はしかるべき時にやって来ます。という のは、私は養母と再び連絡を取るようになりました。今ではうまくい っています。私たちの関係は以前よりも良く、もし私たちがずっと一緒 にいたなら、あるいはもっと早い段階で再び一緒になっていたら、こう はならなかったでしょう。私は、ある物事が起こるには、適切な時があ ると信じています」

２．準備

　この道程を始める前に、あなたはできるだけの準備を行う必要がある。最 も重要なことは、間違いなく、自分が何を期待しているのかを考え抜くこと だ。なぜなら、それは再会がどのように発展していくかということに大きく 影響する可能性が高いからだ。私たちは、自分の期待を書き出すことを勧め る。そうすればあなたはそれを考えるようになり、あなたの期待はより一層 具体的になるだろう。以下に、一考の価値のあるいくつかの質問と、２種類 のチェックリスト（道程の始まりにいる人たち用と道程の途中にいる人たち用） を掲載する。

　もちろん、あなたは捜索を始めてみるまで、自分が実際にどう感じている のかよくわからないだろう。たとえそうだとしても、十分に準備ができて いればいるほどよい。何人かと話すと、おそらく物事がはっきりするだろう。 この段階では、養子縁組カウンセラーが役に立ちそうだ。また、この本の再 会の物語をいくつかもう一度見てみるのも有益かもしれない。あなたの中に 最も強い反応を引き起こしたのは、よいこと、それとも悪いことのどちらだ ろうか？　あなたの反応はおそらく、あなたが今どう感じているか、あなた が何を望んでいるのかのヒントになる。

　一度自分の期待を書き出してみたら、それをじっくり見てみるとよい。そ れらは現実的なのか、（拒絶を予想して）悲劇的なのか、それとも（完璧な再 会を期待して）楽観的なのか？

Box3. 捜索・再会に向けて準備中の人のためのチェックリスト

・何がきっかけになって、あなたは今、捜索や再会に関心がありますか？
・あなたの期待や目標は何ですか？
・あなたは、どうやってそれを達成しますか？
・捜索や再会のために、どんなサポートを得ますか？

Box4. 捜索・再会の旅をしている人のためのチェックリスト

・なぜ捜索や再会をするようになったのですか？
・あなたの期待や目標は何でしたか？
・いくつ達成しましたか？
・予期していなかった結果はありますか？
・引き続きすべき事は何ですか？
・まだ終わっていないことは何ですか？　それを終わらせることができますか、あるいは気にせず放っておくことができますか？
・捜索や再会のために、どんなサポートを得ますか？
・自分が捜索や再会の道程を始めた頃を振り返って、また、今の自分自身を見て、どのように感じますか？

3. サポート

　これはあなたの道のりだと強調してきたが、その道中で、あなたはとても多くのサポートが必要になるだろう。再会についてできるだけたくさんの本を読むとよい。何よりも、必ず人と話すようにすること。くれぐれも自分一人でしようとしないようにすること。他の人に話すことが、再会の前や再会の間、自分の気持ちを理解する最善の方法であることがよくある。さらにあなたは、自分の興奮や苛立ちを分かち合ってくれるだけでなく、自分を安心させたり、勇気を与えてくれたりする人が必要かもしれないことに気が付くだろう。再会の道程は通過儀礼であり、キムが以下のように経験した通り、

9　捜索と再会の道のり　207

ほとんどの通過儀礼は楽しいだけでなく、痛みを伴うものである。

> 「それはとてつもなく大きな人生上の出来事で、それがどんな影響を
> 与えるか軽く見られすぎているのではないかと思います。実際、私もそ
> の影響を小さく見積もっていました。もし生みの親側の親族を探そうと
> している人がいたら、それによってどんな影響を受けることになるのか
> 警告を与えられるべきだと思います。もし始めにその影響を受けなくて
> も、もっと後になって受けることになるでしょう。それは、何らかの形
> でやってくるのです。私は感情的な影響が出るだろうということに気が
> 付いていました。つまり、うまくいっている時でさえ、ずっとうまくい
> くはずはないと思っていました。人が誰かに会うときに、感情的な影響
> がどのように、どのくらい現れるか理解しているとは思えません。自分は、
> 起こった事に対する心の準備ができたとも思えません。子どもを持つこ
> とで例えると、最初はそれが大変になるとわかっていても、どういう風
> に大変かはわかっていません。そして、おそらく実際に起こることはあ
> なたが期待していたこととは違うのです」

　サポート源は、主に3つある。

・養子縁組カウンセラー：養子縁組カウンセラーは、再会の準備を手助けす
　る、経験豊かな養子縁組仲介機関や社会事業部で働く専門家である。カウ
　ンセラーはあなたの仲介者を務めることができる。さらに出生家族や養子
　縁組先の家族の人びとに対してだけでなく、養子になった人びとにも、再
　会の進展に沿った継続的なサポートや助言を提供する。

・養子縁組支援団体：今はほとんどの地域に、出生家族、養子縁組先の家族
　や養子になった人びとのための養子縁組支援団体がある（付録参照）。そ
　れらの団体は自助的なサポートや助言を提供するために設立されている。
　彼らは様々な経歴や経験をもつ幅広い人たちを受け入れることが多く、あ
　なたが自分の道程でより広い視野を手に入れるのに素晴らしい手段になる
　かもしれない。そのうえ、彼らはあなたと同じようなプロセスを経験して

いる人びとからのサポートも提供できる。

・友達や家族：あなたの友達と家族は、継続的なサポートの主な資源になる可能性が高い。あなたが再会そのものに夢中になったり気を取られたりすると予想できるため、再会はあなただけでなく、彼らにも大きな影響を与えるだろう。彼らは、あなたを守ろうという気持ちになったり、再会があなた自身や自分とあなたの関係に与える影響について心配したりするかもしれない。これは、特に養親によくあることだが、あなたにパートナーがいれば、その人も同じように感じるかもしれない。このような人間関係を維持するためにも、再会とは別に時間を取るよう努めること。

（7）再会を成功させるには

養子縁組に関わる再会は、困難かもしれないが、得るものは莫大かもしれない。私たちは、既に旅をした人たちの経験が、あなたの旅に役立つことを願っている。最後に、あなたの再会が最大限の成功をおさめるために、いくつか提案をする。

1．準備ができたときにこの旅を始めること。その時が来ればあなたもわかるだろう。
2．すべての再会は個別的である。あなたとあなたの再会に合ったバランスやペースを見つけること。
3．再会から何を得たいか、あるいはあなたが再会に対して何を与えられるかから始める。互いに与え合えるものと、互いの生活の中の居場所について現実的であること。
4．あなたとあなたの親族は、きっといくつかの強い感情に対処しなければならないだろう。それらすべてを解決するには、時間と忍耐力と、おそらく妥協が必要だろう。人びと（あなた自身も含め！）がなぜ、そのように感じたり行動したりしているのかを理解するよう努めること。その態度があまり好ましいものでない場合は、自分自身と他の人に優しくあ

ること。

5．可能なら、あなたの養子縁組先の家族に捜索と再会のプロセスについて
知らせること。

6．関係している人全員と、コミュニケーションをとり続けること。傷つい
た、除け者にされた、怒った、あるいは余裕がないと感じたら、そう言
うこと。ただし、穏やかに言うこと。

7．興奮や失望を共有し、共鳴版のような働きをし、その時々で物事に対す
る違う見方を教えてくれる人たちの多くのサポートが必要になるだろう。

8．特に再会の早期の段階では飲み込まれているように感じやすいため、
「通常の」生活を維持するよう心掛けること。

9．時の経過に応じて、自分の期待を調整できるよう準備しておくこと。ど
の人間関係でもそうだが、再会には、ひどい時もあれば、楽しい時もあ
るだろう。さらに、忍耐と妥協と理解が完璧だからといって、あらゆる
問題を楽々と切り抜けられるというわけではない！　捜索と再会のプロ
セスから、得られるものを手に入れ、よい部分を取って置き、そして準
備ができたら悪い部分を捨てること。

10．何よりも、再会とは、あらゆる方法を駆使して、あなたが過去・現在・
未来と折り合いをつけることだということを忘れないこと。

付録
イギリス、アイルランド、オーストラリア、
ニュージーランド、カナダ、アメリカ合衆国において
捜索と再会を行うための情報

イントロダクション

　原書『The Adoption Reunion Handbook』の巻末には、英語圏の読者のために付録がつけられており、捜索と再会のプロセスの仕組みのなかでガイドとして必要な基本的な情報が提供されている。その情報とは以下のものである。

・養子になった人と生みの親側の親族の両方の法的権利に関する概要
・出生証明書や養子縁組記録の情報にアクセスするための問い合わせ先
・連絡先登録に関する情報
・養子縁組のサポートグループに関する詳細

　付録では、イギリス国内のイングランド、ウェールズ、北アイルランド、スコットランドについては、それぞれ法的な枠組みが異なるため、節が改められている。アイルランド共和国、オーストラリア、ニュージーランド、カナダ、アメリカ合衆国についても、節が改められている。これらの国が含まれていることについては、原書の読者がイギリスだけにとどまらない可能性に加えて、イギリスの読者のなかには他国で／から養子縁組された、あるいは、生みの親側の親族が国外にいる場合があるだろうという理由からであると説明されている。
　原書では、ほとんどの機関について、電話番号、郵送先、E メール、ウェブサイトなどの詳細を、機関が提供するサービスの詳細とともに記載してい

付録　*211*

る。イントロダクションで、著者らは「可能なかぎり詳細な情報提供に努めたが、各機関がどれだけ価値あるサービスを実施しているかにかかわらず、すべての法的システムと養子縁組関連の団体に関する総合的な情報提供は当然ながらできていない。どの国でも、読者が捜索と交流を始めることができるように、十分な情報を提供することを目指している」と述べている。

　訳書の巻末付録では、日本の読者を想定して、手続きの説明、機関名、ウェブサイト、サービス内容についてのみ訳出・記載した。その際、原書の付録に記載された 2004 年 2 月当時の情報を、訳者が可能な限り更新し、また原書刊行後に作成されたウェブサイトは訳者が追記した（ウェブサイトの情報は 2019 年 4 月現在のものである）。とくに組織の統廃合などにより原書の付録から大きく変更になった箇所については、訳者が項目および文章を編集し、原書に記載された情報がわかるように脚注で示した。

イングランドおよびウェールズ[1]

出生記録へのアクセス
（A）養子になった人

　18 歳で出生証明書の写しを取得する法的な権利を得る。すでに出生時の名前を知っている場合は、その名前の出生時の出生証明書を取得するだけでよい。
　現在はオンラインで、出生、婚姻、死亡、養子縁組、パートナーシップに関する証明書を得ることが可能である。GOV.UK のウェブサイトから、イングランドおよびウェールズの一般登記所（General Register Office for England and Wales）にオンライン申請を行うことができる。

■ GOV.UK「Order a copy of a birth, death or marriage certificate」
　ウェブサイト https://www.gov.uk/order-copy-birth-death-marriage-certificate

---

1　訳註：イングランドおよびウェールズでは、ロンドンにあった家族記録センター（Family Records Centre）が、出生記録のアクセスに関わる各種申請、申請に必要な照会番号、出生記録カウンセラーの案内などの業務をおこなっていたが、2008 年に閉鎖した。

出生時の名前がわからない場合は、1976 年の養子縁組法の 51 条 [2] に基づいて、自分の出生記録へのアクセスを申請する必要があり、国家統計局（Office for National Statistics）にある一般登記所（General Registrar's Office）で手続きを行う。

　一般登記の係に、自分が養子縁組されたことを説明し、養子縁組後の名前、生年月日を伝えると、あなたの情報と出生時の情報をまとめたものが作成される。登記所は、出生証明書に記載された個人情報をあなたに直接送付することはない。そのかわりに法律にしたがって、あなたが選んだ機関の認可された養子縁組カウンセラーに送る。あなたは「出生記録カウンセリング」の予約をとる必要がある [3]。どの機関に行くかは自分で決めることができる。養子縁組カウンセラーの情報を得るために、地元の社会福祉サービスの部署（電話帳の「養子縁組」のならびを見るとよい）、あるいは自分の養子縁組を仲介した機関を知っているならその養子縁組機関を利用することできるだろう。出生記録カウンセリングを受けたら、CA6 という様式を受け取り、あなたの養子縁組を成立させた裁判所に、その養子縁組を仲介した機関について書面で照会することができるようになる（ただし、これは個人で行った養子縁組ではない場合である）。あなたの養子縁組を仲介した機関に問い合わせることで、仲介機関が持っている出生時の家族に関する新たな情報を得ることができるかもしれない。

(B) 生みの親側の親族

　2002 年の養子縁組および子ども法（the Adoption and Children Act 2002）によって、生みの親側の親族に関する新たな条文が加わった。養子となった人の生みの親側の親族（母、父、きょうだい、祖父母、おじ、おば）は、現在では養子縁組を支援する機関に対して仲介サービスを依頼できる権利をもっており、生みの親側の親族が関心をもっていることや連絡を希望しているこ

2　2002 年の養子および子ども法でも、同様の条文がつくられている。
3　訳註：1975 年 11 月 12 日以前の養子縁組は、出生記録にアクセスするさいに養子縁組カウンセラーの面接を受ける必要がある。

とを養子になった人に知らせることができる。その場合は、どのように交流を行いたいか、決定するのは養子になった人になるだろう。いかなる個人情報も、養子になった人の許可なく生みの親側の親族に提供されることはない。2002年の養子および子ども法によるこの新しく大幅な変更は2005年に施行されるが、施行後の仲介サービスはまず1975年12月以前の養子縁組における生みの親側の親族に、続いてそれ以降の養子縁組における生みの親側の親族に、二段階にわけて提供されることになる。

捜索のための情報リソース／その他の問い合わせ先の詳細

イングランドおよびウェールズにおける出生、婚姻、死亡の証明書

　出生（あるいは婚姻、死亡）の証明書を取得するためには、本人あるいは当事者たちの氏名、その事案が生じたおよその時期と場所、そして可能なら一般登記所（General Register Office, GRO）がその記録に付与した照会番号を知っている必要がある。GRO照会番号には、当該年、季節、場所、巻、ページが含まれる。GRO照会番号を知っていることは、時間と費用の節約になる。照会番号は、出生、婚姻、死亡の登録を見ればわかる。地域の図書館の多くが、マイクロフィッシュで登録を保存しているほか、Free UK Genealogy が運営する FreeBMD[4] という無料のサービスで調べることができる。

■ Free UK Genealogy「FreeBMD」
　ウェブサイト　https://www.freebmd.org.uk/

　もし、インターネットにアクセスできるのであれば、現在は1837年から現在までのイングランドとウェールズにおける出生、婚姻、死亡のすべての登録をオンラインで調査できる。GROの照会番号を入手すれば、あるいは

4　訳註：原書では、ファミリー・リサーチ・リンク（Family Research Link）が、同様の有料サービスを提供していると記載されている。現在は FreeBMD が無料で提供している。

当事者たちの氏名と事案のあった年の詳細について知り得ただけであっても、比較的簡単な手続きで証明書の写しを取得することができる。申請は、郵送、電話のほか、オンラインで可能である。

■ GOV.UK「Research your family history using the General Register Office」
ウェブサイト　https://www.gov.uk/research-family-history

　証明書にかかる費用はさまざまである。最近では、オンラインで出生証明書と死亡証明書を申請して、PDF で受け取るときは 6 ポンドである（GRO 照会番号が必要である）。出生証明書、養子縁組、婚姻、市民パートナーシップ、死亡証明書をオンライン申請し、郵送で受け取る場合は GRO 照会番号の有無にかかわらず 9.25 ポンドである。

電話番号の案内サービス

　電話でのサービスの他に、以下の BT 社のウェブサイトで電話番号を無料で見つけることができる。

■ BT 社　「The Phone Book」
ウェブサイト　https://www.thephonebook.bt.com

選挙人名簿

　地域の図書館は通常その地域の選挙人名簿（electoral roll）[5] を保管している。もし、その地域を直接訪問することができない場合は、彼らが情報を提供してくれるかどうか、書面あるいは電話で確認してみるのもよいだろう。イングランドとウェールズのすべての地域の選挙人名簿は、大英図書館（The British Library）の官公出版物と社会科学のセクション（Official Publication and Social Sciences section）に保管されている。

5　訳註：有権者の氏名、性別、生年月日、住所を記載した名簿。

付録　　215

■大英図書館
ウェブサイト　www.bl.uk/

　また、最近は有料で選挙人名簿を調査するオンラインサービスを提供する会社が増えている。Google や AltaVista などの検索エンジンで「electoral roll」を検索してみるとよい。

離婚登録
　離婚登録では、所定の費用を支払って調査を行うことができる。そのためには以下に問い合わせるとよい。

■家族部主要登録所（Principal Registry of the Family Division）

遺言登録
　遺言の写しを取得するためには（調査を含んだ費用は 10 ポンド）、以下に問い合わせるとよい。

■遺言書登録所（The Probate Registry）

連絡先登録
　イングランドとウェールズを管轄するのは、おもに以下の政府が運営する連絡先登録に加え、養子縁組関連団体の BAAF（次項参照）の連絡登録サービスである。

養子縁組連絡先登録（The Adoption Contact Register）
　1991 に設立された政府が運営する登録である。養子になった人はパート 1 で、生みの親側の親族はパート 2 に登録される。マッチングが成立した場合、登録局は、連絡先を登録した生みの親側の親族の氏名と住所を養子にな

った人だけに送付する。養子になった人の氏名や住所は、生みの親側の親族に送付されない。つまり、マッチングが成立したときに、連絡をするかどうかは養子になった人に委ねられるということである。また、養子縁組連絡先登録では連絡を拒否／保留する意思表示を行うことができる。登録を行うためには、養子になった人は養子縁組前の出生時の自分の氏名を知っている必要がある（出生記録へのアクセスについては上記の節を参照）。連絡先登録に記録された氏名は、登録抹消の申請がなされない限り恒久的に残る。登録費用は一回だけ請求され、養子になった人は 15 ポンド、生みの親側の親族は 30 ポンドである。登録用のフォームは、以下のウェブサイトから入手可能である。

■ GOV.UK「Adoption records」
ウェブサイト　https://www.gov.uk/adoption-records/the-adoption-
contact-register

支援のためのグループや機関
（A）養子縁組後のサービスを提供する機関（出生記録カウンセリングを含む）
　養子縁組が自治体によって仲介されたものである場合、または、現在は自治体が記録を保管している場合は、まず BAAF という英国養子縁組および里親委託協会の統括組織（British Association for Adoption and Fostering）に、問い合わせ先の詳細を確認するとよい。BAAF は、イギリス国内のほぼすべての養子縁組仲介機関の詳細情報を含む広範なデータベースをもっている。
　また BAAF は、連絡先登録サービスも提供している。これは 2013 年まで全国養子および両親のカウンセリング組織（National Organisation for the Counselling of Adoptees and Parents, NORCAP）が運営していた登録サービスを引き継いだものである。このサービスでは、養子になった人びとや養親たち、そして生みの親側の親族が登録できる。養子になった人は、可能であれば自分の生年月日、出生地、そして生母の氏名を知っている必要がある。生みの親側の親族は、養子になった人の出生時の名前、生年月日、出生地、そのほか生母／父の氏名などの関連情報を提供する必要がある。これに加えて、

付録　217

生みの親側の親族は出生証明書など養子になった人の関係を証明する書類の
提出も求められる。なお、NORCAP は、仲介サービスも提供していた。

　以下のウェブサイトで BAAF が運営するデータベース、各種サービスが
案内されている。

■「Adoption Search and Reunion」
　　ウェブサイト　http://www.adoptionsearchreunion.org.uk/default.htm

養子縁組にかかわるボランティアの大きな団体を以下に挙げる。

■バーナードス（Barnardo's）
　　ウェブサイト　https://www.barnardos.org.uk
■バーナードス・カムリ（Barnardo's Cymru）
　　ウェブサイト　http://www.barnardos.org.uk/what_we_do/wales.htm
■カトリック子ども協会（ウェストミンスター）（Catholic Children's Society [Westminster]）
　　ウェブサイト　https://www.cathchild.org.uk
■英国児童協会（The Children's Society）（旧 Church of England Waifs and Strays）
　　ウェブサイト　https://www.childrenssociety.org.uk

（B）その他の仲介機関や団体組織 [6]

■PAC-UK [7]
　　ウェブサイト　https://www.pac-uk.org
■Parents And Children Together（PACT）[8]
　　ウェブサイト　http://www.pactcharity.org/adoption/adoption-records
■アドプション UK（Adoption UK）（旧 PPIAS）[9]
　　ウェブサイト　https://www.adoptionuk.org
■生親ネットワーク（Natural Parents Network）[10]

218

北アイルランド [11]

出生記録へのアクセス

（A）養子になった人

　北アイルランドの養子になった人は 18 歳以上になると、出生時の出生証明書の写しを取得する権利を得る。最初のステップは、以下に問い合わせて、ACR14 の申請書を手に入れることである。

　申請が完了したあとは、ソーシャル・ワーカーと面談を行う必要がある。ソーシャル・ワーカーは、今後のプロセスをあなたに説明し、出生時の出生証明書の写しを取得するために一般登記所に提出しなければならない申請書をあなたに渡す。また、養子縁組を仲介した機関の名称を照会するために裁判所に提出する申請書も、ソーシャル・ワーカーに依頼して（もし彼らがまだそうしていないのならば）受け取ることができる。その情報を得れば、養子縁組仲介機関に連絡して、彼らがあなたの養子縁組について何か他に情報をもっていないかを確認できる。

■北アイルランド一般登記所（General Register Office）

ウェブサイト　https://www.nidirect.gov.uk/contacts/contacts-az/
general-register-office-northern-ireland

6　訳註：原書のリストには Association for Transracially Adopted People（ATRAP）、Independent Support Service for People Affected by Adoption（ISPA）、Talk Adoption の3団体も挙げられていたが、現在の情報が確認できなかった。

7　訳註：原書に記載されているポストアドプション・センター（Post-Adoption Centre）が、2018 年にファミリー・アドプション（Family Adoption）と合併してできた組織。

8　訳註：原書に記載されているチャイルドリンク（Childlink）は、2010 年に PACT と合併した。

9　訳註：1999 年までの名称（Parent to Parent Information on Adoption Services）の略。

10　訳註：イギリスを拠点とする NPN は、31 年間の慈善活動を 2018 年に終了し、現在は Facebook のページ（https://www.facebook.com/NPNNaturalParentsNetwork/）で、情報発信を行なっている。

11　訳註：北アイルランド一般登記所の証明書申請および登録参加の手続き詳細については、原書の情報（2004 年 2 月現在）をそのまま記載している。現在の仕組みについては、「nidirect government services」のウェブページ（https://www.nidirect.gov.uk/articles/ordering-life-event-certificates）を参照されたい。

付録　　*219*

（B）生みの親側の親族

　現在、生みの親側の親族には、養子になった人の個人情報を取得する法的な権利がない。私たちは、北アイルランドのしかるべき養子縁組機関に連絡して、何らかの仲介サービスを含む助言と支援を得ることを勧める。

養子縁組連絡先登録（Adoption Contact Register）

　養子縁組連絡先登録は、北アイルランド政府によって運営されている。18歳以上の養子になった人は、登録のパート1に登録申請することができ、18歳以上の生みの親側の親族は、登録のパート2に登録申請することができる。マッチングが成立したときは、生みの親側の親族の氏名と住所が、養子になった人にのみ転送される。連絡のやりとりを開始するかは養子になった人次第である。登録に参加する費用は、養子になった人は9.50ポンド、生みの親側の親族は27.50ポンドである。申請書は、以下で入手することができる。

■北アイルランド一般登記所（General Register Office）
ウェブサイト　https://www.nidirect.gov.uk/articles/tracing-and-contacting-
　　　　　　　birth-relatives-and-adopted-adults

支援のためのグループや機関

■アドプトNI（Adopt NI）
　ウェブサイト　https://www.adoptni.org/home
■バーナードス　北アイルランド（Barnardo's Northern Ireland）
　ウェブサイト　http://www.barnardos.org.uk/what_we_do/northernireland.htm
■アイルランド養子縁組教会（Church of Ireland Adoption Society）
■アドプションUK（Adoption UK）（旧PPIAS）
　ウェブサイト　https://www.adoptionuk.org

スコットランド

出生記録へのアクセス

(A) 養子になった人

16歳で出生時の出生証明書の写しを取得する権利を取得する。そうするためには、一般登記所に問い合わせて申告書を入手しなければならない。問い合わせ先は以下である。

■スコットランド国立公文書館（National Records of Scotland）[12]
ウェブサイト　https://www.nrscotland.gov.uk

記入済みの申告書の受付後、その情報の写しがあなたの選んだ養子縁組機関に送付される。そこであなたは養子縁組ソーシャルワーカーと面会して、今後のプロセスや選択肢について話すことが求められる。面会の後で、出生時の出生証明書の写しを取得するための申請を国立公文書館に行うことができる。また自分の養子縁組を仲介した機関の名前を教えてもらえるかもしれない。その場合は、その機関に連絡して、あなたの養子縁組に関する情報を彼らが持っているかを確認することができる。また、バースリンク（Birthlink）（下記参照）が、地元の行政機関あるいは養子縁組関連団体が仲介した養子縁組記録の所在に関する登録簿を保管している。

(B) 生みの親側の親族

現在のところ、生みの親側の親族には、養子になった人の個人を特定する情報にアクセスできる法的権利は存在しない。生みの親側の親族に対して、わたしたちは、スコットランドの適切な養子縁組機関に連絡し、きめ細かな仲介サービスも含め、助言や支援を受けることを推奨する。

---

12 訳註：原書に記載されているスコットランド一般登記所（General Register Office for Scotland, GROS）は、2011年にスコットランド国立古文書館（National Archives of Scotland）と合併して、現在はスコットランド国立公文書館となっている。

付録　221

養子縁組連絡先登録簿（Adoption Contact Register）

　登録簿は、16歳以上の養子になった人と、生みの親側の親族に開放されている。これを運営しているバースリンクは、マッチングが成立した場合、連絡を取り合うための仲介サービスを提供している。登録には20ポンド（2019年4月時点）が必要である。以下から登録フォームにアクセスできる。

■養子縁組連絡先登録簿[13]
ウェブサイト　https://www.acr-scotland.org/

支援団体、組織

　スコットランド養子縁組協会（Scottish Adoption Association）は、カウンセリングを提供するとともに、自分たち、及びエディンバラとローディアンのソーシャルワーク省（Social Work Department）、スコットランド教会（The Church of Scotland）、スコットランド聖公会（The Scottish Episcopal Church）が手がけた養子縁組の記録を保持している。

■スコットランド養子縁組協会
ウェブサイト　https://www.scottishadoption.org/

　バーナードスのスコットランド養子縁組支援サービス（Scottish Adoption Support Service）はカウンセリングや助言を提供している。

■スコットランド養子縁組支援サービス
ウェブサイト　https://www.barnardos.org.uk/fosteringandadoption/adoption/
　　　　　　　adoption-in-scotland/scottish_adoption_support_service.htm

　バースリンクは養子縁組連絡先登録簿のほかにも、捜索の支援や、カウンセリング、仲介サービスを手がけている。

---

13 訳註：原書には運営元のバースリンクの情報が掲載されている。

■バースリンク
　ウェブサイト　http://www.birthlink.org.uk/about-us/what-we-do/
■アドプション・UK
　ウェブサイト　https://www.adoptionuk.org/

アイルランド共和国

　現在の立法状況については、保健省（Department of Health）や、2010 年養子法の施行とともに設立されたアイルランド養子縁組当局（The Adoption Authority of Ireland）のウェブサイトを参照[14]。

■保健省
　ウェブサイト　https://health.gov.ie/
■アイルランド養子縁組当局
　ウェブサイト　https://www.aai.gov.ie/

出生記録へのアクセス

　養子になった人の行う最初のステップは、アイルランド養子縁組当局の情報・探索部門（Information & Tracing Unit）に連絡をとり[15]、どの機関が養子縁組を手がけたか確かめることである。

■アイルランド養子縁組当局の情報・探索部門
　ウェブサイト　https://www.aai.gov.ie/tracing/information-service.html

---

14 訳註：原書には、2004 年時点では捜索に多大な労力を要するものの、法制度や養子縁組後支援制度の見直しが議論されていると記されており、最新の立法状況については、保健省や養子になった人びとの機関（Adopted People's Association）のウェブサイトを参照するよう求められている。ただし、養子になった人びとの機関は閉鎖されており、現在はアイルランド養子縁組当局が同様の業務を行っている。

15 訳註：原書では、養子縁組委員会（Adoption Board）に連絡をとるよう指示されているが、現在はアイルランド養子縁組当局がその業務を引き継いでいる。

その後、養子縁組を手がけた機関に連絡し、できる限りの「本人を特定し
ない範囲の」情報をたずねる。このときのあなたの任務は、一般登記所の
出生部門（General Resister's Office for Births）の出生記録簿（Resister of Live
Births）を通して得た情報から、あなた自身の元々の出生記録を特定するこ
とである[16]。一般登記所の連絡先詳細は以下の通り。

■一般登記所
　ウェブサイト　http://www.welfare.ie/en/Pages/General-Register-Office.aspx/

養子縁組連絡先登録簿（Adoption Contact Resister）
　アイルランド養子縁組当局が、国内養子縁組連絡先希望登録簿（The
National Adoption Contact Preference Register）を運営している[17]。

■国内養子縁組連絡先希望登録簿
　ウェブサイト　https://www.aai.gov.ie/tracing/contact-preference-register.html

支援団体・組織
　助言は、以下の団体・組織からも得られる。

■バーナードス
ウェブサイト　https://www.barnardos.ie/
■実親ネットワーク（The Natural Parents' Network）（実親家族の自助グループ）
ウェブサイト　http://www.adoptionloss.ie/npni.htm

---

16 訳註：個人を特定する情報は、相手方の同意が得られないと開示されないし、あなたを特定する情報も、あ
　なたの同意がない限り相手方に開示されない。
17 訳註：原書では、養子になった人びとの機関が連絡簿を運営していると記されているが、現在、この機関は
　閉鎖されており、アイルランド養子縁組当局が業務を引き継いでいる。

オーストラリア

　全てのオーストラリアの州で、法・制度が異なる。細かなところでいくらか違いがあるものの、基本原則は各州で共有されている。大きな違いは強調しつつも、ここで全ての州で共通する過程について概説する。具体的な情報を得られるよう、各州政府の養子縁組後サービスに責任を持つ機関の連絡先情報も詳述しておく。

　全てのオーストラリアの州、及びノーザン・テリトリーでは、18歳以上の養子になった人は、出生時の出生証明書を含め、個人を特定する情報を得ることができる。州によっては、18歳未満の養子になった人は、個人を特定しない範囲の情報を得ることができる。

　生親も同様に、ヴィクトリア州を除く全ての州で、18歳以上になった養子個人を特定する情報を得ることができる。出生証明書に記載されていない生父、及びきょうだいの立ち位置は、州によって異なる。各州の詳細な事情については、以下の連絡先情報の詳細を参照。

養子になった人、及び生みの親のための情報へのアクセス
第一段階

　全ての州において、第一段階は、州の養子縁組後サービスに申し込み、個人を特定する情報を得ることである。この過程はわかりやすく、当局で情報開示のために得られる申込書にただ記入するだけだ。養子になった人は18歳の誕生日から申込みができるようになり、生みの親も養子になった人が18歳になったら申込みできる。州によっては、この段階は申込書にただ記入・返送するだけだが、ノーザンテリトリーや、タスマニア州、ヴィクトリア州などでは、面接を受けることが義務付けられる。そこでは情報アクセスの過程の説明や、選択肢が提示される。ノーザンテリトリーを除く全ての州では、サービスには利用料が発生するが、状況によっては減額されたり無料になったりする。

　ヴィクトリア州の生みの親：上述した過程の主な例外は、ヴィクトリア州における生みの親の立ち位置である。他州とは異なり、生みの親は養子になった

人を特定する情報を得られない。そのかわり、生みの親は養子になった人を特定しない範囲の情報を得ることができ、もし現状に関する情報交換や、連絡を取り合うことを望めば、保健福祉省（Department of Health and Human Service）が生みの親の代理で養子になった人に接触する（下記の連絡先情報の詳細を参照）。

　当局に個人を特定する情報の開示を請求する申込書を入手するには、下記の州関係機関に連絡すること[18]。

■オーストラリア首都特別地域
　オーストラリア首都特別地域政府
　ウェブサイト　https://www.communityservices.act.gov.au/ocyfs/children/
　　　　　　　　adoptions/information-on-past-adoptions
■ニューサウスウェールズ州
　家族地域サービス省（Dept. of Family & Community Services）
　ウェブサイト　https://www.facs.nsw.gov.au/families/adoption
■ノーザン・テリトリー
　ノーザン・テリトリー政府
　ウェブサイト　https://nt.gov.au/community/child-protection-and-care/adoption
■クイーンランド州
　クイーンランド州政府
　ウェブサイト　https://www.qld.gov.au/community/caring-child/adoption/
　　　　　　　　contact-adoption-services
■サウスオーストラリア州
　子ども保護省（Department for Child Protection）
　ウェブサイト　https://www.childprotection.sa.gov.au/adoption/applying-
　　　　　　　　adoption-information
■タスマニア州
　保健福祉省（Department of Health and Human Services）
　ウェブサイト　https://www.dhhs.tas.gov.au/service_information/information/adoption_

---

18 訳註：各州政府の養子縁組後サービス担当部署については、原書記載の情報を更新している。

and_information_service_-_access_and_information_provisions

■ヴィクトリア州

保健対人援助省（Department of Health and Human Service）

ウェブサイト　https://services.dhhs.vic.gov.au/adoption-records

■ウェスタンオーストラリア州

地域子ども保護家族支援省（Department of Community Child Protection and Family Support）

ウェブサイト　https://www.dcp.wa.gov.au/FosteringandAdoption/Pages/
PastAdoptionInfo.aspx

第二段階

　個人を特定する情報を保持する機関に連絡をとったら、次の段階は、その機関を通して情報にアクセスすることだ。養子になった人びとには、州の登記所に問い合わせ、出生時の自分の名前及び、生母、そして場合によっては生父の名前が記されている、出生時の出生証明書の写しを入手する権利がある。生みの親も、適当と判断されれば、養子縁組後の子どもの名前や養親の名前が記されている、養子縁組後の出生証明書の写しを入手する権利がある。州によっては、当該機関は、養子縁組記録に含まれるものを含む、その他の情報を入手する権利をあなたに与えてくれるかもしれない。

第三段階

　第二段階で入手した個人を特定する情報は、養子になった人や生みの親の捜索に供することができる。ほとんどの州は、連絡簿（Contact Register）を運営しており、そこには養子になった人と生みの親側の親族の両者が登録し、連絡を取り合いたいという意思を表示できる。いくつかの州は捜索を手助けしてくれるし、典型的な州の養子縁組後支援は、連絡を取り合う際の手助けとなる仲介サービスを提供している。

拒否権

　養子になった人びとや生みの親にとって、個人を特定する情報へのアクセスは比較的開放されているものの、すべての州で連絡を取り合うことを拒否

付録　227

する権利が保障されているし、州によっては個人を特定する情報の開示を拒否できる。これが意味するのは、養子になった人びとや生みの親は、連絡をとってほしくない、個人を特定する情報を開示してほしくない、という拒否の意思表示を登録できるということだ。この点は、州によっては、拒否の意思表示を登録した人の個人を特定する情報に全くアクセスできないことを意味する。他の州では、個人を特定する情報は開示されるものの、その人と連絡をとることは法的に規制される（オーストラリア首都特別地域、タスマニア州、ウェスタン・オーストラリア州）。注意点：ウェスタン・オーストラリア州では、拒否権制度が段階的に廃止されており、2003 年以降、新たな拒否権は発動されておらず、現存する登録情報（ただし、連絡をとりあうことを拒否する意思表示は除く）は、2005 年に破棄される。

支援団体、組織

　今のところ、オーストラリア全土にわたって活動している養子縁組機関、支援団体は存在しない。ほとんどの州では、支援団体とともに、政府が比較的広範な養子縁組後支援を提供している。州政府の養子縁組後支援サービスは先にリスト化したが、これらの機関は地元の支援機関の詳細情報も提示している。また、ウェスタン・オーストラリア州に拠点を置くジグゾー（Jigsaw）という団体は、各州の地元組織の包括的なリストを公開している。

　■ジグゾー
　　ウェブサイト　http://www.jigsaw.org.au/links/

ニュージーランド

出生記録へのアクセス

（A）養子になった人びと

　1985 年成人養子情報法（the Adult Adoption Information Act 1985）のもと、個人を特定する情報へのアクセス権が、養子になった人びとに保障されている。養子になった人びとが 20 歳以上になれば、自身の出生時の名前、生

母や場合によっては生父の名前が記載された、出生時の出生証明書の写しを入手できる。証明書は、出生・死亡・結婚に関する一般登記所（Resister General of Birth, Death and Marriage）を通して入手できる。

■出生・死亡・結婚に関する一般登記所
　ウェブサイト　https://www.govt.nz/organisations/births-deaths-and-marriages/

申込みの最初の書類に、既に自分で選んだカウンセラー候補者を記載しない限り、一般登記所は、あなたが協力を依頼できるカウンセラーのリストを送ってくれる。1986年3月1日より前に養子縁組が成立している場合は、出生証明書はカウンセラーに送られ、カウンセラーはあなたとの面会を設定する。カウンセラーと面会する目的は、出生証明書を受け取るとともに、生みの親側の親族を捜索し、連絡する方法や、仲介サービスの利用方法を含めた一連のプロセスに関する情報、援助、支援を得ることにある。1986年3月1日以降に養子縁組が成立している場合は、カウンセリングの機会が提供されるが、直接自分に出生証明書を送付するよう請求できる[19]。

出生時の出生証明書を入手したら、児童省[20]（Ministry for Children）の保持している養子縁組に関する情報、すなわち養子縁組記録を確認できる。そのためには、出生時の出生証明書を持って、児童省の地元の地方支部局に連絡をとることになる。

■児童省
　ウェブサイト　https://www.orangatamariki.govt.nz/adoption/finding-birth-family/
■生みの親を捜索するための政府情報ページ[21]
　ウェブサイト　https://www.govt.nz/browse/family-and-whanau/adoption-
　　　　　　　　and-fostering/finding-your-birth-parents/

---

19 訳註：この段落に記載してある1986年3月1日を境にした取扱の違いについては、原書の情報を訳者が補足した。
20 訳註：原書では、児童・若者・家族サービス省（Department of Child, Youth and Family Services）となっているが、現在は児童省へと改組されている。
21 訳註：原書には掲載されていない情報。

（B）生みの親

　20 歳以上の養子になった人の情報を探したり、連絡をとりたいと考えている生みの親（生母、児童省の記録に名前が記されている場合の生父）は、彼らの代理として、児童省に養子になった人への接触を依頼することができる。出生時の出生証明書に名前のない生父は、児童省に申し込む前に、一般登記所で手続きをしなければならない。

　生みの親は児童省に連絡をとることになるが、その際、子どもが生まれた時の自分たちのフルネーム、子どもの出生年月日・場所・出生時の名前が必要になる。児童省は、養子になった人が開示拒否の意思を示していないか確認する（以下の（C）参照）。拒否の意思が示されていなければ、その旨通知され、連絡先情報を生みの親に提供してもよいか確認する目的で児童省が養子になった人の捜索を開始する。

■養子になった子どもを捜索するための政府情報ページ [22]
　ウェブサイト　https://www.govt.nz/browse/family-and-whanau/adoption-
　　　　　　　　　and-fostering/finding-your-birth-child/

（C）拒否権

　19 歳以上の養子になった人びと、（1986 年 3 月 1 日より前に子どもを養子として託した）生みの親は、一般登記所に申し込むことで、自身に関する情報開示に拒否の意思を示すことができる。拒否権は 10 年間継続するが、いつでも撤回できる。拒否の意思を示そうとすると、個人を特定しない範囲の情報の提供や、拒否の理由の提示を薦められる。加えて、拒否についてカウンセラーと話し合う機会が提供される。

　生みの親が拒否の意思を示した場合、生みの親の名前は、養子になった人に対して発行される出生時の出生証明書に記載されなくなる。養子になった人から拒否権が発動された場合、カウンセリングサービスは提供されるが、生みの親側の親族は児童省が提供する、養子になった人と連絡を取り合うサ

───────────────

22 訳註：原書には掲載されていない情報。

ービスを使用できなくなる。

支援団体、組織

■ジグゾー・ニュージーランド（Jigsaw New Zealand）
　ウェブサイト　http://www.jigsaw.org.au/how-do-i-begin/new-zealand/

カナダ

出生記録へのアクセス
　情報へのアクセスは、州、準州により大幅に異なる。各州、準州の最新の
状況については、下記、政府のサイト等で確認されたい。

■アルバータ州
　ウェブサイト　http://www.humanservices.alberta.ca/adoption/14846.html
■ブリティッシュコロンビア州
　ウェブサイト　https://www2.gov.bc.ca/gov/content/life-events/birth-
　　　　　　　　adoption/adoptions/adoption-reunions-registries
■マニトバ州
　ウェブサイト　https://www.gov.mb.ca/fs/childfam/registry.html
■ニューブランズウィック州
　ウェブサイト　https://www2.gnb.ca/content/gnb/en/services/services_
　　　　　　　　renderer.9375.Post_Adoption_Disclosure_Services.html
■ニューファンドランド・ラブラドール州
　ウェブサイト　https://www.servicenl.gov.nl.ca/birth/accessing_records_
　　　　　　　　under_adoption_act/index.html
■ノースウェスト準州
　ウェブサイト　https://www.hss.gov.nt.ca/en/services/adoption
■ヌナブト準州
　ウェブサイト　https://www.gov.nu.ca/family-services/information/adoption

付録　231

■ノバスコシア州
　ウェブサイト　https://www.novascotia.ca/coms/families/adoption/
　　　　　　　　　AdoptionDisclosure.html
■オンタリオ州
　ウェブサイト　https://www.ontario.ca/page/search-adoption-records
■プリンスエドワードアイランド州
　ウェブサイト　https://www.princeedwardisland.ca/en/information/family-
　　　　　　　　　and-human-services/post-adoption-services
■ケベック州
　ウェブサイト　https://www.quebec.ca/en/family-and-support-for-individuals/
　　　　　　　　　adoption/finding-your-biological-parents-or-adopted-child/
■サスカチュワン州
　ウェブサイト　https://www.saskatchewan.ca/residents/births-deaths-marriages-
　　　　　　　　　and-divorces/births-and-adoptions/adoption/post-adoption-services
■ユーコン準州
　ウェブサイト　http://www.hss.gov.yk.ca/adoption.php?WT.mc_id=ygps001

連絡先登録簿
　一般的に、州及び準州は連絡先登録簿を運営している（上記リンク先参
照）。加えて、ペアレントファインダー（Parent Finder）という組織が、カ
ナダ養子縁組交流登録簿を保持している（下記、支援団体参照）。

支援団体、組織 [23]

■ペアレント・ファインダー・カナダ（Parent Finder of Canada）
　ウェブサイト　https://parentfindersottawa.ca/our-mission/

---

23 訳註：原書にはトライアド・カナダ（Triad Canada）の情報も掲載されていたが、活動は確認できなかった。

> ■生母のためのカナダ会議（Canadian Council for Natural Mothers）
> ウェブサイト https://www.facebook.com/Canadian-Council-of-Natural-Mothers-
> 277088990223/

アメリカ合衆国

出生記録へのアクセス

アメリカ合衆国で提供される捜索、再会に関するサービスは、州によって大きく異なる。保健福祉省（Department of Health and Human Services）の児童福祉情報ゲートウェイ（Child Welfare Information Gateway）[24] は、各州の法制度や捜索の過程に関する最新の指針の全文を公表しているので、それを見ることからはじめるのが良いだろう。州ごとの養子縁組記録へのアクセス方法についてのリストを、児童福祉情報ゲートウェイのサイトでは包括的かつ定期的に更新している。

> ■児童福祉情報ゲートウェイ
> ウェブサイト https://www.childwelfare.gov/topics/systemwide/sgm/

サイトでは、州ごとに利用できる養子縁組支援サービスのリストも公開されている。以下を参照。

> ■ウェブサイト https://www.childwelfare.gov/topics/adoption/adopt-assistance/

連絡先登録簿

各州の連絡先登録簿の詳細は、児童福祉情報ゲートウェイのサイト（上記リンク先）を参照。加えて、サウンデックス（SOUNDEX）国際登録簿が、

---

24 訳註：原書では、国内養子縁組情報センター（National Adoption Information Clearinghouse）と記されているが、この組織は児童福祉情報ゲートウェイに合併・吸収された。

他国に加え、国内全州の養子縁組に対応している。登録簿は、18歳以上の全ての養子になった人、生みの親、生みの親が同じきょうだい、生みの親側の親族のみならず、18歳未満の養子になった人の養親にも開放されている。マッチングが成立すれば、直ちに両者にその旨通知される。登録は無料。申込書は、SOUNDEX のサイトからダウンロードできる。

■ SOUNDEX
　ウェブサイト　http://www.isrr.org/

　ただし、申込書は郵送しなければならない。手紙や電話でも申込書を請求できる。

支援団体・組織 [25]

■児童福祉情報ゲートウェイ
　ウェブサイト　https://www.childwelfare.gov/
■アメリカ養子縁組会議（American Adoption Congress［AAC］）
　ウェブサイト　https://www.americanadoptioncongress.org/
■コンサーンド・ユナイテッド・バースペアレンツ（Concerned United Birthparents）
　ウェブサイト　https://www.cubirthparents.org/

---

25 訳註：原書には、養子になった人のメーリングリストウェブサイト（Adoptees Internet Mailing List Web site）の情報も掲載されていたが、活動は確認できなかった。

参考文献

　養子縁組、捜索、交流に関して、たくさんの本が出版されており、最も役立つと考えられるものを選定した。以下に、コピーを入手する際に必要な詳細な書誌情報を、タイトルからはわからない場合に限り、内容の簡単な説明とともに提示する。本のリストは5つに区分される。

- ・養子になる
- ・情報と生みの親側の親族を突き止める
- ・捜索と再会の経験
- ・養子縁組と再会をめぐる生母と生父の経験
- ・養子縁組と再会をめぐる養親の経験

[養子になる]

Brodzinsky, D., Schechter, M. & Henig, R.（1992）*Being Adopted: The Lifelong Search for Self.* Anchor Books. ISBN 0385414269.［子ども期から成年期に至るまでの養子になった人のアイデンティティをめぐる問題に焦点を当てている］

Lifton, B. & Lifton, J.（2000）*Journey of the Adopted Self: A Quest for Wholeness.* Basic Books. ISBN 0465036759.［養子になった人びととアイデンティティをめぐる問題を取り上げた素晴らしい本］

Perl, L. & Markham, S.（1999）*'Why Wasn't I told?' Making Sense of the Late Discovery of Adoption.* Post-Adoption Resource Centre, New South Wales. ISBN 0957714505.

Verrier, N.（1991）*The Primal Wound: Understanding the Adopted Child.* London: Gateway. ISBN 0963648004.［生母と子どもの繋がりについての素晴らしい本］

[情報と生みの親側の親族を突き止める]

Askin, J.（1998）*Search: A Handbook for Adoptees and Birthparents*（3rd Edition）. Oryx Press.

ISBN 1573561150.［北アメリカにおける捜索の手順に関する、大変詳細なガイドで、関連のあるインターネット上のサービスを使用するにあたっての資料も含んでいる］

Stafford, G.（2001）*Where to Find Adoption Records.* BAAF. ISBN 1903699010.［イギリスで捜索を行うにあたっての手順についての実践的なガイド］

［捜索と再会の経験］

Bailey, J. & Giddens, L.（2001）*The Adoption Reunion Survival Guide.* New Harbinger Publications. ISBN 1572242280.［再会と交流の過程に関する有益な助言を提供してくれるアメリカのガイド。アメリカ特有の状況を踏まえてのものもあるが、再会の感情的側面に関する助言は、各国の養子になった人の役に立つ］

Feast, J. & Philpot, T.（2003）*Searching Question: Identity Origins and Adoption.* BAAF. ISBN 1-903699-47-9.［養子縁組と捜索、交流についての 10 人の語りが収録された本及び付属ビデオ］

Feast, J., Marwood, M., Seabrook, S. & Webb, E.（2002）*Preparing for Reunion: The Experiences from the Adoption Circle*（3rd edition）. The Children's Society. ISBN 1899783091.［個人のストーリーも含む、再会と交流の過程に対する助言］日本語版『実親に会ってみたい』（2007）大谷まこと他訳、明石書店

Howe, D. & Feast, J.（2000）*Adoption Search and Reunion: The Long-term Experience of Adopted Adults.* BAAF. ISBN 189978330X.［捜索した人、しなかった人の短期的・長期的成果についての大規模な研究がまとめられた入手しやすい本］

Iredale, S.（1997）*Reunions.* The Stationery Office. ISBN 0117021504.［再会と交流についての 15 人の経験談］

March, K.（1995）*The Stranger Who Bore Me: Adoptee–Birth Mother Relationship.* University of Toronto Press. ISBN 0802072356.

McColm, M.（1994）*Adoption Reunions: A Book for Adoptees, Birth Parents and Adoptive Families.* Second Story Press. ISBN 0929005414.［カナダ人向けのガイドだが、どこの国の人にとっても役立つ］

Saffian, S.（1999）*Ithaka: A Daughter's Memories of Being Found.* Delta Books. ISBN

03853345016. ［再会と交流に関する個人の体験談］

Straus, J.（1994）*Birthright.* Penguin. ISBN 0140512950. ［アメリカの捜索を考えている人のためのガイドだが、著者自身の経験や、捜索と交流に関連して生じる感情に対処するにあたっての、良い助言も含まれる］

［生母と生父の経験］

Bouchler, P., Lambert, L. & Trisellotis, J.（1991）*Parting with a Child for Adoption.* BAAF.

Clapton, G.（2003）*Birth Fathers and their Adoption Experiences.* Jessica Kingsley Publishers. ISBN 1-84310-012-6. ［イギリスの生父へのインタビュー］

Collins, P.（1993）*Letter to Louise.* Corgi Books. ISBN 0552137413. ［生母の自叙伝的体験談］

Howe, D., Sawbridge, P. & Hinings, D.（1998）*Half a Million Women*（new edition）. Post-Adoption Centre. ISBN 0952919702. ［生母たちの体験談で、読みやすい］

Wells, S.（1994）*Within Me, Without Me.* Scarlet Press. ISBN 1857270428. ［オーストラリア、ニュージーランドの生母たちの証言］

［養親と養子縁組先の家族］

Howe, D.（1996）*Adopters on Adoption.* BAAF. ISBN 1873868324. ［大人になった養子を支援する中で、養子縁組について考えるようになった養親の個人的な体験談］

Melina, L.（2001）*Raising Adopted Children.* Harper Collins. ISBN 0060957174. 日本語版『子どもを迎える人の本：養親のための手引き』（1992）伊坂青司・岩崎暁男監訳、動物社

Morris, A.（1999）*The Adoption Experience: Families Who Give Children a Second Chance.* Jessica Kingley Publishers. ISBN 1853027839. ［乳児から十代の若者に至るまでの子どもを育てる養親たちの個人的な体験談］

監訳者あとがき

　本書はイギリスで 2004 年に刊行された *the Adoption Reunion Handbook*（Liz Trinder, Julia Feast, David Howe 著，John Wiley & Sons, Ltd）の日本語訳である。日本で養子縁組後の子どもや生みの親、その関係者たちが互いに探したり、連絡を取ったり、面会・交流したりすることを想定したガイドブックはなく、本書の日本語版は非常に有用だと思う。本書は捜索と再会がテーマだが、当然のことながら、本書でも探すべき、探すべきではないという価値判断はしていない。監訳者も同じ立場である。一人一人、状況も考えも違う個別性の高い事柄であるが、だからこそ、他のケースから得られる示唆は大きいだろう。

　監訳者のあとがきとして、まずイギリスの状況について簡単に補足し、次に日本の状況について解説し、最後に私見ではあるが日本の今後の課題と展望について述べたい。

　イギリスの養子縁組数は 2017 年度に 3,820 件だった。日本の特別養子縁組数は 2017 年に 616 件の認容があった。イギリスの人口は日本の約半分、児童人口は日本の約 7 割だから、かなり多いことがわかる。しかしイギリス単独で推移を見ると、シングルマザー支援や若年母支援、そしておそらく人工妊娠中絶の許容に相伴って、養子縁組数は減少傾向にある。かつて未婚女性の妊娠に対する社会的・文化的・宗教的圧力が現代よりも高かった時代には、多くの未婚若年女性が、教会や慈善団体が運営する施設で産前産後を過ごし、強制的に養子に託していたという。養子に託した生母は現在のイギリス国内で推計 50 ～ 75 万人、養子は 200 万人いて、それは人口の 25 人に 1 人にあたるとある（Clapton, 2003）[1]。

　当時の状況は、小説や映画でも描かれていて、例えば生母が息子を探す

1　Clapton, Gary. 2003, *Birth Fathers and their Adoption Experiences*, Jessica Kingsley Publishers

『あなたを抱きしめる日まで』(2013 年公開, 原題 *Philomena*, 原作はノンフィクションの *The Lost Child of Philomena Lee*)、遠く海を越えてオーストラリアに児童移民として送られた歴史と現在を描いた『オレンジと太陽』(2011 年公開, 原作はソーシャルワーカーの Margaret Humphreys 自らが著した *Empty Cradles*, 原作邦訳『からのゆりかご：大英帝国の迷い子たち』)は、いずれも日本語で視聴することができるイギリスの養子縁組の映画や書籍である。

先述のいわゆる「当事者」の規模の大きさは、短期的、長期的な相談支援体制の構築や、本書のような捜索、再会、交流の支援体制やノウハウの蓄積、法制度の整備に影響を与えてきただろう。本書でも示されていたように、養子になった人も、生みの親も、親や子をたどる権利と方法があり、たどられたくない意思を示す仕組みもある。養子、生みの親、育ての親はしばしばトライアングルに例えられるが、オンライン相談や対面的カウンセリングなど、その三者それぞれを支える福祉団体や当事者グループも多い。

イギリスの養子縁組数は現在、日本より多いものの、国内推移としては減少傾向であることは述べた。現在の日本との大きな違いは、日本の特別養子縁組は、生みの親の(消極的にせよ)自発的な縁組であるのに対し、イギリスの場合は、生みの親の意思に関わりなく裁判所の決定で進められることにある。これは社会的養護の措置システムの違いによるが、イギリスの場合は、日本の児童相談所にあたる児童福祉行政機関が単独で子どもの保護や措置をおこなうことはできず、裁判所が関与する。強制的な保護措置をおこなう場合には[2] 行政が裁判所に申し立てて、裁判所がケア命令を出す。ケア命令がでると地方当局にも親責任が付与されて、地方当局と親が親責任をもつ。どこでケアを受けるかは、プレイスメント命令で指示される。措置先が養親候補者であることもある。保護措置されたあとの生みの親の状況に関するアセスメント(評価)などを経て、改善が見られないときは養親縁組命令を家庭裁判所がおこなう。したがって、生みの親の同意がなくても、アセスメントと手続きを経て養子候補児になる[3]。シングルマザーが以前より公的支援を

2　監督命令(supervision order, 子どもを地方当局のソーシャルワーカーまたは保護観察官の監督下におく命令)の場合は、子どもは地方当局の監督下に置かれるが、親と暮らし、親が親権をもつ。親が監督に協力しない場合に、ケア命令の手続きがとられる。

監訳者あとがき　*239*

受けられるようになって、危機的妊娠に直面した女性が養子縁組に託すケースが少なくなったのに、日本より養子縁組の規模が大きいのは、このように父母自らの申し出による養子縁組や、父母の同意といった、父母の意向にかかわらず、行政や裁判所のアセスメントによって養子縁組が決定されることによる。これは、子どものケアのパーマネンシー（永続性）が重視されていることを意味している。2017年度の養子縁組は、父母の自由意思に基づく養子縁組は2.1％のみで、ほとんどが裁判所の命令によるものだった（イギリス政府教育省統計）。全体の70.0％が1〜4歳の幼児で、新生児や乳児は少ない。

　日本では、養子縁組には原則的に父母による同意が必要だと民法で規定されているから、同意が得られそうにない状況では、児童相談所も民間機関も、養子縁組前提で子どもを委託することはまれだろう。ただし日本の養子縁組の数の少なさは、近年のことである。「日本人は血のつながりを重視するから養子縁組が少ない」と伝統であるかのように言われるが、それほど単純ではない。近世の日本では、家の継承戦略や労働力として、成人養子、入夫、夫婦養子など多様な養子取があった（Kurosu, 1997, 2013）[4]。江戸期の捨て子を見ると、産んだ人が育てられない子を育てる人びとの実践が見えてくる（沢山 2008）[5]。育てる人が産んだかのように出生を届け出る「藁の上から養子」は、庶子や私生子やその子を産んだ女性が社会的に疎外されていた時代において、養育者の実子のように見せかける解決法でもあり、産婆をはじめとする様々な人びとがそれに関わった（白井 2013）[6]。図1に示したように、

3　ケア命令のほか、スーパービジョン命令や特別後見人を指定するなど、様々な命令がある。イギリスでは、できるだけ子どもが生まれた環境で育つよう、親族による養育や、親族による後見など、親族ケア（kinship care）が重視されている。ファミリー・グループ・カンファレンス family group conference という子どもの親・祖父母やきょうだい、その他の親族だけでなく、地域の資源（近隣、保育サービス、学校など）が子どもの養育のシェアを検討して決定を共有する仕組みも取り上げられている。親族が特別後見人となり、親が親権をもちながら親族が（あるいは親族と親がともに）子どもを養育することもある。
　　裁判所のアセスメントで生みの親が改善を示せるよう、あるいは生みの親が知らない間に養子縁組命令が出ないよう、生みの親がソーシャルワーカーのサポートを得ることもある。
4　Kurosu Satomi, 1997, Adoption as an Heirship Strategy? : a Casefrom a Northeastern Village in Pre-industrial Japan（継承戦略としての養子？：近世東北一農村を中心として）, Nichibunken Japan review, 9, 171-189
　　Kurosu Satomi, 2013, Adoption and Family Reproduction in Early Modern Japan, 経済研究 64 (1), 1-12
5　沢山美果子 2008『江戸の捨て子たち——その肖像』吉川弘文館
6　白井千晶 2013「昭和期における助産婦の仲介による養親子関係の創設について：とくにいわゆる「藁の上からの養子」について」『和光大学現代人間学部紀要』6, 155-174

第二次世界大戦後も未成年養子は相当数あったが、急激に減少し、体外受精など不妊治療で夫婦の「血のつながった」子をもつようになって、養子縁組は、夫婦にそれでも子どもが産まれないときの代替的な親なりの手段となった。

一方で、近年では親子の遺伝的つながりと同時に情緒的なつながりが重視され、養親希望者は増加傾向だ。それでも日本で養子縁組が少ない理由は、養育を希望する人が少ないということよりも、親権と養子縁組制度、

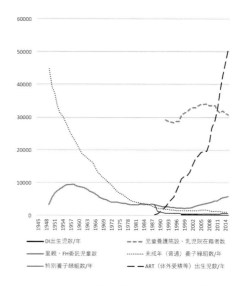

図1　第二次世界大戦後日本の子どもの状況

養子縁組システムが理由だろうと考えている。親権と養子縁組制度の理由は、前述のように、親権者の同意が見込まれて初めて子どもを養子縁組前提で養親希望者に委託することなどで、養子縁組システムの理由は養子候補児が全国で一元的にデータ管理されず、児童相談所の所管ごと、都道府県ごとに停滞していること、児童相談所が養子縁組に消極的であることなどである。

それでは、日本では、本書のテーマである search（捜索）と reunion（再会や交流）はどのようになっているだろうか。

日本に本書のような指南書がこれまでなかったことは冒頭で述べた。捜索と再会の支援が目に見える形でなかったのは、養子縁組の規模が小さいために、当事者グループや権利団体、支援団体、独立開業の養子縁組カウンセラーなどがほとんどなかったことも影響しているだろう。だが、規模だけの理由ではなく、捜索と再会や交流をすべきではない、という規範もその背景にあったのではないか。

近年では、子どもの出自を知る権利に焦点が当たり、子どもに養子縁組を隠すのではなく、早期に出生の経緯を伝える（テリング、告知）ことが望まし

監訳者あとがき　241

いと主張されるようになった。しかしそれまでは、知らない方が幸せ、秘密は墓場まで持って行く、という養子縁組へのスティグマを前提にしたパターナリスティックな考えから、テリングが消極的だったように思われる。その基礎にあったのは、生みの親が唯一の親で、他の誰も親代わりになることはできないという考え方と、失った親とは縁が切れるという考え方だ。前者の考え方は、生みの親を失ったら、誰も代わりに親になれないから、親のいない子どもになってしまうと考え、子どもの保護（親子分離）や、施設ではなく里親委託や養子縁組することを停滞させる。後者の考え方は、いったん里親に委託されたら生みの親と子どもは再統合が難しいという考えにつながり、施設に措置したら子どもが自立するまで継続する傾向をもたらした。後者のいったん親子が分離したら永遠の別離であるという考え方は、離婚時に夫婦のどちらかのみが親権を持つ単独親権制度と、面会交流への消極性とも関連している。

　前者と後者に共通しているのは、「親は複数組ではなく、誰か一人（ないし一組）だ」という考え方だ。英語では、birth parent, adoptive parent, stepparent、時には first parent, second parent, third parent と冠がついて親が増えていく拡張性をもっているが、親は一人（一組）だという考え方に基づくと、誰かが「本当の」「実の」親で、それ以外の親はなかったことにされる。それが、養子になった人にとって養親が「唯一の親」「本当の親」であり、生みの親を探したり、再会・交流するのは、誰にとってもいい結果をもたらさない、という道徳的な基準をもたらしてきたのではないか。

　しかし、ひとたび捜索を決めたとしたら、たどる権利と制度が整えられる前の欧米よりも、日本はたやすく捜索することができる。日本の養子縁組は、互いを知ることができるという点で、「クローズド」ではなく一種の「セミ・オープン」な養子縁組であるといえる（それでも捜索と再会が控えられるのは、いかに道徳的規範が強いかを表している）[7]。

　あなたが養子になった人だとして、捜索する場合には、実子として届けられたいわゆる「藁の上からの養子」か、普通養子縁組か、特別養子縁組で環境が異なる。藁の上からの養子の場合、戸籍や裁判記録をたどるという公式の記録から捜索することはできない。育て親、仲介者、当時を知る人（例

えば親戚や近隣の人）の証言や記録に頼るしかないだろう。普通養子縁組の場合は、自身の戸籍を見れば、出生児の父母や前の親権者の氏名、出生の届出人等の情報が記載されている。普通養子縁組は、実方との親族関係が継続しているので、生みの親の戸籍の附票の写しを取り寄せることができ、そこには現在に至るまで（あるいは除籍されるまで）の住所が記録されている。親族として住民票の閲覧ができるだろう。特別養子縁組制度の運用が始まったのは 1988 年で、それ以前の養子縁組の場合は、普通養子縁組である[8]。

　あなたが特別養子縁組で養子になった人である場合、まず出生時に生みの親を筆頭とする戸籍（それが未成年、未婚であっても、生みの親は筆頭者となって従前の戸籍から除籍される）に子として記載され、養親の申し立てによって家庭裁判所から特別養子縁組を認容する審判があってそれが確定したら、養親の手続きによって、子を筆頭とする単独戸籍が作成されてから、養親の戸籍に記載される。養親の戸籍に掲載される子の身分事項欄に、民法 817 条の2 によると但し書きがあり、裁判確定年月日等の記載があって、特別養子縁組されたことはわかるが、生みの親の情報は記載がない。子自身の除籍謄本を取得して、自身の単独戸籍を閲覧すれば、いくらかの情報が手に入る。単独戸籍に記載されている本籍地は、生みの親の本籍地と同じで、姓は養親の姓になっている。前戸籍の情報が掲載されており、生みの親の氏名が記載されている。除籍簿の保存期限は 80 年である。ただし生みの親（ないし前の親権者）との親族関係はなくなっている。したがって氏名がわかっても、戸籍や附票の写しを請求するなど現在の情報を得ることが難しい。本籍地も移動していたり、届出時にあえて本籍地の移動（転籍）をしていることもある。また生母が婚姻しているか、婚姻していなくても生父が認知しているかいずれかの場合でなければ、生父の氏名は掲載されていない。

　普通養子縁組許可、特別養子縁組認容の審判をした家庭裁判所にも情報が

7　ただし英語圏でクローズド・アドプションと呼ばれるのは、出自がわからないような完全に断絶した養子縁組（confidential adoption）で、セミ・オープン・アドプションは、第三者を介して手紙やメール、写真のやりとりがされるような、間接的なオープン・アドプションを指していて、この文脈にある相手先の情報は知っているが、やりとりはしないことは、英語圏のセミ・オープン・アドプションの含意にはない。

8　普通養子縁組された子どもであっても、1988 年の施行時に 6 歳未満（委託時に 6 歳未満であれば申し立て時に 8 歳未満）であれば、特別養子縁組が認容されたケースも相当数ある。

監訳者あとがき　243

ある。審判書の謄本には、生みの親の氏名や生年月日の記載や、その他経緯等の記載があることがある。裁判所の調査官は、生みの親に面接して経緯や意向の聞き取りをして報告書を作成しているが、こうした報告書も養子となった人には、重要な情報源になるだろう。ただし審判書以外の記録は、裁判所の他の記録と同様、保存期間は5年間である。養親等が閲覧、複写していれば手元にあるだろうが、養子となった人自身が閲覧を希望する時には、保存期間を過ぎているだろう。

　児童相談所や民間の養子縁組機関など、養子縁組にさいし仲介者がある場合には、そこに記録が保存されているだろう。児童相談所の場合、記録がコンピューター化される以前の養子縁組なら、保存期間は上記と同様に5年間である。それ以上の期間、任意に保存していることも多いだろうし、コンピューター化されて以降の記録は、実質的に、永年保存されているだろう。しかし閲覧できるか、開示請求して開示させられるかは定かではない。民間の養子縁組機関の場合は、2018年4月から施行されたいわゆる養子縁組あっせん法で、記録の永年保存と廃業の場合の記録の移管が義務づけられた。しかしその記録の開示については定めはない。また施行以前の縁組の場合（現在の読者はその場合がほとんどだろう）、仲介者の死亡や廃業により、記録が保存されていないことも考えられる。

　そのほか、養親が生みの親から母子健康手帳を引き継いでいたり、アルバムや手紙を受け取っていることもある。何より養親や親族から情報を得られる可能性は高い。ただし本書で繰り返し述べられていたように、忠誠心の葛藤や、養親との関係性の難しさもあるだろう。

　ここまで、日本の主に子どもが生みの親を捜索することについてまとめた。最後に、今後の展望や課題について、ここでは4点述べたいと思う。

　1点目に、記録する情報の拡充および開示体制が求められることである。本書にも示されたように、養子になった人は、生みの親と対面するためだけに捜索しているのではない。自身のバックグラウンドを知りたいのであって、「もう一人・もう一組の親」を探したいのではない、という人もあるだろう。現在保存されている情報が、バックグラウンドを知りたいというニーズを満たしているかというと、そうではない。特に不足しているのは、遺伝学的情

報や医学的情報といった、身体的な情報と、養子縁組前後の状況などの環境的な情報である。身体的な情報については、血縁者の病歴や体質、妊娠時の母体および胎児の状態などである。特に生父方の情報が欠如していることが多い。生みの親に関わった人びとが、そのような情報を積極的に収集し、記録することが今後ますます求められるだろう。

　後者の環境的な情報は、例えば、出生前後や養子縁組委託まで関わった人など、生みの親以外の情報を含む広範な情報である。韓国の例で説明しよう。

　韓国から欧米に数万人規模で渡った海外養子は、その後数十年たって、生みの親を探したり、ゆかりのある場所を訪問したりするようになった。元子どもからの運動で、韓国はどの機関が関わった養子縁組も、中央養子縁組院のデータベースに収録されることになり、過去にさかのぼって電子化が進んでいる。生みの親が自身が特定される個人情報の開示をしない意思表示をした場合も、個人が特定されない情報は開示され、両者のニーズができるだけ満たせる仕組みを整えている。筆者らが中央養子縁組院を訪問したさい、当院から「日本でこれからシステムを構築するなら、ぜひ生みの親以外の情報も入れるようにしなさい。例えば遺棄児なら、誰がどんな状況で見つけたのか、その人はどのように子どもを扱ったのか、委託されるまで誰がどのように世話をしたのか、どんな手紙を書いたのか。スキャン画像もリンクして保存できるといいでしょう。生みの親以外の情報も、子どもにとってはとても大切なのです」と助言を受けた。ライフストーリーワーク[9]でも、生まれた病院、過ごした乳児院など、ゆかりのある場所や人、写真が使われている。子どものパズルのピースを埋めるのは、生みの親の情報や出生の経緯だけではないことを念頭に置く必要がある。

　2点目に、こうした情報にアクセスするか否か、生みの親を探すかどうか、連絡を取るかどうかを養子になった人が決めるときに、相談をし支援を受けることができる体制が必要だ。日本では互いの氏名や本籍地を知ることができても、その先に進むことが難しいのは、相談できる人・組織や、仲介でき

9　重要な他者とともに自分の過去の出来事を知ったり生い立ちを整理することによって、一貫した自己の感覚をもち、現在や未来が見通せるようにする一連のプロセスをいう。

る人・組織がほとんどないことも理由の一つだろう。養子になった人、生みの親、養親、それぞれにカウンセリングや支援できる人が必要だ。その支援者や仲介者は、養子、生みの親、養親のそれぞれの「喪失のトライアングル」を十分に理解できる人でなければならない。

　3点目に、本書が親族（birth relative, adoptive relative）について十分論じたように、親子以外の関わりについて視野に含めなければならない。これまで出自をたどったり、連絡を取り合ったりするさいには、親子（生みの親と養子になった人）が想定されていた。しかし、現実には、生みの親が結婚した人や、その子ども、養子縁組先のきょうだいなど、多くの関係者がいる。生みの親が年老いて、場合によってはそうした関係者との付き合いの方が長く続く。もし、親子が感動的な対面をすることができたとしても、関係者は複雑な立場であることもある（例えば、生みの親のきょうだいが、養子になった人に、亡くなったきょうだいを重ね合わせて侵入的であったり、生みの親がその後生んだ子どもにとっては、養子になった人の存在が、親の過失を突きつけられているようであったり）。関係者は、親子ほど養子縁組について考えたり学んだりしてこなかった可能性が高く、さらに離齬が拡大する可能性がある。こうした困難を当事者が抱え込まなくてもいいように、本書のような指南書や相談先、勉強先が必要だ。

　4点目に、生みの親から捜索と再会、交流をする可能性を想定する必要がある。本書のイギリスや、アメリカやオーストラリアの一部の州では、法律的にも、生みの親からもたどる権利が認められている。日本でも、生みの親が子どもをたどる場合は、除籍簿を取得したり、審判書謄本を確認したりして、記載された子どもの新しい姓を知ることはできる。民間の養子縁組機関の中には、子どもとの再会や交流の相談を受けたり、両者とやりとりして場合によっては仲介するところもあるが、現実的には、生みの親への処罰感情も相まってか、生みの親がたどることには、社会的にブレーキがかかりがちだろう。しかし、生みの親だけでなく、その子どもなどの関係者がいること、医学的に伝えるべき情報が生じる可能性、そして何より一人の人間として、生みの親も行為者（エージェンシー）として想定した場合に、どのような仕組みを整えるべきか、議論する時期に来ているだろう。

謝辞

　出版を許可してくれた原著者の Trinder 氏、Feast 氏、Howe 氏に心から感謝申し上げたい。日本語訳書を刊行するにあたり、山口県で妊娠相談と養子縁組支援に取り組む産婦人科病院、医療法人社団諍友会田中病院の支援を受けた。また翻訳にあたって熊本県で翻訳・通訳サービスを提供するパラカロ社の助けを得た。日本語版の必要性を理解し、快く出版を決めて下さった生活書院の髙橋淳社長にも心からお礼申し上げる。多くの方のおかげで日本語版を送り出すことができた。本書が日本のこれからに役立つことを願っている。

　なお、本書の前書き、序文、1章、4章、9章は白井千晶が、2章、6章、7章、付録前半は吉田一史美が、3章、5章、8章、付録後半は由井秀樹が担当したが、監訳者である白井千晶が文責を負っている。

2019 年 1 月

白井千晶

索　引

［あ行］

アイデンティティ　196, 200, 202, 235

怒り　22, 26, 31-34, 55, 57, 90, 92, 94, 101, 108, 115, 119, 135, 136, 138, 139, 143, 160, 170-172, 174, 175, 181, 192, 193

打ち明ける　118, 130-135, 139, 141, 142, 155, 156

エスニシティ　20, 28, 30, 33, 85, 103, 167, 191, 201

NORCAP（National Organisation for Counselling Adoptees and Parents 40, 47 49, 54, 217, 218

［か行］

カウンセラー　7, 24, 26-28, 32, 47, 50, 51, 53, 55, 60, 61, 68, 70, 83, 87, 94, 110, 144-146, 161, 170, 172, 177, 189, 194, 199, 203, 206, 208, 212, 213, 229, 230, 241

家族記録センター　26, 43, 46, 212

固い結束　152, 153

過負荷型　85, 87

拒絶　6, 22, 32, 33, 36, 39, 54, 57, 60, 73, 81, 82, 86, 92, 94, 100, 104, 110, 115, 116, 125, 127, 128, 131, 134, 136, 137, 139, 143, 157-160, 163-177, 179, 181, 183, 185, 195, 196, 204, 206

距離型　77

近親者同士の性的魅力　187-189

クローズド　20, 242, 243

国家統計局　43, 243

婚姻証明書・婚姻登録　41, 43-45

［さ行］

裁判記録　19, 27, 242

児童協会　6, 7, 11, 33, 75, 139, 190, 218

死亡証明書　26, 41, 45, 215

出生記録　9, 18, 19, 24, 26, 37, 38, 54, 99, 176, 180, 212, 213, 217, 219, 221, 223, 224, 228, 231, 233

出生証明書　18, 19, 23, 25-28, 35, 37, 38, 41, 97, 211-213, 215, 218, 219, 221, 225, 227, 229, 230

選挙人名簿　41-44, 46, 49, 215, 216

［た行］

試し型　81

仲介者　43, 53-56, 59, 61, 63, 72, 103, 113, 158-160, 162-164, 169, 177, 208, 242, 244, 246

忠誠心の葛藤　149, 244

通過儀礼　180, 196, 197, 200, 205, 207, 208

綱引き　81, 152
電話帳　26, 41-44, 213
登記事務所　26

[な行]

乗り換え　153, 154

[は行]

バランス型　73, 74
　　ハイピッチ—　74
　　ローピッチ—　75
BAAF（The British Association of Adoption and Fostering）　40, 47, 216-218
漂流　153, 154
漂流型　84

[やゆよ]

遺言検認登録所　45
養子縁組および子ども法　13, 213
養子縁組記録　19, 25, 27, 28, 30, 32-34, 36, 38, 39, 41, 42, 50, 52, 61, 96-102, 112, 181, 211, 221, 227, 229, 233
養子縁組支援団体　208
養子縁組仲介機関　23, 25, 27-29, 34, 35, 37, 40, 44, 45, 52, 54, 56, 132, 208, 217, 219
養子縁組法　26, 40, 213

養子縁組連絡先登録簿　6, 53, 54, 222, 224

[ら行]

離婚記録　41, 43
ルーツ　9, 17, 85, 102, 103, 121, 164, 180, 181, 190, 200

本書のテキストデータを提供いたします

　本書をご購入いただいた方のうち、視覚障害、肢体不自由などの理由で書字へのアクセスが困難な方に本書のテキストデータを提供いたします。希望される方は、以下の方法にしたがってお申し込みください。

◎データの提供形式＝ CD-R、フロッピーディスク、メールによるファイル添付（メールアドレスをお知らせください）。

◎データの提供形式・お名前・ご住所を明記した用紙、返信用封筒、下の引換券（コピー不可）および 200 円切手（メールによるファイル添付をご希望の場合不要）を同封のうえ弊社までお送りください。

●本書内容の複製は点訳・音訳データなど視覚障害の方のための利用に限り認めます。内容の改変や流用、転載、その他営利を目的とした利用はお断りします。

◎あて先
〒 160-0008
東京都新宿区四谷三栄町 6-5 木原ビル 303
生活書院編集部　テキストデータ係

【引換券】
養子縁組の再会と交流の
ハンドブック

［訳者紹介］

［監訳者、訳者］
白井千晶（しらいちあき）

静岡大学人文社会科学部教授。専門は家族社会学、医療社会学。リプロダクションが専門、とくに生殖医療、養子縁組や里親、施設養護などを通して、社会での「血のつながり」の位置づけを理解することに関心をもっている。一般社団法人全国養子縁組団体協議会代表理事、養子と里親を考える会理事。主要著書に『フォスター　里親家庭・養子縁組家庭・ファミリーホームと社会的養育』（生活書院、2019年）、『産み育てと助産の歴史：近代化の200年をふり返る』（編著、医学書院、2016年）、『不妊を語る：19人のライフストーリー』（海鳴社、2012年）など。

［訳者］
吉田一史美（よしだかしみ）

日本大学生物資源科学部専任講師。専門は応用倫理学、生命倫理。胎児や乳児の生命保護をテーマに、日米の養子制度に関する歴史研究に取り組む。主要論文に「菊田医師事件と優生保護法改正問題：『産む自由』をめぐって」（『医学哲学 医学倫理』29号，2011年）、「米国のInfant Safe Haven Laws：新生児の生命保護をめぐる政策と課題」（『立命館人間科学研究』36号、2017年）など。

由井秀樹（ゆいひでき）

日本学術振興会特別研究員（PD）。不妊医療を中心に、生殖と医療をめぐる歴史について研究している。養子縁組や社会的養護にも関心を持っている。主要著書に『人工授精の近代：戦後の「家族」と医療・技術』（青弓社、2015年）、『少子化社会と妊娠・出産・子育て』（編著、北樹出版　2017年）。

養子縁組の再会と交流のハンドブック
──イギリスの実践から

発　行────── 2019 年 5 月 30 日　初版第 1 刷発行
著　者────── リズ・トリンダー、ジュリア・フィースト、
　　　　　　　 デイビッド・ハウ
監訳者────── 白井千晶
訳　者────── 白井千晶、吉田一史美、由井秀樹
発行者────── 髙橋　淳
発行所────── 株式会社　生活書院
　　　　　　　 〒 160-0008
　　　　　　　 東京都新宿区四谷三栄町 6-5 木原ビル 303
　　　　　　　 ＴＥＬ 03-3226-1203
　　　　　　　 ＦＡＸ 03-3226-1204
　　　　　　　 振替 00170-0-649766
　　　　　　　 http://www.seikatsushoin.com
印刷・製本── シナノ印刷株式会社

Printed in Japan
2019 © Shirai chiaki, Yoshida kashimi, Yui hideki
ISBN 978-4-86500-097-9

定価はカバーに表示してあります。
乱丁・落丁本はお取り替えいたします。

生活書院 出版案内
（価格には別途消費税がかかります）

フォスター──里親家庭・養子縁組家庭・ファミリーホームと社会的養育

白井千晶【著】　江連麻紀【写真】　　　　　　　A5判並製　208頁　　本体2200円

日本で初めての里親・ファミリーホーム・養子縁組の写真展「写真と言葉でつむぐプロジェクト　フォスター」。プロジェクトが大切にしたのは、笑顔もケンカも食事もすべて含んだリアルな日常。これまで登場した方々をフルカラー写真とともに紹介しながら、暮らしやすい社会、楽しい子育て、健やかな育ちを作っていくにはという問いに向き合います。

虐待ゼロのまちの地域養護活動──情施設で暮らす子どもの「子育ての社会化」と旧沢内村

井上寿美、笹倉千佳弘【編著】　　　　　　　　A5判並製　150頁　本体2200円

その町には虐待で傷ついた子どもの心を包み込む優しさがある──。
自分たちの町の子どもだけではなく、児童養護施設の子どもたちが「すこやかに育つ」ことをもやさしい眼差しで見守る、地域養護の営みがある町。その長きにわたる営みはなぜ可能となり今も続くのか！

市町村中心の子ども家庭福祉──その可能性と課題

佐藤まゆみ【著】　　　　　　　　　　　　　A5判並製　360頁　本体3200円

市町村を中心とする子ども家庭福祉行政実施体制へと再構築するためにはどのような理念、制度、方法が必要とされるのか？　子どもを親、地域、国や地方自治体などにより、何重にも支えるソーシャル・サポート・ネットワークと資源整備が重要という立場から、子ども家庭福祉を市町村という生活をする地域の中で作り上げていく必要性を論じた労作。

離れていても子どもに会いたい──引き離された子どもとの面会交流をかなえるために

小嶋勇【著】　　　　　　　　　　　　　　　A5判並製　152頁　本体1400円

子どもと一緒に生活している親とそうでない親とが十分に話し合い、お互いの立場を理解し合い、お互いの納得の上で実施されるべき面会交流。その実現のために、第1部では具体的な事例をあげて、様々な理由や状況によって親子の面会交流ができなくなった場合の具体的な問題点を指摘し、第2部では面会交流に関わる理論的問題を出来る限りわかりやすく解説。

生活書院 出版案内

（価格には別途消費税がかかります）

もうひとつの学校──児童自立支援施設の子どもたちと教育保障

小林英義【編著】　　　　　　　　　　　A5 判並製　208 頁　本体 2000 円

学校教育実施が明記された児童自立支援施設。どのような教育形態と内容が入所児童の真の教育保障につながるのか、またそのためには、どのように福祉職（施設職員）と教育職（教員）の連携を図ることが必要か、学校教育を担当する教員の執筆を得て、アンケート調査及び聞き取り調査をもとに明らかにする。

はなそうよ！ 恋とエッチ──みつけよう！ からだときもち

すぎむら なおみ＋えすけん【著】　　　　　B5 判並製　192 頁　本体 2000 円

図解とエッセイでからだや性の基本をみなおす第 1 部と、「みえない」存在にさせられてきたセクシュアル・マイノリティの人たちの語りから「生き方」を学ぶ第 2 部で構成された、まったくあたらしい「性」の本。「どんなあなたでも、だいじょうぶ！」セクシュアル・マイノリティのあなたも、マジョリティのあなたもいっしょによめる、そんな本の誕生！

発達障害チェックシート できました──がっこうの　まいにちを　ゆらす・ずらす・つくる

すぎむら なおみ＋「しーとん」【著】　　　　B5 判並製　184 頁　本体 2000 円

「発達障害」をもつ子どもたちが、苦手なこと、困っていることを知って、適切な支援を受けるために、そして得意なことを発見して自分自身を認め、好きになるために……初めての、子どもたち自身が自分で記入する「発達障害チェックシート」。すべての人に開かれた本をめざし、日本語の読み書きが苦手な子どもたちのための、LL（やさしくよめる）ページも導入。

支援　Vol.1 ～ Vol.9

「支援」編集委員会編　　　　　　　　　　A5 版冊子　本体各 1500 円

支援者・当事者・研究者がともに考え、領域を超えゆくことを目指す雑誌。最新刊 Vol. 9 は、特集 1「表現がかわる 表現がかえる」、特集 2「いたい、かゆい、におう」、トークセッション「オリンピックとジェントリフィケーション」など。